Super 甲 슈퍼 갑 공공기관

슈퍼 갑 Super 甲
공공기관

초판 1쇄 인쇄 2013년 07월 09일
초판 1쇄 발행 2013년 07월 15일

지은이 정 대 진
펴낸이 손 형 국
펴낸곳 (주)북랩
출판등록 2004. 12. 1(제2012-000051호)
주소 서울시 금천구 가산디지털 1로 168,
우림라이온스밸리 B동 B113, 114호
홈페이지 www.book.co.kr
전화번호 (02)2026-5777
팩스 (02)2026-5747

ISBN 978-89-98666-87-3 03330

이 도서의 국립중앙도서관 출판시도서목록(CIP)은 서지정보유통지원시스템 홈페이지(http://seoji.nl.go.kr)와 국가자료공동목록시스템(http://www.nl.go.kr/kolisnet)에서 이용하실 수 있습니다.
(CIP제어번호 : 2013011086)

Super甲 슈퍼 갑 공공기관

公 共 機 關

정대진 지음

book Lab

일러두기

1. 이 책에 나오는 모든 내용은 저자가 직접 경험한 일을 수기 형태로 기록한 다큐멘터리(Documentary)이다.

2. 다른 문서를 인용한 경우 고딕체로 표기하였다.

3. 이 책에 나오는 인물들의 이름은 저자 이름을 제외하고 모두 가명으로 처리했다. 그러나 그들의 직책이나 직위 등은 사실 그대로 표기했다.

4. 이 책에 나오는 숫자들 중 보안상 밝히기가 어려운 숫자와 개인 프라이버시에 해당하는 숫자는 모두 임의로 고쳐서 표기했다. 하지만 날짜, 금액, 공문서 번호 등은 모두 사실 그대로 표기했다.

5. 은행명은 'OO은행(공공은행)'으로 익명처리했으며 은행지점명도 가명으로 처리했다. 그 외의 모든 기관명, 부서명은 사실 그대로 표기했다.

/ 머리말 /

우리 모두는 행복한 사회를 원한다. 새 정부도 '국민 행복시대'를 캐치프레이즈로 내걸었다. 우리 모두가 행복한 사회를 원한다는 의미이다. 행복한 사회가 되기 위해서는 어떤 조건이 필요할까?

불과 반세기 전만 해도 등 따시고 배부르면 행복하게 될 줄 알았다. 지금 우리 사회에 추위 때문에, 배고픔 때문에 고통을 겪고 있는 사람은 거의 없다. 오히려 대부분의 구성원들이 자가용, 에어컨, 컴퓨터 등을 소유하며 그때는 꿈도 꾸지 못했던 윤택한 생활을 누리고 있다. 그런데 지금 우리는 반세기 전보다 훨씬 더 행복하게 살고 있다고 자신 있게 말할 수 있을까? 나는 자신이 없다.

행복한 사회란 경제 발전이나 과학문명의 발달만으로 이루어지지 않는다는 것을 우리는 잘 알고 있다. 우리나라보다 훨씬 더 가난하고 훨씬 더 불행할 것 같은 나라가 우리나라보다 행복지수가 높다는 조사 결과가 종종 우리를 당혹스럽게 한다. 물질적인 것 이외에 무엇인가 우리에게 더 필요한 것이 있다는 반증이다.

행복한 사회가 되기 위해서는 먼저 건전한 상식이 통하는 사회가 되어야 한다고 나는 믿는다. 건전한 상식이 무엇인지는 초등학교만 나와도 다 알 수 있다. 건전한 상식이 통하는 사회란 우리가 배워 온 바람직한 상태에 대해 이해하고 이 바람직한 상태를 위해 행동하는 사회라 말하고 싶다. 예컨대 원활한 차량흐름을 위해 주차할 때도 장소를 잘 골라서 해야 하는 것을 의미한다.

건전한 상식을 벗어나는 상식 이하의 일들이 만연한 사회는 절대로 행복해질 수 없다. 4·19나 5·18과 같은 민족의 불행은 결국은 상식이 통하지 않는 체제가 빚어낸 참극이다. 우리 사회를 불행하게 만드는 학교폭력, 불량식품, 부정입학 등의 국내문제뿐만 아니라, 일본의 독도 영유권 주장, 북한의 개성공단 폐쇄 등 국제문제도 결국은 상식을 벗어난 행위에 다름 아니다.

상식에 벗어난, 그래서 우리 사회를 불행하게 만드는 악습 중 하나가 갑을(甲乙)관계다. 강자가 가진 힘을 이용하여 약자를 힘들게 할 때 흔히 갑을관계란 표현을 쓴다. 갑을관계가 부당하다는 것을 모두 알고 있는데도 왜 이런 악습이 없어지지 않는가?

갑을 간에 문제가 생겼을 때 이를 해결해 줄 수 있는 기관은 공공기관이다. 공공기관은 우리 사회에 통용되는 건전한 상식을 기반으로 옳고 그름을 가려야 한다. 그런데 공공기관이 일방적으로 갑(甲)의 편을 들어주는, 말하자면 '슈퍼 갑(Super 甲)' 역할을 한다. 그야말로 유전무죄, 무전유죄의 사회이다. 이렇게 공공기관이 갑의 흑기사 역할을 할 때 강자는 더욱 강해지고 약자는 더욱 움츠려든다. 공공기관으로 인해 갑을관계가 오히려 심화되는 셈이다.

공공기관의 업무는 독점과 강제력이라는 특징을 가지고 있어 사회에 미치는 영향력이 절대적이다. 다른 어떤 주체도 공공기관을 대신할 수 없으며 또 공공기관의 힘을 이겨낼 수가 없다. 우리는 공공기관이 우리 사회를 정의롭게, 행복하게 만들어준다는 믿음 아래 이들의 판단을 존중하고 또 따라왔다. 그러나 이들 공공기관이 건전한 상식을 도외시한 채 '슈퍼 갑' 노릇을 하고 있다면 우리 사회가 행복해질 도리가 없다. 갑을관계를 타파하기 위해서는 갑(甲)을 바로잡을 것이 아니라 '슈퍼 갑'인 공공기관부터 바로잡아야 한다.

예기치 않은 은행 창구사고를 계기로 나는 민원을 냈고 여러 공공기관들이 어떤 식으로 '슈퍼 갑' 역할을 하고 있는지 살펴볼 수 있었다. 그들은 이런저런 논리를 내세워 은행의 잘못이 없다며 나의 민원을 해결해주지 않았다. 그러나 그들의 논리는 내가 생각하는 건전한 상식과 너무나 다른, 전혀 정의와는 거리가 먼, 오직 갑을 옹호하기 위한 억지에 불과하여 도저히 받아들일 수 없었다.

내가 주장하는 논리가 건전한 상식에 벗어난다면 나 하나만 바뀌면 된다. 그러나 공공기관의 논리가 건전한 상식에 벗어난다면 이는 큰 문제가 아닐 수 없다. 상식에 벗어난 그들만의 논리는 우리사회를 정의롭지 못한 사회로 만들고 구성원 모두를 불행하게 만든다. 우리의 소중한 세금으로 운영되는 공공기관이 '슈퍼 갑'이 되어 우리를 불행하게 만든다면 이는 더더욱 참을 수 없는 일이다.

나는 내 경험을 공개하여 과연 내 논리가 잘못인지 아니면 그들의 논리가 잘못인지 확인해 보기로 하였다. 물론 내 논리가 전적으로 옳고 그들의 논리가 전적으로 틀리다고 주장하는 것은 아니다.

완벽한 사람이 없는 만큼 완벽한 논리도 없을 것이기 때문이다. 더군다나 이런 일에 전문가인 그들의 세련되고 수준 높은 논리와 이런 일에 문외한이고 경험도 없는 나의 거칠고 유치한 논리는 그야말로 서로 게임이 안 될지도 모르겠다. 그러나 어느 쪽 논리가 더 우리 사회에 통용되는 건전한 상식에 가까운지는 충분히 가려질 수 있으리라 생각한다.

누구를 비난하기 위해 이 책을 쓴 것이 아님을 밝혀둔다. 이 책으로 인해 우리나라가 조금이라도 더 상식적이고 더 행복한 나라가 되기를 바랄 뿐이다.

차례

프롤로그

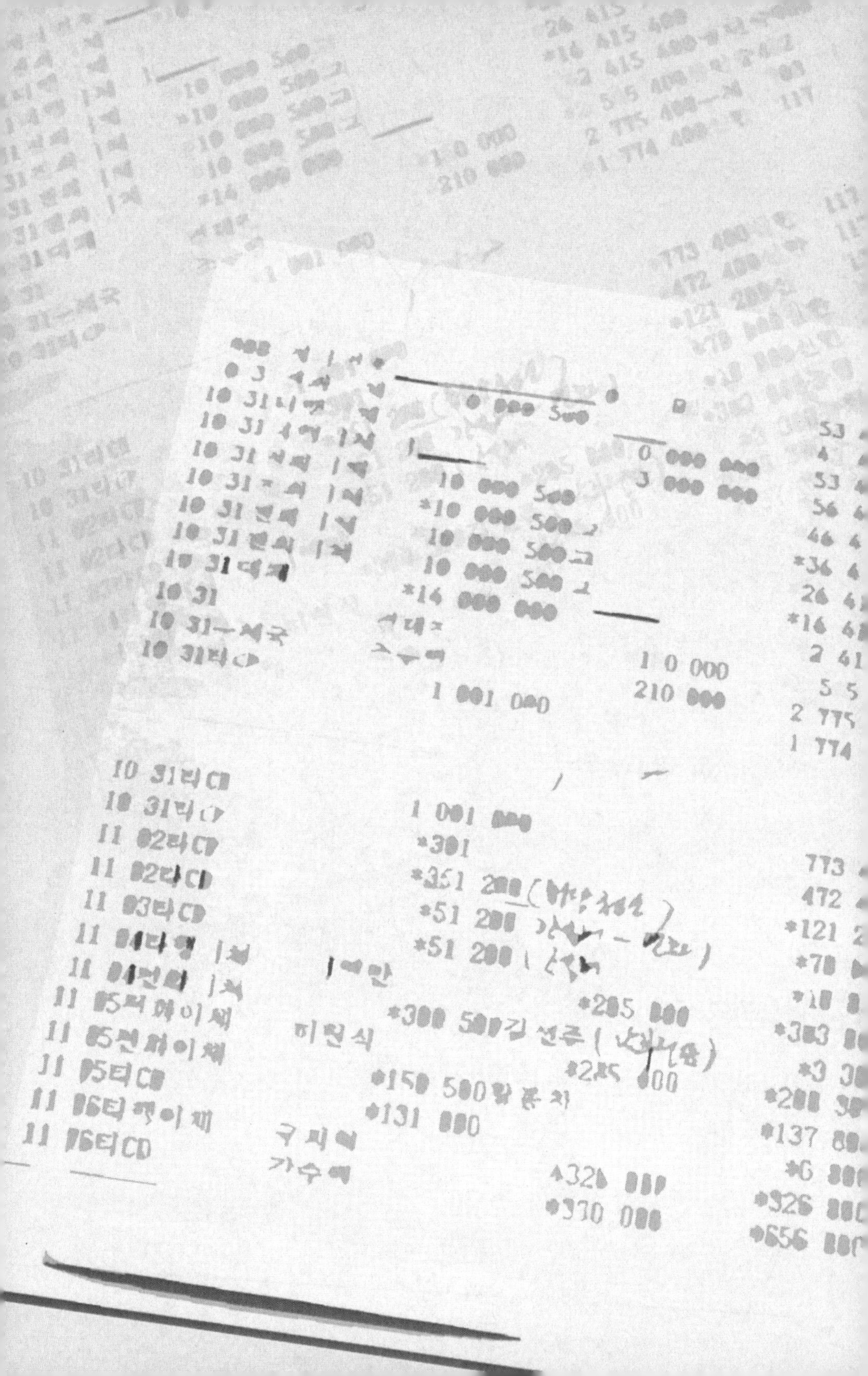

프롤로그

1

공공은행 동탄공원지점은 새 건물 2층에 있었다. 은행으로 들어가 대기번호표를 뽑고 창구 맞은편 의자로 가서 앉았다. 신설 점포답게 실내는 밝고 깨끗하였다. 창구는 총 7개로 작지 않은 규모였다. 출입구 반대편 쪽으로 육중해 보이는 나무 재질의 출입문이 보였다. 문에는 지점장실이라는 글자가 새겨져 있었다.

지점은 한산하여 대기하고 있는 고객은 나 이외에 두세 사람이 더 있는 정도였다. 잠시 후 딩동 소리와 함께 내 대기번호가 창구 위 LED판에 나타났다. 일어나 창구 쪽으로 다가갔다.

"어떤 일을 도와 드릴까요?"

미처 앉기도 전에 창구 여직원이 사무적인 억양으로 물어왔다.

"통장을 하나 만들려고요. 체크카드도요."

나는 의자에 앉으며 대답했다. 여직원 명찰이 눈에 들어왔다.

계장 김이슬.

특이한 한글 이름이라는 생각이 들었다. 한글 이름이란 순수 우리말로 지어진 이름으로, 1980년대 중반에 크게 유행한 적이 있었다. 이 여직원도 아마 그때쯤 태어났으리라.

"여기 체크한 부분만 기재해 주세요."

김이슬은 노란 형광펜으로 군데군데 동그라미 표시를 한 신청서를 나에게 건네주었다. 이름, 주소, 전화번호, 주민등록번호 등을 적고 몇몇 항목에 체크 표를 한 다음 다시 이름을 적고 사인을 정성스럽게 하고 난 후 신청서를 김이슬에게 건네주었다.

"텔레뱅킹이나 인터넷뱅킹은 안 하세요?"

신청서를 한번 죽 훑어보고 나서 김이슬이 말하였다.

"예, 안 할래요."

거절하고 나니 뭔가 허전하달까 미안하다는 생각이 들어 덧붙였다.

"나이를 먹으니까 안 해본 것은 하기가 겁이 나네요. 그래서 안 할래요."

내 나이가 50이 넘었다는 이야기도 해 줄까 하다가 그만두었다. 한때는 동안이라는 소리도 자주 들었지만 이제 주름살이 많아져 누가 봐도 영락없는 50대 얼굴이다. 굳이 말을 안 해도 내 연령대를 알아볼 것이다.

"주민등록증 좀 주세요."

김이슬은 내가 둘러대는 이유에는 관심 없다는 듯 다시 사무적인 어투로 말하였다. 지갑에서 주민등록증을 꺼내 건네주었다. 김이슬은 일어나 뒤쪽으로 가서 내 주민등록증을 스캐닝하고 다시 돌아와 묵묵히 컴퓨터 키보드를 두드렸다.

최근 들어 대학을 졸업해도 취직을 못 하는, 이른바 청년실업이 큰 사회문제로 대두되고 있다. 일류기업이라 할 수 있는 공공은행에 취업한 것으로 봐서 김이슬은 일류대학교를 나왔든지 아니면 좋은 배경을 가지고 있든지 할 것이다. 문득 김이슬이 대단하다는 생각이 들었다.

"4자리 비밀번호 좀 입력해주세요."

김이슬이 왼손으로 키패드를 살짝 건드리며 말하였다. 나는 다른 통장에서도 쓰고 있는 4자리 비밀번호 8-8-4-4를 입력하였다.

"한 번 더요."

다시 8-8-4-4를 눌렀다.

김이슬은 컴퓨터 자판을 두드리고 모니터를 응시하는 행동을 반복하기 시작하였다. 김이슬이 아무 말도 없이 예상보다 오랫동안 분주하게 일하는 것을 보며 '무슨 문제라도 있는 것일까?' 하며 궁금해하고 있는데 김이슬이 침묵을 깨고 말하였다.

"6자리 비밀번호도 입력해주세요."

"6자리 비밀번호라…."

체크카드를 만들려면 6자리 비밀번호도 필요한가 보다. 단순히 이렇게 생각하며 잠시 머뭇거렸다. 4자리 비밀번호는 정해놓고 쓰는 것이 몇 개 있다. 그러나 6자리는 좀처럼 쓰지 않는 비밀번호라서 특별히 정해놓은 번호가 없다. 알파벳과 조합해서 쓰는 것이라면 몰라도 숫자만으로 된 6자리 비밀번호는 만들기가 만만치 않았다.

"다른 손님들은 대개 4자리 비밀번호 뒤에 0을 두개 붙여서 6자리 비밀번호를 만들거든요."

내가 머릿속으로 여러 개의 비밀번호를 그려보고 있을 때 김이슬이 아무렇지도 않게 말하였다.

"뒤에 0을 두개 붙인다? 그게 편하긴 하겠는데…."

비밀번호를 이렇게 허술하게 만들어도 되는 것인지, 또 은행 직원이 그렇게 만들라고 추천을 해도 되는 것인지, 또 이 6자리 비밀번호는 어디에 사용하는 것인지. 머리 안에서 여러 가지 생각이 맴돌았다. 하지만 마음에 드는 다른 6자리 비밀번호가 곧바로 머릿속에 떠오르지도 않았다. 4자리 비밀번호에 0을 두 개 붙이면 된다는 김이슬의 말이 다른 6자리 비밀번호를 생각해 내는 데 방해를 하고 있는 것 같았다. 별 수 없이 키패드로 8-8-4-4-0-0 숫자와 확인 버튼을 눌렀다.

"한 번 더요."

다시 8-8-4-4-0-0 입력.

김이슬은 다시 컴퓨터 자판을 두드리고 모니터를 응시하는 행동을 반복하기 시작하였다.

은행 창구에서 처음 통장을 만들 때 정도의 차이는 있겠지만 대부분의 고객들은 긴장을 하게 된다. 뭔가 잘못되어 헛걸음하지 않을까, 하는 걱정이랄까. 아니면 낯선 환경에서 비롯되는 본능적인 긴장인지도 모른다. 이러한 긴장을 풀어주는 것은 순전히 창구 직원의 몫이다. 이를 위해 창구 직원들은 따스한 미소를 짓기도 하고 가벼운 이야기도 건네는 것이리라. 그러다 보면 고객도 이런저런 이야기를 하게 되고 그러는 동안에 어느새 긴장이 풀리고 은행 직원과도 친해지게 되는 것이다.

문득 김이슬의 얼굴을 바라보았다. 공부는 잘했겠지만 따스함이랄까 친절함이랄까, 고객을 반기는 표정은 찾아보기 힘들었다. 그저 업무를 진행하기 위한 최소한의 의사소통만이 사무적으로 이루어질 뿐이다. 내가 지금 통장을 만들며 느끼는 불편함은 이런 데서 오는 것이리라. 김이슬은 기획실이나 재무팀과 같은 본점 스태프 부서에 더 적합한 스타일이라는 생각이 들었다. 물론 은행 업무 전반을 이해시키기 위하여 신입사원을 일단 창구에 배치할 수도 있을 것이다. 그러나 최소한 고객이 어색함이나 불편함을 느끼지 않도록 고객응대교육이나 업무교육을 충분히 시킨 후 그만한 자격이 있다고 판단될 때 내보내야 할 것이다.

"4자리 비밀번호 좀 다시 입력해 주세요."

다시 김이슬이 말하였다.

4자리 비밀번호를 입력하였다.

"한 번 더요."

다시 8-8-4-4.

6자리 비밀번호도 같은 식으로 다시 입력하였다.

작업을 하던 김이슬이 갑자기 고개를 갸우뚱하며 난감한 표정을 짓기 시작하였다. 덩달아 나도 약간씩 초조해지기 시작하였다.

"죄송한데요, 4자리 비밀번호 좀 다시 입력해주세요."

다시 4자리 비밀번호. 그리고 다시 6자리 비밀번호….

비밀번호를 다시 입력하였지만 이번에도 일이 제대로 처리되지 않았는지 김이슬의 얼굴이 점점 붉어진다. 내 숨소리도 점차 작아진다. 김이슬이 미안한 표정을 지으며 기어들어가는 목소리로 말했다.

"4자리 비밀번호…."

알아서 두 번 입력.

"6자리…."

다시 알아서 두 번 입력. 김이슬은 다시 열심히 자판을 두드린다.

"4자리 비밀번호가 뭐예요? 제가 직접 해볼게요."

내가 비밀번호를 입력한 키패드에 이상이라도 있는 것일까? 급기야 김이슬은 내 비밀번호를 알려달라고 하였다.

"8-8-4-4인데요."

비밀번호를 이야기해주는 것이 그다지 내키지 않았지만 어쩔 수 없었다. 6자리 비밀번호는 김이슬이 알아서 4자리 비밀번호 뒤에 00을 붙여 입력을 하였는지 내게 물어보지도 않는다.

그러나 이번에도 제대로 작업이 이루어지지 않았는지 김이슬은 일어나서 옆자리의 여직원에게로 가서 무언가 작은 소리로 이야기를 나누고 돌아왔다. 그리고 김이슬은 한참 동안 컴퓨터 작업을 하고 나서야 통장을 내밀었다.

"여기 사인 좀요."

나는 통장 서명란에 정성스럽게 사인을 하였다. 김이슬은 내 사인 위에 투명테이프를 붙인 후 체크카드와 함께 통장을 건네주었다.

"수고했어요."

통장, 체크카드 그리고 주민등록증을 받으며 나는 애써 온화한 표정을 지으며 인사하였다.

"안녕히 가세요."

아무런 감정도 담기지 않은 사무적인 인사가 되돌아 왔다.

이 일이 있고 나서 몇 년 후 나는 공공은행에 가서 내 명의로 된 통장을 모두 검색해 본 적이 있었다. 그러고 나서 나는 비로소 당시 어떠한 문제가 있었는지 알 수 있었다. 내 명의로 된 통장은 총 3개가 검색되었다. 하나는 동탄공원지점에서 만든 통장이고 또 하나는 내가 예전에 직장생활을 할 때 급여통장으로 사용하던 통장이었다. 나머지 하나는 내가 전혀 모르는 통장인데 만든 지점과 일시가 동탄공원지점에서 만든 통장과 똑같았다. 당시 김이슬은 내 명의의 통장을 두 개나 만들었던 것이다.

6자리 비밀번호에 대한 의문도 그때서야 풀렸다. 통장 한 개와 체크카드 한 개를 만들 때는 4자리 비밀번호만 있으면 된다. 그러나 체크카드 하나로 2개의 통장을 모두 이용하려면 6자리 비밀번호가 필요하다. 통장이 2개 만들어지다 보니 6자리 비밀번호가 있어야 했고 김이슬은 내게 6자리 비밀번호를 요구했던 것이다. 만약 실수로 통장이 2개 만들어졌다면 이런 일을 모를 리 없는 김이슬은 당연히 나에게 이를 알려주고 어떻게 해야 할지 물어봤어야 했다. 6자리 비밀번호가 왜 필요한지도 설명해 줬어야 했다. 그러나 김이슬은 이에 대해 나에게 아무 말도 해주지도 않았고 잘못 발급된 나머지 통장을 나에게 주지도 않았다. 아무 일도 없었다는 듯 그저 통장 하나만을 태연히 나에게 주었을 뿐이다.

같은 날 만들어진 통장 하나는 아직까지도 공공은행 컴퓨터 안에 존재하고 있었다. 다행히 발급 이후 아무런 거래내역도 없었지만 이런 식으로 예금주 몰래 타인 명의의 통장, 소위 차명계좌 혹은 대포통장이 만들어질 수도 있음을 알았다. 김이슬이 고의로, 예컨대

통장 발급 실적을 올리기 위해 통장을 2개 만들었는지, 아니면 단순한 실수로 2개가 만들어졌는지 아직 나는 모른다. 공공은행이 이에 대해 내게 아무런 설명도 해 준 적이 없기 때문이다.

2

찜찜한 마음으로 통장을 받아들고 은행 문을 나서며 통장을 펼쳐보았다. 통장번호는 13으로 끝나고 있었다. 13이라는 숫자는 내가 좋아하지 않는 숫자다. 사업을 시작하려는 사람들은 미신이라고까지는 할 수 없지만 작은 일에도 의미를 두려고 하는 경향이 있다. 사업자번호라든지 전화번호라든지 좋은 번호를 받게 되면 뭔가 사업이 잘될 것 같은 예감을 갖게 된다.

'13이라….'

더욱 찜찜한 기분이다. 번호도 그렇고 여직원의 태도도 그렇고.

'괜히 공공은행 통장을 만들었나?'

굳이 공공은행 통장을 만들 필요는 없었다. 예전에는 은행마다 고유서비스 및 장점이 존재했었기 때문에 용도에 맞는 은행에 통장을 개설하는 것이 필요했었다. 그러나 1980년대부터 금융자율화가 시작되면서 일부 특수은행을 제외한 모든 은행은 업무내용에 있어서 거의 차이가 없게 되었다. 내가 공공은행에서 통장을 만든 것은 공공은행 이미지가 좋기 때문이었다. 그런데 공공은행은 내가 기대한 수준의 서비스를 보여주지 못했다. 통장 발급도 제대로 못해주는 은행이라면 다른 것도 미덥지가 않다.

'학원이 잘되어야 할 텐데….'

건물을 나와 걸으면서도 왠지 불안한 마음이 가시지 않았다.

"이사님, 여기입니다."

은행 옆 건물 커피숍으로 들어가니 김성출이 한쪽 구석에서 나를 발견하고 손을 들었다.

"통장 만드셨습니까?"

반가운 표정으로 김성출이 물어왔다.

"응, 여기."

통장과 체크카드를 건네주었다.

"비밀번호는 어떻게 됩니까?"

"8-8-4-4야. 6자리 비밀번호는 8-8-4-4-0-0이고. 4자리 비밀번호 뒤에 00을 붙이면 돼."

"알겠습니다."

김성출은 고개를 끄덕이며 통장과 체크카드를 작은 손가방에 넣었다.

"말로만 듣고 잘 기억할 수 있겠어? 어디에 잘 좀 적어놔."

"아, 예."

김성출은 검정색 플래너를 꺼내 첫 페이지 상단에 비밀번호를 적었다.

2008년 10월 23일, 목요일의 일이었다.

3

김성출과의 인연은 2년 전인 2006년 가을로 올라간다.

당시 나는 회사에 다니다 퇴직을 한 직후였다. 놀며 지낼 만한 상황이 아니어서 취업이든 사업이든 해야 할 텐데 마땅한 자리가 쉽게 나타나지 않았다. 그러다가 우연히 김성출이 낸 투자자 모집 광고를 보게 되었다.

학원 부설 독서실. 3,000만 원 투자 시 월 120만 원 수입 보장. 독서실 실장 근무 병행 시 월 300만 원 수입 보장. 011-3XX-7333 김원장.

투자를 하면 월 4%의 수익. 당시 금리 수준을 감안할 때 매우 좋은 조건이었다. 체면상 아무 일이나 할 수는 없는 형편인데 독서실이라면 그다지 체면 깎일 사업은 아니다. 또한 독서실은 특별한 기술이나 경험이 없어도 그럭저럭 해나갈 수 있을 것이다. 더군다나 학원을 끼고 있고 일정 수익도 보장해 준다면 그야말로 땅 짚고 헤엄치기식의 사업이 아닐 수 없다. 위치도 도곡동이니 내가 살고 있는 서초동과는 아주 가까운 거리였다. 제대로 된 직장을 잡거나 사업을 시작하기까지 얼마나 시간이 걸릴지 모르는데 그전에 경험 삼아서라도 당분간 독서실을 운영해 보는 것이 나쁘지 않을 것이다. 나는 즉시 전화를 하였고 김원장이라는 이름으로 광고를 낸 김성출과 만날 약속을 잡았다.

학원은 도곡동 고급 주상복합건물 1층에 자리 잡고 있었다. 초중고생을 대상으로 하는 보습학원이었다. 학원 사무실로 들어가 김성출을 만났다. 체격이 비교적 큰 편이었고 머리 또한 큰 편이었으나 아주 작은 안경을 걸치고 있었다. 머리는 짧게 깎았고 눈매가 날카로운 편이라 선뜻 접근하기 어려운 그런 스타일이었다. 이런 인물이 학원을 운영한다는 것이 다소 의외였으나 기왕 만난 이상 학원과 독서실에 대한 설명을 듣지 않을 수 없었다.

김성출은 '도심 속의 기숙학원'이라는 타이틀을 내세우고 독특한 방식으로 학원을 운영하고 있었다. 학생들이 학교수업을 마치고 학원으로 들어오면 그때부터 밤 11시까지 학원수업, 학교과제, 자율학습 및 저녁식사와 간식까지 모두 학원이 해결해 주는 방식이었다. 학생들을 학원에 마음 놓고 맡길 수 있어 학부모들 입장에서는 여간 편리한 것이 아니어서 특히 맞벌이 부부에게 인기가 있다고 하였다. 학원비가 비싼 것이 흠이었지만 학구열 높은 강남 부자 동네인 만큼 많은 학생들이 등록을 하고 있었다.

독서실은 학원 건물 옆에 있는 오피스텔 빌딩의 방을 5개 빌려 각 방마다 12개의 책상을 설치해 놓고 운영하고 있었다. 각 방에는 아르바이트 대학생들을 배치해 학생들을 관리하고 있었다. 오피스텔 임대 조건은 보증금 1,000만 원에 월세 100만 원이라고 하였다. 오피스텔을 5개 빌리고 있었으므로 보증금이 총 5,000만 원인 셈이다.

설명을 듣고 학원과 독서실을 둘러보니 괜찮은 사업이라는 생각이 들었다. 그러나 난생 처음 보는 김성출에게 적지 않은 돈을 투자해도 되는지 잠깐 망설여졌다. 월 4%라는, 파격적이라 할 만큼 높은 이자를 준다는 것도 다소 미심쩍었다. 직장을 그만두면서 퇴직금으로 받은 돈이 다소 있기는 하다. 하지만 최근 들어 경기가 점점 나빠지고 있어 취직도 만만치 않은 만큼 이 돈은 소중히 쓰여야 한다. 만약 이 돈을 떼인다면 나에게는 적지 않은 타격이 될 것이다.

"큰 걱정은 안 하셔도 됩니다. 오피스텔 보증금만 해도 5천만 원이니 3천만 원 투자금을 떼일 걱정은 전혀 없다고 보셔도 됩니다."

내가 고민하는 낌새를 알아챘는지 김성출이 자신 있게 말하였다. 그 말로 인해 내 마음에 끼었던 먹구름이 싹 걷히는 것 같았다. 큰맘 먹고 김성출과 즉석에서 계약서를 작성하고 도장을 찍었다. 계약서에 적힌 주민등록번호를 보니 김성출은 나보다 아홉 살 아래였다.

이튿날 나는 3,000만 원을 입금하고 당일 오후부터 독서실을 운영하기 시작하였다. 학원과 독서실은 처음 두세 달 동안은 별 문제없이 잘 운영되었다. 그러다가 겨울이 되면서 문제가 터졌다. 교육청에서 불시에 우리 오피스텔 독서실을 급습한 것이었다. 오피스텔에서 과외나 독서실을 운영하는 것은 법으로 금지되어 있어 우리는 말하자면 불법으로 독서실을 운영하고 있던 셈이었다. 그런데 누군가가 독서실을 교육청에 고발한 것이었다. 이런 사정도 모르고 덜컥 독서실에 투자를 한 것이 나의 불찰이었다. 김성출은 이러한 일들을 모두 알고 있었지만 투자를 받기 위해 불법임을 나에게 숨겼던 것이다.

하지만 이때까지만 해도 나는 크게 걱정하지 않았다. 오피스텔 보증금 5천만 원이 그대로 남아 있었기 때문이다. 그러나 나의 이러한 생각이 어리석다는 것을 확인시켜 주기라도 하듯 김성출은 나와 아무런 상의 없이 오피스텔을 모두 해약하고 5,000만 원을 돌려받았다. 내가 3,000만 원의 반환을 요구하자 김성출은 차일피일 미루더니 나중에는 이미 다 써버렸다는 어처구니없는 대답을 하였다. 다른 담보를 확보해보려 하였으나 학원 임대보증금은 이미 다른 채권자에게 다 넘어간 상태였다. 궁여지책으로 학원 권리금에 대한 권리는 나에게 넘겨준다는 각서를 김성출로부터 받아두었을 뿐이다.

일이 터지고 나니 학원 운영이 제대로 될 리가 없었다. 부랴부랴 오피스텔 대신 학원 교무실을 독서실로 개조하여 운영하기 시작하였다. 하지만 이미 많은 학생들이 떨어져 나간 후였다. 엎친 데 덮친 격이랄까, 일부 학원 강사들이 퇴직하고 나가서 근처에 다른 학원을 만들어 운영하는 일까지 벌어졌다. 더 많은 학생들이 빠져 나가 남아 있는 학생들이 얼마 되지 않았다. 결국 다음 해 2월 김성출은 제3자에게 학원을 몰래 넘기고 잠적하기에 이르렀다. 부동산 사무실에 물어보니 김성출은 이 제3자로부터 학원 권리금으로 이미 2,000만 원을 받아 챙겼다고 하였다.

김성출이 잠적하자 그동안 숨겨졌던 여러 가지 일들이 드러나기 시작하였다. 김성출은 나뿐만이 아니라 학원 강사, 직원 할 것 없이 주위에 있는 거의 모든 사람에게 빚을 지고 있었다. 작게는 몇 백만 원에서 많게는 몇 천만 원까지. 그뿐만이 아니었다. 이전에 강북 어디에선가도 학원을 경영하다가 많은 빚을 지고 도망친 적이 있다고 하였다. 옛날 빚쟁이들이 김성출을 찾아오는 바람에 김성출이 이번에 잠적한 것이라는 소문도 들렸다. 학원 명의도 모두 남의 이름으로 되어 있었는데 명의자들 모두 김성출에게 받을 돈이 있는 사람들이라고 했다.

김성출의 사생활에 대해서도 여러 소문이 들렸다. 김성출은 나이가 40이 넘었는데도 아직 미혼이었는데, 우리 학원의 젊은 초등부 여강사와 동거 중이며 그 여강사도 김성출에게 많은 돈을 빌려주었을 거라고 했다. 김성출은 당시 도곡동 학원 이외에도 역삼동에 있는 학원을 인수한 적이 있었는데 그때에도 역삼동 학원의 어느 여직원과 친한 관계라는 소문이 떠돌았다.

김성출의 학력도 이야깃거리 중 하나였다. 김성출은 예전에 다른 학원에서 국어 강사를 하였다고 말한 적이 있지만 정작 어느 대학교를 나왔는지 아는 사람이 없었다. 대학교를 나오지 못했다는 소문도 들렸다. 주소도 성동구 어디로 되어 있었으나 실제 찾아가 보니 예전에 세 들어 살던 곳일 뿐 현재는 다른 사람이 살고 있다고 하였다.

많은 사람들이 김성출을 임금체불, 사기 등의 죄명으로 경찰에 고소하였다. 분한 마음에 나도 김성출을 고소하려 하였으나 김성출이 이미 많은 빚을 지고 있어 고소를 해도 얻을 것이 전혀 없다며 주위에서 만류하는 바람에 포기하였다.

김성출을 거의 잊어갈 무렵인 2007년 가을, 돌연 김성출로부터 전화가 왔다. 이전 일은 죄송하게 되었다며 자기가 다시 재기를 준비 중인데 투자를 좀 해줄 수 있느냐는 내용이었다. 밉기도 하였지만 반가운 마음이 더 컸다. 3,000만 원을 회수할 수 있는 기회가 어렴

풋이 보이는 것도 같았다.

김성출은 인천의 고층아파트 단지에서 50평짜리 아파트를 빌려 이미 공부방을 운영하고 있었다. 마침 인근에 좋은 조건의 상가 건물이 나왔는데 이 건물을 내 이름으로 임대하여 학원을 열고 싶다는 것이었다. 큰 위험은 없을 듯하여 임대 보증금조로 2,000만 원을 투자하기로 하였고, 며칠 후 건물주를 만나 임대계약을 체결하였다.

투자를 한 후 한 달에 몇 번씩 학원을 찾아갔는데 김성출의 수완이 좋아서인지 아이들이 꽤 많이 등록하고 있었다. 당시 김성출은 BMW 승용차를 타고 다녔다. 기이한 일이라 학원 직원에게 물어보니 김성출이 돈 많은 젊은 과부와 동거를 하고 있는데 BMW 승용차도 그 과부가 제공하는 것이라 했다. 옳고 그름을 떠나 능력만큼은 대단하다고 생각했다.

그러나 김성출은 이듬해 봄에 인천에서의 사업을 또다시 정리하였다. 아파트에서 강사를 고용해 공부방을 운영하는 것은 불법인데 재수 없게 교육청 단속에 걸렸다고 했다. 보나마나 누군가가 김성출에게 앙심을 품고 고발한 것이리라. 김성출은 공부방을 정리하고 나서 곧바로 학원도 정리하였다. 이때 건물 임대보증금 2,000만 원 중 내가 회수한 돈은 1,500만 원이었다. 임대료 500만 원이 밀려 있다며 상가 주인이 보증금에서 이를 차감한 것이었다. 이 500만 원과 도곡동에서 떼인 돈 3,000만 원을 합한 3,500만 원에 대한 차용증을 김성출에게 받아두었을 뿐 달리 방도가 없었다. 혹 떼려다 혹 붙인 격이었다. 다만 이때부터 김성출은 나를 실장님이 아닌 이사님이라 부르기 시작하였는데 이게 그나마 소득이라면 소득이랄까? 500

만 원에 이사님 호칭을 산 셈이었다. 쓴 웃음을 지으며 인천에서 돌아올 수밖에 없었다.

그해 가을 다시 김성출로부터 연락이 왔다.

이번에는 동탄에서 괜찮은 학원을 인수하려 하는데 좀 도와달라는 것이었다. 두 번이나 당했으니 다시는 김성출과 상종하지 말아야 한다는 생각도 없지 않았으나 3,500만 원에 대한 미련이 김성출을 외면할 수 없게 하였다. 동탄에 내려가서 인수 대상 학원을 보니 규모가 100평이나 되는 큰 학원이었고 위치나 시설도 아주 좋은 편이었다.

"이렇게 좋은 여건을 가진 학원은 쉽게 찾기 어렵습니다. 현 상태로도 학원 가치는 2억 원은 족히 되고 앞으로 원생들 좀 모으면 3억 이상도 갈 수 있습니다."

자칭 학원 전문가인 김성출의 말에 나는 고개를 끄덕일 수밖에 없었다. 김성출은 내게 이번에 좀 도와주면 학원 지분의 40%를 주겠다고 했다. 또 이제까지 빚진 것 반은 연내에, 나머지 반은 내년 3월이나 4월 중에 모두 갚겠다고 하였다. 이번에도 돈을 떼이는 것 아닐까, 라는 고민도 잠깐 하였지만 3,500만 원을 회수할 수 있는 길이 이 방법 이외에는 없다는 생각에 돈을 대주기로 하였다.

며칠 후 건물 월세 임대차계약을 나와 김성출 공동 명의로 체결하였다. 임대보증금 6,000만 원 중 우선 계약금으로 600만 원을 내 돈으로 지급했다. 그 외 학원 권리금 일부, 전단지 제작비용 등의 명목으로 1,760만 원을 김성출에게 지급했다. 동탄에서 2,360만 원을 더 꿔주었으니 이제까지의 빚 3,500만 원을 합치면 김성출에게 총 5,860만 원을 꿔준 셈이다.

2008년 10월 2일의 일이었다.

2008년 10월 중순, 김성출은 이승걸이라는 동업 후보자와 접촉하고 있었다. 이승걸은 서울의 꽤 이름 있는 공대를 나온 엔지니어 출신으로 내비게이션 관련 소프트웨어 회사에 다니다가 그만두고 에듀케이코리아란 회사를 설립하여 운영하고 있었다. 이 회사는 인터넷을 이용하여 학생들의 자기주도학습을 관리해주는 IT회사였다. 공대 출신답게 고지식해 보였지만 착한 인상이었다. 이승걸은 인터넷상으로만 프로그램을 운영하다 보니 현실성이 떨어지는 것 같아서 학원을 직접 운영하며 아이들에게 자기주도학습 관리프로그램을 실제로 적용시켜보고 싶다고 하였다.

당초 김성출과 나는 학원 인수에 소요되는 자금 중 일부 부족한 돈은 대출을 통해 조달하기로 하고 신용보증기금 창업프라자를 접촉하고 있었다. 그러나 제3의 동업자가 나타나 출자를 해주면 이자를 지급하지 않아도 되므로 더 좋을 것이었다. 이승걸에게는 6,600만 원을 받고 지분 30%를 주는 형태로 이야기가 진행되고 있었다. 그러나 이승걸은 선뜻 결심을 하지 못하고 머뭇거리고 있는 실정이었다. 김성출은 나에게 며칠 내에 이승걸이 투자를 할 테니 조금만 더 기다려 보라고 했다.

학원을 인수하려다 보니 통장이 필요하였다. 돈의 입출금을 명확히 하기 위해서도 그렇고 또 신규로 등록하는 원생들의 학원비를 받기 위해서도 계좌번호가 있어야 했다. 그러나 당시 김성출은 이전 학원 강사들에게 급여를 제대로 주지 않아 통장에 압류가 걸린 상태였다. 그래서 내 이름으로 통장과 체크카드를 만들어 사용하기로 하였다. 김성출이 학원 인근 고시원에 거주하고 있어 내가 서울에 있는 동안에는 김성출이 통장과 체크카드를 가지고 있기로 하였다. 그리고 내가 학원에 내려올 때마다 통장을 확인하기로 하였다. 이렇게 하여 공공은행 통장을 만들게 된 것이다.

4

통장을 만든 후 다음 주 월요일인 2008년 10월 27일, 김성출이 갑자기 내게 전화를 하였다.

"여보세요."

"응, 나야."

"아, 이사님, 통화 괜찮으세요?"

"응, 괜찮아. 얘기해."

"이사님이 만들어주신 공공은행 통장 있잖습니까? 그거 비밀번호가 어떻게 됩니까?"

"통장 비밀번호? 그거 알려 줬잖아."

"아, 그 비밀번호가 틀리다고 하네요."

"뭐? 비밀번호가 틀려? 그렇다면 은행 여직원이 비밀번호를 잘못 입력했나 보다. 통장 만들 때 내가 키패드로 비밀번호를 입력하는

데 잘 안 되어서 여직원이 직접 비밀번호를 입력하였거든."

"아, 이사님 키패드로 입력이 안 되어서 은행 여직원이 직접 입력을 했군요."

"응, 여직원 이름이 아마 김이슬인가 그랬지."

"아, 김이슬 사원이 비밀번호를 입력했군요."

"응, 그 직원한테 가서 한번 물어봐."

"알겠습니다. 근데 그때 비밀번호가 무엇이었나요?"

"8-8-4-4라고 그때 김 원장한테 알려 줬잖아."

"6자리 비밀번호는요?"

"8-8-4-4-0-0이랬잖아. 뒤에 00붙이면 된다고 했잖아. 김 원장이 수첩 맨 앞에 적어 놓았잖아."

"아, 알겠습니다. 제가 김이슬 사원한테 가서 한번 알아보겠습니다."

"그래, 가서 잘 좀 알아봐."

"네, 이사님. 그러겠습니다."

통화를 마치고 나니 묻혔던 그 날의 기억이 조금씩 되살아나기 시작하였다.

'통장 만들 때부터 뭔가 찜찜하더니 비밀번호 입력도 제대로 못 했었군. 한심한 직원 같으니…. 역시 공공은행에서 통장을 만들지 말았어야 했어.'

그날 밤 늦은 시간에 다시 김성출이 전화를 하였다. 비밀번호 이야기를 할 줄 알았는데 이에 대해서는 아무 말도 없이 단지 동업계약서 초안을 이메일로 보냈으니 한번 읽어보라는 것이었다. 전화를 끊은 후 곧 이메일을 확인해 보았다. 동업계약서 파일이 첨부되어 있었다. 파일을 열었다. 동업계약서라는 제목 아래 바로 나오는 제1조가 한눈에 들어왔다.

제1조(지분율) 지분율은 김성출 55%, 이승걸 30%, 정대진 15%로 한다.

화가 치밀어 올랐다. 김성출은 나에게 지분을 40% 주겠다고 약속하고선 아무런 상의도 없이 갑자기 15%로 줄여 버린 것이었다. 돈이 아쉬우니 나에게 인심을 쓰는 척하다가는 돈이 생기니 차버리는 격이었다.

'애초에 김성출을 믿은 게 잘못이지.'

동업계약서의 나머지 내용은 더 이상 읽어볼 필요가 없었다. 곧바로 김성출에게 전화를 걸어 동업에서 빠지겠다고 했다. 이제까지 꿔준 돈 모두 바로 정리해 달라고 하였다. 동업과 관련한 다른 모든 관계도 다 정리하자고 하였다. 김성출은 아무렇지도 않은 듯이 알겠다고 했다. 분한 마음에 잠이 오지 않았다. 무슨 일이 있어도 반드시 돈을 받아내어 김성출의 코를 납작하게 만들어 주리라 생각했다.

5

학원 건물 임대보증금의 잔금 지급일은 2008년 10월 31일이었다. 그날 아침 10시에 임대인, 임차인, 중개업자가 모두 학원 건물 1층에 있는 부동산 사무실에 모여 잔금을 치르기로 하였었다.

시간에 맞춰 서초동 집을 나와 동탄행 좌석버스를 탔다. 학원 동업에서 빠지기로 한 이상 내가 오늘 굳이 동탄에 내려갈 이유는 없었다. 그러나 한 가지 기대감이 나로 하여금 동탄에 내려가지 않을 수 없게 만들고 있었다.

만약 이승걸이 학원 지분 30% 매입대금 6,600만원을 오늘 내 통장으로 입금한다면 김성출은 이 돈을 인출할 수 없을 것이다. 왜냐하면 체크카드의 하루 인출한도는 3,000만 원이므로 나머지 3,600만 원은 인출할 수가 없기 때문이다. 그러므로 김성출은 돈을 인출하지 않고 나에게 6,600만 원을 인출해 달라고 할 것이다. 그러면 나는 인정사정 볼 것 없이 김성출에게 빌려준 돈 5,860만 원을 바로 회수할 것이다. 물론 이승걸이 전날 입금을 하였다든가 내 통장 이외의 다른 통장으로 송금을 하였다든가 아니면 수표로 직접 김성출에게 주었다든가 하면 나의 기대는 전혀 빗나가는 셈이 된다. 나는 제발 6,600만 원이 내 통장에 들어있기를 빌며 동탄으로 내려갔다.

만나기로 한 장소인 학원 건물 1층 부동산 사무실에 도착하였다. 이미 10시 가까운 시간이었다. 중개업자 두 사람, 임대인 부부 두 사람, 그리고 나. 김성출만 빼고 모두 모인 셈이다. 한참을 기다려도 김성출이 오지 않아 궁금한 마음에 전화를 하였다.

"왜 아직 안와?"

"예, 보증금 송금하느라 좀 늦었습니다. 이제 다 끝났습니다. 바로 갈 테니 조금만 기다려 주십시오."

가슴이 무너져 내리는 느낌이었다.

'김성출은 다른 통장으로 송금을 받아 임대인 통장으로 송금을 하고 있구나. 5,860만 원 회수하기는 글렀구나. 이제 어떻게 내 돈을 회수해야 하나.'

긴 한숨이 절로 나왔다.

김성출은 약속 시간보다 30분 정도 늦은 10시 30분쯤 밝은 얼굴을 하고 나타났다. 간단히 인사를 교환한 다음 김성출은 공공은행 통장을 내게 내밀며 말하였다.

"여기에 1,600만 원이 들어있을 텐데요, 1,400만 원만 좀 찾아다 주세요."

이어 임대인 부부에게 얼굴을 돌리며 말하였다.

"5,000만 원은 입금해 드렸고요, 나머지 400만 원은 돈 찾아오면 바로 드리겠습니다."

5,000만 원은 어떻게 송금한 것이며 1,600만 원은 왜 내 통장에 들어있는지 통 영문을 모를 일이었다. 또한 체크카드가 있으니 김성출이 오는 길에 은행에 설치된 CD기로 직접 송금을 하면 편할 것을 굳이 나에게 출금 심부름을 시키는 것은 또 무슨 연유인지. 머릿속이 복잡해지기 시작했다. 송금했다는 말에 맥도 빠진데다가 여러 가지 언짢은 생각이 들어 은행에 가서 돈을 찾아오고 싶은 마음은

추호도 없었다. 하지만 여러 사람이 모두 나만 쳐다보고 있는 상황에서 안 가겠다고 버틸 수도 없는 노릇이었다.

통장을 받아들고 억지로 몸을 일으켜 공공은행으로 갔다. 출금신청서에 계좌번호, 이름, 출금액 1,400만 원이라 쓰고 사인을 한 후 은행원에게 제출하였다. 은행원이 사인 거래인 경우 신분증 확인을 해야 한다고 하여 주민등록증을 제시하였고, 잠시 후 은행원은 통장과 1,400만 원을 내주었다. 창구에 비치된 봉투에 돈을 잘 넣은 후 품속에 넣고 은행을 나왔다. 적은 돈이 아니기에 은행에서 학원 건물까지 1분 거리였지만 잔뜩 긴장을 하지 않을 수 없었다. 학원 건물 부동산 사무실로 돌아와 김성출에게 1,400만 원이 들어있는 봉투를 건네주었다. 김성출은 이 돈으로 임대보증금 잔금, 부동산 중개 수수료 등을 지급하였다.

"이사님, 부탁이 좀 있는데요."

정산을 마치고 임대인 부부가 떠난 후 우울한 마음으로 커피를 한잔 마시고 있는데 김성출이 내게 말하였다.

"부탁? 뭔데?"

"저, 학원 명의를 이사님 이름으로 했으면 해서요."

"내 이름으로? 아, 김 원장이나 이승걸 씨 이름으로 하면 될 텐데 왜 내 이름으로 해? 난 동업도 끝났고 이제 학원과는 아무 관계도 없는 사람인데…"

나도 모르게 짜증스러운 대답이 나왔다.

"저는 빚이 많아 좀 곤란하고요, 이승걸 씨는 지금 에듀케이코리아 사장으로 되어 있어서 자기가 학원 원장으로 등록을 하면 그쪽 투자자들이 싫어할 것 같다고 하네요. 그러니 이사님이 좀 해주시면 좋겠습니다만…."

전혀 예상치 못한 부탁이었다. 학원 명의를 내 이름으로 했을 때의 이해득실을 나름 빠른 속도로 따져봐야 했다. 먼저 단점으로는 여러 가지 귀찮은 일이 많이 생길 수 있다. 학원이 잘못되면 책임을 져야 하고, 세무 문제도 깨끗이 정리되지 않으면 나중에 내가 다 해결해야 한다. 학원 운영을 불법으로 할 경우 심지어는 형사상의 처벌을 받게 될 가능성도 없잖아 있다. 장점을 살펴보자. 내 이름으로 된 임대차계약서, 학원등록증, 사업자등록증을 확보할 수 있다. 이런 것들이 나중에 5,860만 원을 회수하는 데 도움이 될 것인가? 그럴 것 같기도 하고 아닐 것 같기도 하다. 김성출이 다시 한 번 재촉을 한다.

"오늘 바로 박 원장과 같이 교육청으로 가서 학원 인수인계서를 작성해야 되는데요."

이쯤 되니 더 이상 거절하기가 힘들어진다.

"알았어. 그렇게 하지 뭐."

김성출과 나는 채권자와 채무자의 관계다. 따라서 보통의 경우라면 내가 큰소리를 치고 김성출이 나에게 굽실거려야 맞다. 그러나 어찌된 일인지 나는 김성출에게 큰소리를 칠 수가 없다. 채무자가 아무 재산도 없고 더 이상 잃을 것이 없을 때, 그리고 채권자가 돈에 대한 미련을 버리지 못할 때 채무자는 채권자보다 우위에 서게 된다. 내가 김성출에게 돈을 받기 위해서는 부단히 비위를 맞춰주면서 기회를 노릴 수밖에 없다. 무일푼에 가족도 없고 주소도 일정치 않고 휴대폰 번호도 툭하면 바뀌는 김성출에게 자칫 잘못하여 비위라도 상하게 하는 날이면 돈 받는 것은 끝장이다. 학원 명의를 내 이름으로 하고, 사업자등록을 내 이름으로 하게 된 이유는 결국 이러한 이상한 관계에서 비롯되었다고 할 수 있다.

당일 12시경, 김성출과 이전 원장인 박 원장이 건물 관리비 정산을 하고 있을 때였다. 무심코 양복 윗도리 안주머니에 손을 넣어보니 무엇인가 빳빳한 것이 만져졌다. 꺼내보니 공공은행 통장이었다. 따분하던 차에 통장 확인이나 해보자는 생각에 통장 거래 내역을 훑어보았다.

'아니, 이게 어떻게 된 거지?'

나는 내 눈을 의심하지 않을 수 없었다. 이승걸이 3,300만 원, 1,000만 원, 1,000만 원, 1,000만 원, 그리고 300만 원 하여 총 6,600만 원을 2008년 10월 31일, 즉 오늘 입금하였고, 이 돈이 또한 오늘 전화이체로 1,000만 원씩 5회에 걸쳐 학원건물 임대인에게 송금된 내역이 통장에 찍혀 있었다. 다시 통장을 위로 훑어 올라가며 살펴보니 2008년 10월 27일자로 '텔레뱅킹 출금계좌 등록'이란 표시가 되어 있었다.

난 이때까지 텔레뱅킹이란 서비스를 이용해 본 적이 없다. 그러나 통장에 기재된 내역들로 미루어 보건대 내 통장에 텔레뱅킹 출금서비스가 등록되었고, 김성출이 이를 이용하여 5,000만 원을 임대인에게 송금한 것임을 추측할 수 있었다. 갑자기 머릿속이 하얘지는 것 같았다. 도대체 어떻게 텔레뱅킹이 등록되었을까? 내가 텔레뱅킹을 신청한 적이 있었던가? 아니면 텔레뱅킹은 자동으로 등록되는 것인가? 여러 가지 생각이 떠올랐으나 영 갈피를 잡을 수 없었다. 김성출에게 잠시 밖에 나갔다 온다고 말한 후 공공은행 동탄공원지점을 찾아 갔다.

"내가 텔레뱅킹 신청을 한 적이 없는데 텔레뱅킹 등록이 되어 있네요. 이게 도대체 어떻게 된 건가요?"

통장을 내밀며 은행 여직원에게 물어 보았다. 내 기억이 맞는다면 통장을 만들 때 김이슬이 뭔가 물어봤던 그 여직원이었다. 명찰을 보니 과장 송은영이라고 적혀 있었다. 송은영은 컴퓨터를 통해 뭔가를 열심히 조회해 보더니 통장을 내주며 말하였다.

"지금은 확인이 안 되는데요, 이따가 5시쯤 오시면 알 수 있을 것 같아요."

"5시면 은행이 끝나지 않나요?"

"아, 저쪽 뒷문으로 오셔서 노크를 하시면 문을 열어 드릴 테니 그 때 오세요."

나는 그러겠다고 대답하고 은행에서 나왔다.

1장 · 은행

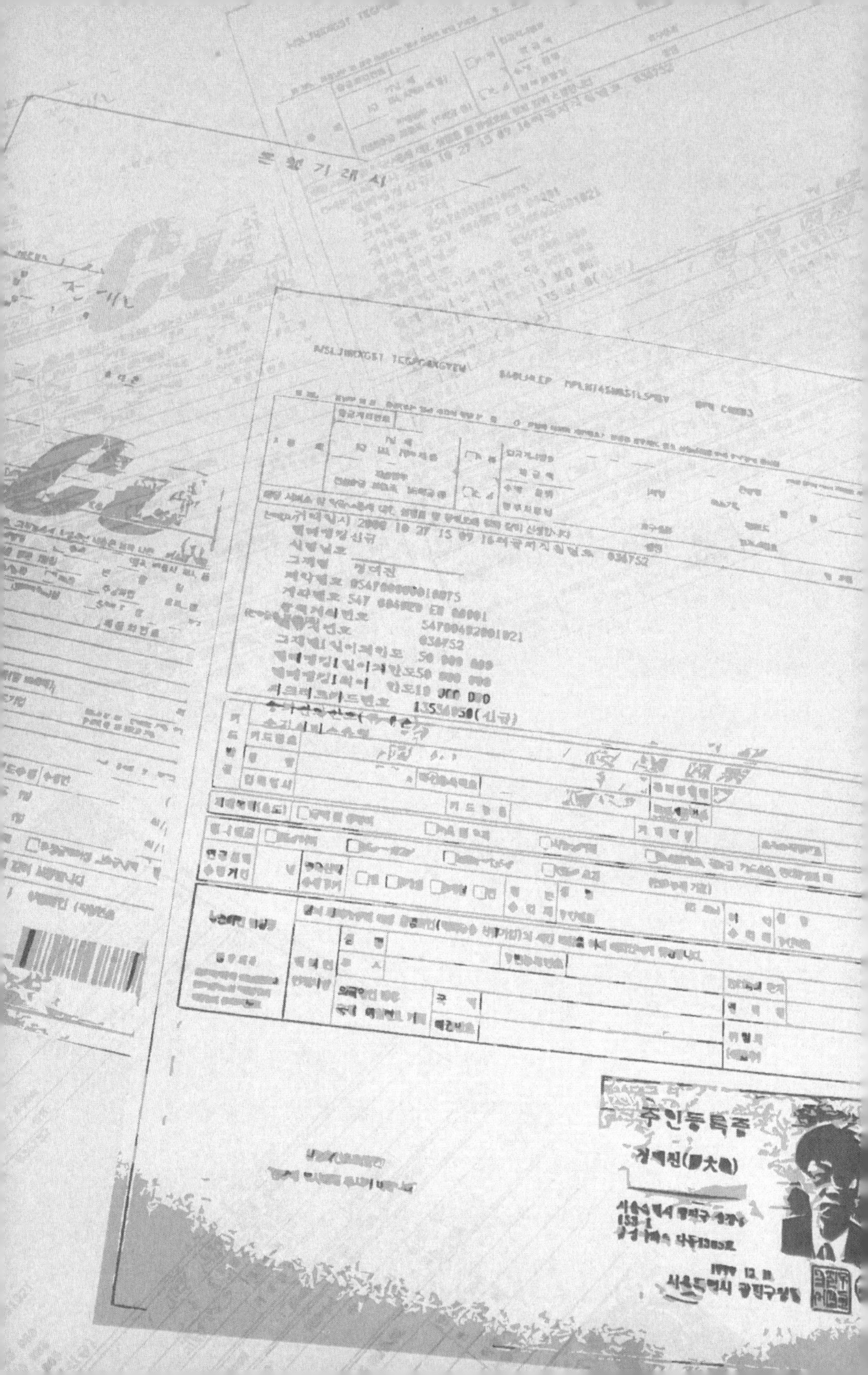

주민등록증

1장. 은행

6

정확히 5시에 맞춰 은행 뒷문을 노크하니 청원경찰 복장의 남자가 문을 열어 주었다. 텔레뱅킹 때문에 송 과장을 만나러 왔다고 하니 곧바로 지점장실로 안내해 주었다. 지점장실에는 안쪽에 지점장 책상이 있었고, 그 앞쪽으로 회의 테이블이 있고, 1인용 소파가 테이블 양옆에 3개씩, 그리고 지점장 책상 바로 앞쪽 테이블 끝에도 소파가 1개 놓여 있었다. 출입구 맞은편 소파에 김이슬과 송은영 과장, 그리고 남자 직원 한 사람이 앉아 있었다. 김이슬은 나를 보자마자 고개를 푹 숙였고, 송은영은 멋쩍은 미소를 짓고 있었다. 남자 직원은 나이가 40세 초반 정도 되어 보였는데 나를 힐끔 쳐다보더니 나와 눈이 마주치자 이내 외면하고 테이블 위의 서류를 응시하였다. 분위기가 침울한 것으로 보아 은행에서 뭔가 잘못을 하였고, 문제를 해결하기 위해 관련자들이 모여 있는 것임을 직감할 수 있었다. 송은영이 손으로 소파를 가리키며 앉으시라고 하였고 나는 잠자코 소파로 가서 앉았다. 새 소파여서 그런지 진한 가죽 냄새가 풍겨왔다.

"주민등록증 좀 보여 주세요."

남자 직원이 나에게 불쑥 명함을 내밀더니 다짜고짜 주민등록증 제시를 요구하였다. 초면에 아무런 인사도 없이 이렇게 해도 되는지, 무례하다고 느꼈으나 이런 일까지 시비를 걸 필요는 없다고 생각하였다. 우선은 어떻게 된 일인지 파악하는 것이 순서이므로, 명함을 보면서 주민등록증을 꺼내 주었다. 명함에는 '공공은행 동탄공원지점 부지점장 차장 황두현'이라 적혀 있었다. 황두현은 내 주민등록증과 앞에 놓인 서류를 번갈아 살펴보더니 이내 말없이 주민등록증을 나에게 돌려주었다.

"어떻게 된 건가요?"

내가 먼저 송은영에게 조심스럽게 물었다.

"죄송합니다. 얘가 신입사원이라 업무를 잘 몰라서 큰 실수를 했네요."

가운데 앉아있던 송은영이 어색한 미소를 지우지 않은 채 팔꿈치로 김이슬을 치는 시늉을 하며 대답했다.

"넌 이제 그만 나가 있어."

송은영이 작지만 단호한 목소리로 김이슬에게 이야기 하자 김이슬은 기다렸다는 듯이 지점장실에서 빠져 나갔다.

"쟤가 그러면 안 되는데 저, 김성출이란 사람 아시죠? 그 사람이 와서 텔레뱅킹을 해달라고 해서 해줬다고 하네요. 이게 그때 작성한 신청서고요."

송은영이 몇 장의 서류를 집어 들어 나에게 보여주며 말했다. 테이블 건너편에 있어 서류 내용을 확인하기 힘들었다.

"그 서류 제가 좀 볼 수 있을까요?"

송은영은 옆의 황두현을 힐끔 쳐다보았지만 황두현은 모르는 척 테이블에 놓인 서류에서 눈을 떼지 않고 있었다. 송은영은 할 수 없다는 듯이 서류를 나에게 건네주었다. 서류는 2장이었다. 앞장은 텔레뱅킹 가입신청서, 뒷장은 실명확인표였다. 텔레뱅킹 가입신청서에는 내 이름이 적혀 있었고 김이슬의 명판 2개, 김이슬 도장 3개, 그리고 책임자 도장 1개가 찍혀 있었다. 김이슬의 명판에는 김이슬의 사원번호와 이름이 나타나 있었다. 주민등록 번호, 주소, 서명 등을 적게 되어있는 란은 모두 공란으로 남겨져 있었다. 실명확인표를 보니 내 주민등록증이 복사되어 있었고 그 복사본 위에 '2008. 10. 27'이란 날짜 도장이 찍혀져 있었다.

"이 주민등록증 복사본은 뭐지요?"

송은영을 바라보며 물었다.

"아, 네. 통장 만드실 때 제출하셨던 주민등록증 있잖아요, 그걸 그냥 복사해서…."

기가 막힐 노릇이었다. 세상에 이런 은행이 다 있나 싶었다. 더 이상 이야기할 것도 없다는 판단이 들었다.

"저는 텔레뱅킹 신청한 적 없습니다. 그런데 은행이 이렇게 마음대로 해도 되나요?"

"…."

"이거 다 원상복구 하시고 이에 대한 책임 모두 은행이 지세요."

송은영은 고개를 돌려 황두현을 바라보았다.

"텔레뱅킹 당장 해지시켜!"

황두현이 화가 난 목소리로 송은영에게 말했다.

"아, 네."

송은영은 부리나케 지점장실을 나갔다. 송은영이 나가고 황두현과 단둘이 남게 되자 분위기는 더욱 냉랭해졌다. 황두현은 계속 서류를 응시하고 앉아 있었고, 난 멀뚱멀뚱 황두현과 벽을 번갈아 쳐다보며 잠자코 있었다. 5분 정도 지났을까, 송은영이 다시 들어왔다. 이제 더 이상 어색하게 앉아 있을 필요가 없다. 빨리 마무리를 하기로 하였다.

"그러면 은행이 모든 책임 다 지는 것으로 알고 전 이만 돌아가겠습니다."

송은영은 황두현 눈치를 살피기 위해 황두현을 바라보았고, 황두현은 작은 목소리로 알겠다고 대답하며 고개를 끄덕였다.

은행에서 책임지겠다는데 더 이상 앉아 있을 이유가 없었다. 소파에서 일어나 출입문 쪽으로 걸어가는데 갑자기 문이 열렸다. 김성출이 불쑥 들어오고 있었다. 김성출은 나와 눈이 마주치자 멈칫하더니 이내 눈을 돌려 은행 직원을 바라보며 가볍게 머리를 숙여 인사를 하였다. 나는 말없이 김성출을 지나쳐 지점장실을 나왔다. 그리고 예의 뒷문을 통해 은행을 빠져나왔다.

텔레뱅킹을 등록하던 때의 구체적인 상황은 내가 그 자리에 없었으므로 알 수가 없다. 신뢰가 가지 않는 김성출 이야기는 들을 필요도 없을 것 같고, 그나마 김이슬의 진술이 보다 진실에 가까울 것이다. 사건이 발생한 지 3개월 후 내가 금융감독원에 민원을 제기하자

금융감독원에서 공공은행으로부터 해명 자료를 받았는데 그 속에 김이슬의 경위서가 들어 있었다. 공공은행이 금융감독원에 자료를 제출한 것은 2009년 3월 5일이고 김이슬이 경위서를 작성한 것은 그 하루 전인 2009년 3월 4일로, 이 경위서는 금융감독원에 제출하기 위해 작성된 서류라 하겠다. 당시 공공은행이 자신들의 잘못 없음을 주장하기 위해 안간힘을 쓰던 시기임을 감안할 때 이 경위서 또한 은행의 잘못을 최대한 축소 내지는 은폐하고 나의 잘못을 부각시키는 방향으로 작성되었다고 보면 될 것이다. 아마 어떻게 작성하라는 은행 내부 지침도 있었을 것이고 전문가가 코치도 했을 것으로 보인다. 나는 이 자료를 2009년 9월 10일경 금융감독원에 정보공개 신청을 하여 받아보았다. 공공은행의 일방적 이야기에 불과하고 사실이 아닌 이야기도 많이 들어있지만 김이슬은 내가 모르는 당시 상황에 대해 많은 것을 알려 주고 있었다.

경 위 서

이름 : 김이슬

직위 : 계장

본인은 2008.10.23. 민원인 정대진 씨의 계좌를 개설한 일이 있습니다. 정대진 씨가 내점하여 보통예금 2좌와 체크카드 개설을 신청하였습니다. 정대진 씨가 은행거래서 작성 중에 저는 습관적으로 텔레뱅킹을 권유하였으나 다음번에 와서 신청하겠다고 하였습니다.
며칠 뒤 김성출 씨가 내점하여 제 창구 앞에서 제 이름을 언급하며 누군가와 통화를 하는 것을 들었습니다. 그리고는 창구로 와서 체크카드를 주며 텔레뱅킹을 신청한다고 하였습니다. 전자금융은 본인이 아니면 가입이 불가하다고 하였으나 자신이 정대진 씨의 비서 같은 존재라고 이야기하고 예금주 정대진 씨와 통화를 하며 며칠 전 통장을 개설하며 있었던 일들을 제가 들으란 듯이 읊으며 텔레뱅킹 비밀번호를 확인시켜 주는 등 빠른 업무를 독촉하였습니다. 업무를 처리하는 중에도 창업대출에 관해서도 문의하고 앞으로 학원 운영을 하며 쓸 통장이니 무시해서는 안 된다는 말도 하였습니다.

본인은 빠른 업무 처리를 위해 텔레뱅킹 신청서를 따로 받지 않고 지난번 정대진 씨가 내점할 때 작성했던 은행거래서와 신분증 복사본을 첨부하였고, 예금주 본인의 서명 없이 추후 보완을 위해 이름만 기재한 후 텔레뱅킹을 신규 등록하였습니다.

신입행원으로 업무 경력이 일천하여 고객 경험이 없었던 저로서는 당시 모든 상황을 종합해 볼 때 별로 문제 될 것이 없다는 서투른 판단으로 업무를 처리하였고, 그것은 저의 잘못이었습니다.

은행원으로서 적합하지 못했던 업무 판단과 정석에 맞지 않은 일처리로 인하여 은행 및 지점, 그리고 고객에게 누를 끼쳐 크게 반성하고 있습니다.

그리고 다시는 이와 같은 일이 일어나지 않도록 신중을 기하고 노력하겠습니다.

2009. 3. 4.

김이슬 (인)

황두현, 송은영과 이야기를 마치고 은행에서 나와 학원으로 올라가 김성출을 기다렸다. 은행 직원이 김성출에게 전화를 하여 불렀으리라. 어떻게 된 거냐고 김성출을 다그치겠지. 문득 이상한 생각이 들어 통장을 다시 펼쳐 보았다. 그리고 입출금 내역을 일일이 확인해 보았다.

거래일	거래내용	찾으신 금액	입금하신 금액	현재 잔액
10-31	타행이체	에듀케이	33,000,000	33,017,900
10-31	타행이체	이승걸	10,000,000	43,017,900
10-31	타행이체	이승걸	10,000,000	53,017,900
10-31	전화이체	10,000,500	고경석	43,017,400
10-31	타행이체	이승걸	10,000,000	53,017,400
10-31	타행이체	이승걸	3,000,000	56,017,400
10-31	전화이체	10,000,500	고경석	46,016,900
10-31	전화이체	10,000,500	고경석	36,016,400
10-31	전화이체	10,000,500	고경석	26,015,900
10-31	전화이체	10,000,500	고경석	16,015,400

통장을 보니 오늘 아침에 일어난 일을 분명히 알 수 있었다. 이승걸이 입금하기 전 통장 잔액은 17,900원이었다. 이승걸은 오늘 5회에 걸쳐 6,600만 원을 입금하였고 김성출은 5회에 걸쳐 5,000만 원을 학원 건물 임대인인 고경석에게 송금하였는데, 이승걸이 3회째 입금한 후 김성출은 임대인에게 송금을 시작한 셈이다. 김성출은 이승걸과 전화 연락을 하여 입금시간을 확인하였고, 이승걸의 입금과 동시에 김성출은 송금을 시작한 것이리라. 이렇게 송금을 하느라 김성출은 약속한 시간보다 30분이나 늦게 부동산 사무실에 나타난 것이다. 김성출이 서둘러 송금을 한 이유는 한 가지 외에 다른 게 있을 수 없다. 내가 손을 쓰기 전에 먼저 돈을 빼내기 위한 것이었다.

이제 모든 것이 정리되는 것 같았다. 김성출이 텔레뱅킹을 만든 이유는 명백하다. 김성출은 당초 나에게 지분 40%를 주겠다고 했었다. 그런데 이승걸과 동업이 성사 단계에 이르자 나의 지분을 15%로 줄일 생각을 하고 있었다. 지분을 15%로 줄이면 나와의 동업은 성사될 수 없다. 동업 계약이 체결되지 않으면 김성출의 입장에서 보면 나는 김성출의 채권자일 뿐이다. 이런 상황에서 채권자인 내 통장에 이승걸의 돈이 입금된다면 이는 회수당할 확률이 100%다.

체크카드를 이용하여 송금할 수도 있지만 3,000만 원밖에 송금할 수 없다. 나머지 3,600만 원은 회수당할 가능성이 크다. 더군다나 내가 임대차계약을 해지하겠으니 3,000만 원을 도로 돌려달라고 임대인에게 요구할 경우 임대인은 3,000만 원을 내 통장에 도로 송금해야 한다. 이 경우 5,860만 원도 회수당하고 계약금 600만 원마저 떼일 염려가 있다.

그렇다고 다른 통장을 사용하기도 어렵다. 이미 김성출의 통장 대부분에 차압이 들어온 상태이므로 자신의 통장을 사용하는 것은 위험하다. 다른 사람 이름의 통장을 사용하기도 어렵다. 이승걸이 학원 동업에 대해 100% 확신을 못 하고 있는 상태에서 엉뚱한 사람 명의의 통장에 입금을 해달라고 할 경우, 이승걸이 이를 수상히 여겨 동업을 포기할 가능성도 적지 않다. 그렇다면 어떤 방법이 있을까?

김성출은 텔레뱅킹을 생각해 냈을 것이다. 텔레뱅킹만 할 수 있다면 나 몰래 5,000만 원을 송금할 수 있다. 6,600만 원 중에서 5,000만 원을 먼저 텔레뱅킹으로 송금하면 나머지 1,600만 원을 찾는 것도 어렵지 않다. 내가 김성출에게 빌려준 돈이 5,800만 원이 넘고 이 학원에 투자한 돈만 해도 2,360만 원인데 내가 1,600만 원을 못 내주겠다고 버티지는 못할 것이다. 설사 1,600만 원을 내주지 않는다고 해도 그 정도 금액은 큰 타격이 되지 않는다.

이렇게 생각한 김성출은 무모하게도 은행에 가서 텔레뱅킹 가입 신청을 하였다. 사인으로 개설한 통장이라 사인이 필요하고 더군다나 주민등록증도 필요한데 말이다. 그런데 은행 직원은 어처구니없게도 김성출의 가입 신청을 받아들여 텔레뱅킹 비밀카드를 발급해 준 것이다. 그리고 이를 이용하여 김성출은 5,000만 원을 무사히 임대인에게 송금한 것이다. 과연 김성출 아니면 흉내도 낼 수 없는 대담하고도 기가 막힌 작품이었다.

학원에 올라가 이삼십 분을 기다리자 김성출이 나타났다. 굳은 표정이었다. 은행에서 김성출을 고소하겠다고 했는지도 모른다.

"텔레뱅킹은 어떻게 된 거야?"

짐짓 모르는 체 신경질적인 목소리로 김성출에게 물었다.

"텔레뱅킹이 있으면 좀 편리할 것 같아서 만들었어요."

"그걸 내 허락도 없이 김 원장 맘대로 만들어도 되는 거야?"

"전 통장만 있으면 만들어도 되는 줄 알았어요. 은행에서도 별 말 없이 해주었고요."

그 은행에 그 김성출이다.

"그래서? 내 돈은 어떡할 거야?"

"저는 모릅니다. 문제 있으면 은행에다 얘기하세요. 전 은행이 해줘서 그냥 사용했을 뿐입니다."

더 이상 할 이야기가 없었다.

학원을 나와 서울로 올라왔다.

7

다음 주 공공은행에서 어떤 연락이 올 것이라 생각하고 1주일 내내 기다렸지만 아무런 연락이 없었다. 그 다음 주 참다못해 요전에 받은 명함을 보고 부지점장이라는 황두현에게 전화를 걸었다.

"여보세요."

"수고하십니다. 저는 저번에 텔레뱅킹 사고로 찾아뵈었던 정대진이라고 합니다."

"아, 예."

달갑지 않다는 어투인데 왠지 당당함이 묻어 나온다.

"바쁘시죠?"

"예."

귀찮으니 용건만 말하라는 의도가 전해진다.

"그때 말씀드린 대로 원상복구를 해주셨으면 합니다."

원하는 대로 용건을 말했다.

"아, 그거요. 우리가 알아 봤는데 은행 잘못이 아니라고 하네요."

이건 또 무슨 소리인지.

"아니, 그때 은행 잘못이라고 인정했잖습니까? 예금주 몰래 텔레뱅킹을 해줬는데 잘못이 아니라니 무슨…."

"그때는 우리가 잘 몰라서 그런 거구요, 동업자가 요청하면 예금주 허락 없이 텔레뱅킹을 등록해 줘도 괜찮답니다."

동업자? 왜 김성출과 내가 동업자인가? 동업 형태로 학원을 인수하여 운영하기로 했었지만 난 도중에 동업을 안 하겠다고 분명히 말하였고, 김성출은 이승걸과 동업계약을 체결하였다. 그런데 은행은 나와 김성출이 동업자라고 주장하고, 또 동업자이므로 괜찮다는 주장을 한다.

"난 김성출과 동업자가 아닙니다. 채권자입니다."

"김성출 씨는 정대진 씨가 동업자라고 했습니다. 그리고 동업자에게 텔레뱅킹을 해준 것은 하자가 없는 것입니다."

나는 풀이 죽을 수밖에 없었다. 내 신청 없이 김성출에게 텔레뱅킹을 해줘도 정말 괜찮은 것인지 나로서는 알 수가 없었기 때문이었다. 나보다 은행이 업무에 관해서나 관련법규에 대해서나 훨씬 더 정확히 많이 알고 있을 터였다.

"그리고 인출된 돈도 정대진 씨 학원 임대보증금으로 입금되었는데 은행이 원상복구해줄 필요가 없는 겁니다."

"무슨 말씀입니까? 저는 학원 경영과는 관계가 없습니다. 그리고 은행은 원상복구를 해주고 그 돈을 학원에서 회수하면 되는 것 아닙니까?"

"은행이 잘못이 없는데 왜 원상복구를 하고 회수를 합니까? 그런 것은 은행이 잘못했을 때나 하는 겁니다."

"알겠습니다. 제가 확인해 보고 전화 다시 드리겠습니다."

"전화 다시 하실 필요 없을 겁니다. 그리고 동업자가 인출한 돈을 은행에게 물어내라고 하는 것은 불순한 의도를 가지고 있다고 볼 수밖에 없습니다."

갑자기 정신이 번쩍 들었다. 불순하다니…. 이런 표현은 아무에게나 쓰는 표현이 아니다. 내 기준으로는 과거 공산주의자들에게나 주로 쓰는, 일반적으로는 금기시되는 표현이다.

"무슨 말을 그렇게 합니까? 내가 은행더러 그냥 돈을 내놓으라는 것도 아니고 무단 인출된 돈을 원상복구하고 그 돈을 김성출에게서 회수하라는 것 아닙니까? 내가 동업자이고 그 돈이 내 돈이라면 나에게 회수하면 되는 것 아닙니까? 그런데 불순하다니, 그렇게 말을 막 해도 되는 겁니까?"

"…."

"돈을 회수하는 데 필요하다면 이야기하세요. 내가 학원명의, 임대계약서 명의, 다 공공은행 이름으로 바꿔줄 테니까요."

"우리는 그런 거 필요 없습니다."

"나도 필요 없습니다. 공공은행이 텔레뱅킹을 만들어줘서 돈이 이쪽으로 들어가는 바람에 어쩔 수 없이 갖게 된 겁니다."

"좌우간 우리는 필요 없고요, 동업자가 인출한 돈에 대해 은행이 책임질 이유가 없으니 그렇게 아십시오."

전화가 툭 끊겼다.

내 심장도 툭 땅에 떨어지는 것 같았다.

우선 관련법규부터 찾아봐야 했다. 불행히도 난 공대 출신이라 법에 대해서는 배운 적도 없고 개인적으로 공부를 해본 적도 없다. 그나마 다행인 것은 인터넷을 통해 원하는 법률은 무엇이든 무료로 검색해 볼 수 있다는 것이었다. 텔레뱅킹 등록에 관한 법률은 '전자금융거래에 관한 법률'이었다. 그다지 길지 않은 법률이므로 1시간 남짓 만에 처음부터 끝까지 훑어볼 수 있었다. 텔레뱅킹 등록에 관한 내용은 제6조에 나와 있었다.

> 제6조(접근매체의 선정과 사용 및 관리) ②금융기관 또는 전자금융업자가 접근매체를 발급할 때에는 이용자의 신청이 있는 경우에 한하여 본인임을 확인한 후에 발급하여야 한다.

또한 같은 법률에 위의 법조항을 위반하였을 때의 벌칙이 2개 조항에 걸쳐 규정되어 있었다.

제43조(허가와 등록의 취소 등) ②금융위원회는 금융기관 또는 전자금융업자가 다음 각 호의 어느 하나에 해당하는 때에는 6월의 범위 안에서 기간을 정하여 관련 업무의 전부 또는 일부의 정지를 명할 수 있다.
1. 제6조제1항·제2항(중략)의 규정을 위반한 때

제46조(과징금) ① 금융위원회는 금융기관 또는 전자금융업자가 제43조제2항 각호의 어느 하나에 해당하게 된 때에는 대통령령이 정하는 바에 따라 업무정지명령에 갈음하여 5천만 원 이하의 과징금을 부과할 수 있다.

법률을 읽어보니 황두현의 말이 사실이 아니라는 게 분명해졌다. 텔레뱅킹 등록은 본인에게만 해줄 수 있는 것이다. 황두현은 김성출이 동업자이므로 은행 잘못이 아니라고 하지만 동업자가 본인이 될 수 없음은 너무나 자명하다. 다시 황두현에게 전화를 하였다. 텔레뱅킹은 본인에게만 해줄 수 있다고 법률에 나와 있다며 은행의 잘못을 주장하였다. 그러나 황두현은 내 통장이 동업 통장이므로 동업자는 본인과 마찬가지라며 요지부동이었다. 더 이상 말해봐야 소용없음을 깨닫고 전화를 끊었다.

지점장에게 전화를 하였다. 지점장과 통화하는 것은 쉽지 않았다. 몇 번 전화를 걸었으나 통화 중이다, 손님과 말씀 중이다, 회의 중이다, 거래처 나갔다 등등 좀처럼 통화를 할 수 없었다. 내 이름과 전화번호, 그리고 텔레뱅킹 사고에 관해 통화하고 싶다는 메시지를 여러 차례 남겼지만 전화가 걸려오지도 않았다. 통화가 겨우 된 것은 그 다음 주였다.

"저는 정대진이라고 합니다만, 텔레뱅킹 사고에 대해 보고는 받으셨는지요?"

"보고는 받았습니다. 우리 여직원이 일을 약간 매끄럽지 못하게 처리했을 뿐 은행이 책임질 사안은 아니라고 하네요."

매끄럽지 못하다? 내가 눈치채지 못하게 했어야 했는데 나에게 탄로가 났으니 매끄럽지 못했단 말인가? 적어도 이 경우에 어울리는 표현은 아니라는 생각이 들었다.

"전자금융거래법에는 본인에게만 텔레뱅킹을 해주게 되어 있는데 어떻게 은행 책임이 아니라고 하시는지 이해가 잘 안 됩니다."

"동업자에게는 해줘도 괜찮다고 보고 받았습니다."

"그러면 제가 이 사고에 대해 은행 본점에 클레임을 제기해도 괜찮으시겠습니까?"

이 말에 지점장은 약간 겁을 먹은 것 같았다.

"아, 그러면 우리가 좀 더 알아볼 테니 나중에 다시 한 번 더 전화주십시오."

"언제쯤 전화 드릴까요?"

"다음 주쯤에요."

다음 주에 지점장과 통화를 하였다. 지점장은 지난번 통화 때와 동일한 이야기를 하였다. 이번에도 역시 매끄럽지 못한 일처리였을 뿐 은행 책임은 없다고 하였다. 지점과는 더 이상 이야기해봐야 소용이 없을 것이라는 생각이 들었다. 괜히 시간만 3주나 허비한 셈이다.

공공은행 본점으로 전화를 하였다. 여직원에게 사정을 이야기하니 고객서비스부 관할이라며 전화를 돌려주었다. 담당 차장이라는 백종림 차장에게 그간 일어났던 일들을 모두 이야기하였다.

"무슨 이야기인지 잘 알았습니다. 제가 지점에 확인을 해보고 필요한 조치를 취하도록 하겠습니다."

은행 잘못이 아니라는 말을 하지 않으니 일단 마음이 놓였다.

8

다음 날 아침에 공공은행 동탄공원지점으로부터 전화가 왔다. 송은영 과장이라고 했다. 급히 좀 만나고 싶은데 시간이 있느냐고 하였다. 시간 많다고 하였더니 자기가 바로 서초동으로 올라갈 테니 좀 만나자고 하였다. 내가 시간이 많으니 그럴 필요까지는 없고 동탄에서 내일 만나자고 하였다. 송은영은 오늘 서초동에서 꼭 만나고 싶다는 말을 몇 차례 더 하였지만 아무래도 내가 동탄으로 내려가는 것이 좋다는 생각이 들어 내일 만나자며 거절하였다.

내가 시간이 많기도 하였지만 괜히 집근처에서 은행 여직원을 만날 경우 여러 가지 예기치 않은 일이 발생할 우려가 있다. 더군다나 송은영과 같은 30대 묘령의 여인을 외부, 그것도 은행에서 멀리 떨어진 곳에서 만날 경우 오해가 생겨날 여지도 없지 않다. 설마 송은영이 이를 의도적으로 이용할 의사가 있는 것은 아니겠지만 한 치

앞을 알 수 없는 것이 사람의 일이다.

다음 날 오후, 은행 바로 앞 건물의 커피숍에서 송은영을 만났다. 의례적인 인사를 주고받은 뒤 곧바로 본론을 이야기하였다. 나는 텔레뱅킹으로 무단 인출된 5천만 원의 원상복구를 요구하였다.

"나는 학원과는 아무 관계도 없습니다. 김성출에게는 5,800만 원 가량의 채권이 있습니다. 그런데 은행이 내 통장에 텔레뱅킹을 불법으로 등록해주는 바람에 김성출이 5천만 원을 무단으로 인출했고 나는 채권을 회수하지 못했습니다. 이 돈 원상복구해 주시고 김성출에게 회수하세요. 원하시면 제 앞으로 되어 있는 임대차계약 명의, 그리고 학원등록증과 사업자등록증 명의 모두 은행 앞으로 이전해 드리겠습니다."

내 입장을 분명히 이야기해주자 송은영이 고개를 천천히 가로로 흔들며 대답했다.

"저희는 그렇게 해드릴 수 없습니다. 한번만 좀 봐주세요."

송은영의 목소리는 잠겨있었고 눈에는 눈물이 살짝 맺히는 듯 보였다. 여자의 눈물은 힘이 있다. 은행에 대한 원망은 사라지고 뭔가 양보해 줘야 한다는 마음이 갑자기 일어나기 시작하였다. 그러나 나에게도 사정이 있었다.

2008년 중반부터 갑자기 아파트 전세대란이 일어나기 시작했다. 웬만한 강남 아파트의 경우 전세 가격이 1억 원 이상 올랐고, 그 기세는 꺾일 줄 모르고 계속되고 있었다. 내가 세 들어 살고 있는 서초동 한신아파트도 전세 가격이 이미 1억 원 넘게 오른 상태였다. 그리고 만기일도 3달밖에 남지 않은 상태였다. 나에게도 돈이 필요하였다.

"원상복구가 정 어렵다면 5천만 원을 1년간 한시적으로 원상복구해 주세요."

송은영의 눈이 빛나기 시작하였다.

"그러면 1년간 내가 김성출을 잘 구슬려서 5천만 원을 회수해 볼 테니까요."

송은영은 뭔가 곰곰이 생각해보는 눈치였다.

"그렇게 하려면 1년간 신용대출을 해드려야 하는데 정 사장님은 신용대출은 좀 어려울 것 같아요."

왜 내 이름으로 신용대출을 받아야 하는지, 송은영 이름으로 하면 안 되는지, 그게 여의치 않다면 지점에서 알아서 해주면 안 되는지 이해가 되지 않았다. 하지만 이때는 내가 무엇에 홀렸는지, 기왕 봐주는 것 최대한 봐주기로 하였다.

"그렇다면 내 아파트를 담보로 하고 대출을 받는 걸로 하지요."

송은영의 얼굴이 환해지기 시작하였다.

"무슨 말씀인지 잘 알았고요, 은행에 들어가서 상의해 보고 연락드리겠습니다."

송은영은 가벼운 발걸음으로 커피숍을 나갔다.

마땅히 가 있을 곳이 없어 대한학원으로 올라갔다. 이승걸이 반갑게 인사를 하였다. 김성출은 아직 출근하지 않았다고 했다. 상담실에 들어가 비치된 책을 뒤적이며 시간을 보냈다. 저녁 5시쯤 되어 송은영의 전화가 왔다.

"아까 이야기한 대로 할게요. 그런데 대출은 다른 은행에서 받으시는 걸로 하면 어떨까요? 대출에 들어가는 돈은 저희가 다 대드리고요."

나로서는 마다할 이유가 없었다. 어차피 돈이 필요한 것은 앞으로 3개월 후이니 만큼 미리 돈을 대출받을 필요도 없었고, 공공은행과 계속 거래한다는 것도 그다지 즐거운 일은 아니었기 때문이다. 그렇게 하자고 바로 승낙하였다.

잠시 후 송은영이 은행 남자 직원과 함께 학원으로 올라왔다. 남자 직원은 올해 갓 들어온 신입사원으로 나와 같은 대학교를 나왔다고 했다. 선후배 간이라 하여 반갑게 악수를 하였다. 송은영은 텔레뱅킹 해지신청서와 텔레뱅킹 가입신청서를 꺼내어 나에게 작성해 달라고 했다.

원상복구란 등록된 텔레뱅킹을 해지하는 것도 포함한다. 텔레뱅킹을 해지하기 위해서는 예금주 본인의 해지신청서가 필요하다. 또한 텔레뱅킹을 해지한다는 것은 이미 텔레뱅킹이 등록되어 있음을 의미하므로 텔레뱅킹을 신청한 근거서류도 형식적으로 필요할 것이다. 이렇게 생각하며 서류를 작성해 주었다. 송은영은 이어 조그마한 은행 메모지를 꺼냈다.

"이의제기 안 하시겠다는 확인서도 좀 써주세요."

이런 것까지 써줘야 하는지, 약간 짜증이 나기도 했지만 같이 온 대학 후배를 봐서라도 거절할 수는 없었다. '텔레뱅킹 사고에 대해 이의를 제기하지 않겠음'이라고 써주었다. 서류를 다 챙긴 송은영이 남자 직원이 들고 온 돈 봉투를 받아 책상 위에 올려놓고 나 있는 방향으로 밀었다. 합의 절차가 끝난 셈이었다. 서로 웃는 얼굴로 인사를 하였다. 송은영 일행이 돌아간 후 돈 봉투를 열어 보았다. 100만 원 묶음이 4개 들어 있었다.

"4백만 원이라…. 이 돈이면 1년간 5천만 원 담보대출 받는 데 충분하겠지."

혼잣말로 중얼거렸다. 은행대출에 관한 한 전문가인 은행원들이 가져온 돈인 만큼 틀림없는 액수이리라.

2008년 11월 26일의 일이었다.

9

며칠 후 평소 친하게 지내는 후배에게 전화를 하였다.

"별일 없지? 뭣 좀 물어보고 싶은데 내가 자네 은행에서 아파트 담보로 5천만 원 대출 받으면 이자가 얼마나 되는지 좀 알아봐 주게."

"5천만 원요? 잠깐만요. 에, 형님에게는 7.7%로 드릴 수 있습니다. 연간 이자는 385만 원이 되겠네요. 그런데 얼마 동안이나 쓰실 건데요?"

"응, 1년만 쓰려고."

"1년이면 중도상환 수수료라고 2%를 더 내셔야 합니다. 그게 100만 원 되겠네요. 대출 기간을 1년 이상으로 하면 중도상환 수수료가 1.5%로 내려가니까 1년 이상으로 하시는 게 더 유리할 겁니다. 아니면 직접 담보설정을 하시든지요."

"중도상환 수수료? 그게 뭔가?"

후배는 중도상환 수수료와 담보설정비에 대해 설명해주었다. 부동산 담보대출을 받기 위해서는 부동산에 담보를 설정해야 한다. 이때 들어가는 비용이 담보설정비다. 그런데 담보설정비는 대출을 받는 사람이 부담한다. 만약 담보설정비를 부담하기 싫다면 중도상환 수수료를 내야 한다. 즉 은행이 담보설정비를 내주는 대신 대출 받는 사람에게 돈을 받는 셈이다. 은행은 대출을 오랜 기간 해주는 것이 유리하다. 이자가 그만큼 많이 들어오기 때문이다. 그래서 대출기간이 아주 길면 중도상환 수수료를 받지 않는다. 반대로 대출기간이 짧으면 짧을수록 중도상환 수수료를 많이 받는다.

전화를 끊으면서 얼굴이 벌겋게 달아오르기 시작하였다. 아파트 담보 대출로 5천만 원을 1년간 대출받기 위해서 들어가는 돈은 총 460에서 485만 원 정도 된다는 이야기였다. 그런데 내가 받은 돈은 이에 미치지 않는 4백만 원이었다. 나로서는 송은영을 최대한 봐주며 해달라는 대로 다 양보해 준 셈이다. 그런 만큼 합의금은 넉넉한 돈은 아니더라도 최소한 부족한 돈은 아니어야 한다. 그런데 후배의 말에 의하면 이 돈으로는 부족하다는 것이다. 봐줄 것 다 봐주고 이런 대우를 받다니…. 괘씸한 생각이 들었다.

송은영에게 전화를 걸었다. 할 이야기가 있으니 내일 좀 만나자고 하였다.

다음 날, 동탄으로 내려가 예전에 만났던 은행 앞 커피숍에서 송은영을 만났다. 4백만 원에 대하여 물어보니 송은영은 다음과 같이 이야기하였다.

그날 나와 이야기를 마친 후 송은영은 은행에 들어가서 김이슬과 이야기를 나누었다. 1년간 5천만 원을 담보대출해주는 조건에는 김이슬도 동의를 하였다. 그런데 공공은행에서 대출을 해주면 나중에 다시 시빗거리가 생길 수 있으니 돈을 주고 끝내는 것이 좋겠다고 둘의 의견이 모아졌다. 그래서 나에게 돈으로 드리면 어떻겠느냐고 전화를 하였고 내 승낙을 받았다. 아파트 담보대출 이자를 알아보니 4백만 원이면 충분할 것 같아서 둘이서 반반씩 내서 4백만 원을 만들어 내게 주었다는 이야기였다.

"그런데 1년간 담보대출을 받으려면 조기상환 수수료를 별도로 내야 한다는 것은 몰랐나요?"

"저는 대출업무는 별로 해본 적이 없어서 그건 몰랐어요. 죄송합니다."

"그리고 이 합의금은 송 과장과 김이슬 사원이 개인적으로 마련해서 나한테 준 거네요. 지점장님이나 부지점장님에게 보고도 안 하였고 허락도 받지 않았다는 말이네요?"

"아, 그냥 그렇게 해도 될 것 같아서…."

"그렇다면 저는 더욱 이 돈 받을 수 없습니다. 돈 돌려 드릴 테니 이번 합의는 없었던 걸로 합시다."

나는 이번 사건을 공식적으로 해결하기 위해 공공은행 지점장에게 원상복구를 요구했고, 또 본점 고객서비스부에 클레임을 제기했었다. 그리고 송은영이 연락을 해와 송은영이 본점과 지점장의 공식적인 지시에 의해 나와 합의를 한 것으로 생각하고 있었다. 그런데 합의를 송은영이 개인적으로 했다는 이야기였다. 어이가 없었다. 이건 정말 큰일 날 일이라고 생각했다.

나는 서류가방에서 4백만 원 돈봉투를 꺼내 탁자 위에 올려놓고 송은영 쪽으로 밀어 주었다. 송은영이 다급해 하며 나에게 계좌번호를 알려달라고 하였다. 당장 부족한 돈을 입금해 주겠다며.

"이것은 올바른 업무 처리가 아닙니다. 이렇게 개인적으로 일을 처리하다 보면 나중에 반드시 문제가 생깁니다. 또 나도 피해를 볼 수 있어요. 이번 일만 해도 은행에서는 내가 개인적으로 송 과장에게 돈을 받아낸 것으로 오해할 수 있어요. 나는 이 돈 없어도 삽니다. 그러나 내 명예에 손상이 가는 일은 절대로 할 수 없습니다."

송은영은 몇 번 더 바로 입금을 할 테니 계좌번호를 알려 달라고 졸랐으나 나의 태도가 워낙에 강경함을 알고 이내 포기하는 눈치였다.

"무슨 말씀인지 잘 알았습니다. 제가 들어가서 지점장님께 보고를 드리겠습니다. 지점장님께서 만나자고 하면 만나 주실 수 있으시죠?"

"지점장님과는 언제든지 만나겠습니다. 잘 말씀드려 보세요."

내가 먼저 일어나 카운터로 가서 커피 값을 계산하였다. 계산하는 동안 송은영은 돈 봉투를 가슴에 꼭 안은 채 내 옆에 서 있다가 잘 마셨다는 인사를 하였다.

"이렇게 하는 것이 나를 위해서나 송 과장을 위해서나 옳은 일일 겁니다."

송은영과 헤어지며 내가 한 말이었다.

내가 25년 넘게 직장생활을 하면서 배운 것 중의 하나는 조직에서 개인의 돌출행동은 절대로 용납되지 않는다는 것이었다. 직장생활을 하다 보면 잘못을 저지를 수도 있다. 이때는 빨리 모든 것을 상사에게 보고하고 회사의 공식적인 지시에 따라 움직여야 한다. 이런 절차를 무시하고 제멋대로 일을 수습하려 하다가 결국은 회사도 피해를 입고 개인도 징계를 당하게 되는 경우를 나는 여러 차례 경험했다. 송은영과의 합의가 개인적인 것이었다면 이를 빨리 취소하고 은행의 공식적인 지침을 기다리는 것이 그나마 사태를 더 키우지 않고 수습하는 길이다.

이러한 나의 판단은 옳았다. 나중에 은행을 방문하였을 때 황두현은 "개인적으로 합의하는 그런 일은 있을 수 없는 일이다."라고 내게 말했다. "송 과장은 징계를 받게 될 것이다."라는 말도 했다. 송은영과 나와의 합의는 잘못된 일로서 절대로 용납할 수 없다는 의미였다.

또한 나중에 공공은행은 은행장 이름으로 금융감독원장에게 보고서를 보내게 되는데 이 보고서엔 다음과 같은 내용이 있다.

> 민원인은 (중략) 당행의 원만한 해결 노력에도 불구하고 개별적으로 당행 직원(과장 송은영)과의 외부만남을 통해 본건에 대해 차후 이의를 제기하지 않는다는 조건으로 4백만 원을 받았다가 (중략)

공공은행이 자기네들은 잘못 없다며 버틴 것 이외에 어떤 해결 노력을 했다는 것인지 모르겠지만, 그리고 앞으로 어떤 노력을 더 하려고 했는지 지극히 궁금하지만 어쨌든 '원만한 해결 노력'을 하고 있었단다. 그 와중에 송은영과 내가 '개별적으로 외부만남'을 하고 '4

백만 원을 받았'단다. 이것을 봐도 공공은행은 송은영과 나의 합의를 개인적인 돌출행동으로 보고 이 합의를 인정하지 않았음을 알 수 있다.

10

서울로 올라오고 주말이 지났다. 그 다음 주초가 지났다. 그러나 송은영으로부터는 어떠한 연락도 없었다. 처음에는 바쁜 일이 있거나 의사결정을 위해 시간이 필요한 것이려니 생각하였다. 그러나 주말이 다가오면서 조금씩 화가 나기 시작하였다. 빠른 시간 안에 지점장과 내가 만나지 못할 수도 있다. 지점장도 여러 일정이 있을 것이다. 그러나 일주일이 다 지나가도록 아무런 연락이 없다는 것은 이 일을, 나를, 그만한 가치가 없다고 보고 있다는 의미이기도 했다.

'나를 무시하나?'

직접 은행을 찾아가 보기로 하였다. 혹시 몰라서 확인서를 하나 준비하였다. 은행에 내려가서 합의 때 작성해 준 서류들을 회수하면 다행이려니와 그렇게 못 한다면 확인서라도 받아둬야 하겠다는 생각이 들어서였다. 확인서 내용은 다음 두 가지였다.

1. 2008년 11월 26일 있었던 송은영과 정대진 사이의 합의를 무효로 한다.
2. 합의금 4백만 원은 정대진으로부터 돌려받았음을 확인한다.

은행에 들어서니 송은영이 애써 웃는 얼굴로 나에게 다가왔다. 그리고 은행 안쪽 소파로 나를 안내하였다. 소파로 가서 송은영과 마주 앉았다.

"지점장님께 혼났어요."

"왜요?"

"제 마음대로 합의해 주었다고…."

"그러게 내가 뭐래요. 일을 절차에 맞게 확실하게 해야 된다고 했잖아요."

"…."

"아, 그리고 저번에 내가 작성해준 서류들은 어디 있나요?"

"서류들은 모두 본점으로 보냈는데요."

"아, 그래요? 좀 찾아올 수 있나요? 합의가 무효로 되었으니 서류도 돌려받아야 할 것 같은데요."

"그건 좀 힘든데요."

"그래요? 그러면 이 확인서에 사인을 좀 해주겠어요?"

작성해온 확인서를 송은영에게 내밀었다. 송은영은 확인서를 보더니 힘없이 대답했다.

"지점장님이 저더러 이번 일에서 완전히 손을 떼래요. 그리고 전권을 부지점장님에게 넘긴다고 하셨어요. 그러니 부지점장님에게 말씀하시는 게 좋을 것 같아요."

그리고 부지점장을 모셔오겠다며 자리를 떴다.

"아이구, 멀리서 어려운 걸음 하셨네요."

잠시 혼자 앉아 있으려니 송은영을 앞세우고 황두현이 느릿느릿

다가오며 나와 친한 척 과장된 목소리로 인사를 하였다. 그리고 맞은편 소파에 앉았다.

"아, 안녕하십니까?"

나도 짐짓 밝은 얼굴, 쾌활한 목소리로 인사를 하였다.

"제가 돈 돌려준 것, 송 과장에게 이야기 들었나요?"

황두현은 나와 송은영을 번갈아 쳐다보기만 하고 아무 말도 하지 않았다. 황두현의 표정이 순간적으로 굳어진 것을 확인할 수 있었다.

"돈 돌려주었단 얘기 못 들으셨어요?"

재차 묻자 마지못해 대답한다.

"예, 그런 일이 있을 수 있나, 하고 우리가 지점장님한테 크게 혼났어요."

"내가 봐도 잘못된 업무 처리 같습니다."

"그럼요. 그런 일은 있을 수 없는 일이죠."

"네, 그러니 그때 합의는 무효로 하자는 거죠. 그리고 그때 제가 작성해 준 서류가 있는데 그 서류도 돌려받았으면 해요. 아니면 이 확인서에 사인을 좀 해주시던가요."

확인서를 테이블 위로 내밀자 황두현은 확인서를 훑어보기 시작했다.

"이건 송 과장에게 써달라고 하십시오."

전권을 부여받았다는 부지점장이 갑자기 송은영을 물고 넘어가는 것은 무슨 이유인지 알 수가 없었다.

"이 확인서를 받아놔야 내가 돈 돌려준 것도 확인이 되지 않겠어요?"

확인서 써 주는 것에 대한 부담을 줄여주기 위하여 확인서를 받아야 할 당위성에 대해 다시 한 번 이야기를 하였다.

"그건 큰 문제가 돼요. 요즘 돈 주고받았다가 뇌물이니 어쩌니 하여 구속이 되는 판인데 큰일 날 일이죠."

황두현이 400만 원 주고받은 것이 큰 잘못인 양 호들갑을 떤다.

"그래서 송 과장이 아주 크게 혼났어요. 아마 이번 일로 인사상의 불이익도 받게 될 겁니다. 정 사장님도 돈을 돌려주었기 망정이지 큰일 날 뻔했습니다."

황두현은 송은영을 비난하는 것인지 나를 비난하는 것인지 알 수 없는 이야기를 한다.

"그래서 확실히 해두기 위해서 이 확인서를 받아야 할 것 같아요."

"그런데 돈 달라고 정 사장님이 먼저 제안을 하셨다면서요?"

황두현이 갑자기 엉뚱한 소리를 한다. 순간적으로 나는 송은영이 허위보고를 했음을 직감했다. 이래서 개인적인 일처리가 위험하다는 것이다.

"아닙니다. 나는 원상복구를 해달라고 했는데 송 과장이 어렵다고 해서 그러면 1년간 한시적 원상복구를 해달라고 했죠. 그런데 송 과장이 나중에 돈으로 주면 어떻겠느냐고 해서 그러라고 했던 겁니다."

"송 과장이 그랬다구요?"

황두현은 깜짝 놀라는 표정을 지으며 옆의 송은영을 바라보았다.

"어떻게 우리가 원상복구를 해줄 수 있다는 거지?"

송은영은 고개를 푹 숙이고 아무런 답변도 하지 못했다.

"그렇다면 송 과장하고 이야기하십시오."

황두현이 송은영의 허위보고를 빌미로 슬쩍 이 자리에서 빠져나가려 한다는 생각이 들었다.

"그러게요. 나도 송 과장이나 지점장님하고 이야기를 해야 할 것 같은데 왜 부지점장하고 이야기를 하라는 건지 모르겠네요. 지금 지점장님은 안 계시나요?"

부지점장을 슬쩍 쏴붙여 줬다.

"예, 지금 외출 중이시라…. 그런데 은행에 구체적으로 뭘 요구하시는지 좀 들어보죠."

체면상 그냥 자리를 뜰 수 없다는 듯 황두현은 나에게 뻔한 질문을 해왔다.

"원상복구 해주세요."

나는 망설임 없이 대답하였다.

"왜 은행이 원상복구를 해주어야 하죠? 김성출이 원상복구를 해줘야죠."

아무것도 모른다는 듯이 황두현이 물어왔다.

"은행이 불법으로 텔레뱅킹을 등록해 줬고 그걸로 인해 손해를 입었으니 당연히 은행에서 원상복구를 해주어야지요. 은행에서는 김성출에게서 그 돈을 회수하면 되는 거구요."

"은행은 불법적으로 하지 않았습니다. 그리고 동업 계좌인 경우에는 동업자에게 텔레뱅킹을 등록해 줘도 괜찮은 겁니다."

이 사람이 과연 은행 관리자인가? 더 이상 이야기해 봐야 시간낭비일 뿐이라는 생각이 들었다.

"그렇다면 나중에 그 문제는 정식으로 가려보기로 합시다. 송 과장, 그럼 내가 이것만 받아가지고 갈 테니 여기 사인 좀 해줘요."

송은영에게 확인서를 다시 내밀었다. 송은영은 황두현을 쳐다보더니 곤란한 표정을 지으며 들릴 듯 말듯 '잠깐만요' 하더니 이내 자리에서 일어나 어디론가 사라진다. 나와 황두현이 아무 말 없이 어색하게 앉아 있게 되었다. 나보다 자기가 더 참을 수 없었는지 이내 황두현이 입을 열었다.

"그리고 여기 오셔서 우리 직원 업무방해 하지 말아 주세요."

이 사람에게는 좋은 일만 업무이고 궂은일은 업무도 아니란 말인가?

"방해 안 합니다. 이 확인서에 사인만 받으면 바로 갈 겁니다."

황두현이 잠시 말없이 앉아 있더니 이윽고 자리를 떴다.

혼자 앉아 송은영이 다시 오길 기다렸다. 한 5분 흘렀을까?

"김성출에게 원상복구 하라고 했더니 자기는 못 하겠으니 은행에서 마음대로 하래요. 어떻게 그렇게 이야기할 수가 있지요?"

다시 황두현이 돌아와 슬그머니 맞은 편 소파에 앉으며 김성출 이야기를 꺼냈다. 공동의 적을 통하여 화해 분위기를 만들어보자는 술수겠지. 그런데 공공은행이 김성출에게 원상복구를 요구하였단다. 머리가 복잡해진다.

"그 친구 그런 인간이에요."

황두현을 외면할 수 없어 적당히 맞장구를 쳐줬다.

"그리고 저희가 알아보니 입금된 돈도 정 사장님 돈이 아니고…"

은행 잘못 없다면서도 나 몰래 뭔가 많이 알아 본 모양이다.

"그런 이야기는 나중에 필요하면 법적으로 가려보면 되겠지요. 은행이 마음대로 내 이름으로 신청서를 만들고 내 주민등록증을 무단으로 복사해서 붙이고…."

자꾸 이야기해봐야 진전 없는 이야기일 뿐이다. 황두현의 말을 잘랐다.

"텔레뱅킹 등록할 때는 주민등록증 필요 없어요. 처음 통장 만들 때만 확인하면 되는 겁니다."

황두현이 반격하였다.

"아, 그래요?"

"그럼요. 통장 만들 때 실명 확인이 되어 있으면 텔레뱅킹 만들 때는 실명 확인이 필요 없는 겁니다."

이 사람은 작은 싸움에서 이기기 위해 은행 전체를 팔아먹을 수도 있는 사람이리라. 몇 마디 더 신경질적인 대화가 오갔지만 나와 황두현의 간격은 좁혀질 수 없다는 사실만 확인했을 뿐이었다. 황두현이 다시 자리를 떴고 난 다시 송은영을 기다렸다. 10분쯤 지났지만 송은영은 오지 않았다. 마냥 기다릴 수 없어 창구 쪽으로 가서 여직원에게 물어보았다.

"혹시 송 과장 어디 가셨는지 모르세요?"

"저, 외출하신 것 같은데요."

여사원이 난처한 표정을 지으며 말했다. 황당한 일이었다. 황두현과 송은영은 그렇게 서로 일을 떠넘긴 채 자리를 뜬 것이다.

11

이튿날 공공은행 동탄공원지점에 전화를 걸었다. 여사원이 전화를 받았다.

"네, 공공은행 동탄공원지점입니다."

"송은영 과장 좀 부탁드립니다."

"네, 어디시라고 전해 드릴까요?"

"정대진이라고 합니다."

"네, 돌려 드리겠습니다."

잠시 전화기가 조용해지더니 이내 송은영의 목소리가 들려왔다.

"네, 송은영입니다."

"아, 정대진입니다. 어제는 한참 기다려도 안 와서 그냥 올라왔습니다."

아무 말도 없이 그냥 외출하면 되느냐고 혼을 내주고 싶었지만 꾹 참았다.

"아, 네…."

"어제 이야기한 대로 그때 내가 써준 서류를 돌려주든지 아니면 확인서 날인을 좀 받았으면 좋겠는데요."

"아, 잠깐만요."

다시 전화기가 조용해졌다. 누구에게인지 또 전화를 돌려주는 것 같았다.

"여보세요."

굵직한 남자의 목소리. 송은영은 황두현에게 전화를 돌려 준 것이었다.

“아, 여보세요. 정대진입니다.”

내가 신분을 밝혔다. 그러자 전화선을 타고 고함소리가 들려왔다.

“당신, 업무방해 하지 말라는데 왜 자꾸 전화하는 거야?”

나는 순간 귀를 의심하였다. 고함에, 당신이라는 용어에, 반말에, 그리고 무엇이 업무방해라는 것인지 도저히 상식적으로 이해할 수 없는 말이었다. 이런 말이 은행 간부의 입에서 나온다는 것이 믿기지 않았다.

“지금 나더러 당신이라고 했습니까?”

성질을 죽이고 점잖게 대꾸했다. 비록 심장은 마구 고동치고 있었지만 최대한 낮은 목소리로 말했다. 톤이 올라가면 나도 감정을 주체하지 못할 것이다.

“…”

“말 그렇게 함부로 해도 됩니까?”

“아, 그게 아니고 업무 시간에 자꾸 전화하니까….”

“내가 전화 몇 번이나 했습니까?”

“…”

“그리고 황 부지점장이 송 과장에게 확인서 날인 받으라고 했잖습니까? 어제 송 과장이 날인 안 하고 외출해서 날인 받으려고 하는 것인데 뭐가 잘못되었습니까?”

“아무튼 전화하지 마세요. 업무방해 되니까요.”

그리고 황두현은 일방적으로 전화를 끊었다.

송은영이나 황두현에게 더 이상 아무것도 기대할 수 없다는 것을 깨달았다. 이제 그들을 만날 필요도 없고 그럴 의향도 없다. 하지만 돈을 돌려준 것과 합의가 무효라는 것은 확실히 해놓을 필요가 있었다. 만약 공공은행이 나와 합의를 했다는 주장을 한다면, 그리고 합의가 계속 유효하다고 주장을 한다면 내가 은행에 책임을 묻는 것이 어려워질 수도 있다.

사실 이 부분이 걱정이 되어 나는 어제 공공은행에 내려갈 때 MP3를 가지고 갔었고 또 송은영, 황두현과 셋이서 나눈 대화를 녹음하였다. 집에 와서 녹음 내용을 들어보니 MP3의 녹음기능이 그다지 좋지 않아서 송은영이나 황두현이 한 말의 일부는 알아듣기 힘들었다. 그러나 대략적인 내용은 그럭저럭 알아들을 수 있었다. 이 녹음이 나중에 합의가 무효임을 입증해 줄 수 있을까? 확신이 없었다. 무언가 더 확실한 근거가 필요했다.

12

며칠간 고민을 하며 공공은행 동탄공원지점에 보내는 편지를 작성하였다. 수신은 지점장, 참조는 송은영으로 하였다.

> 귀 지점에 개설한 본인 통장의 텔레뱅킹 사고와 관련하여 '08년 11월 26일 본인은 송은영 과장으로부터 합의금을 받고 합의를 해준 바 있습니다.

그러나 추후 확인해 보니 본인이 받은 합의금이 당초 송은영 과장과 사전에 이야기된 조건에 미치지 못하는 금액으로 밝혀져, 본인은 '08년 12월 3일 송은영 과장에게 합의취소 의사 표명과 함께 합의금을 돌려주었고 송은영 과장은 이를 받아간 바 있습니다.

따라서 본인은 본인과 송은영 과장 간에 이루어진 위 합의는 무효임을 통지하오니, 만일 이의가 있으시면 ' 08년 12월 27일한 서면으로 이의 내용과 그 사유 등을 통지해 주시기 바랍니다. 이날까지 통지가 없을 경우 합의는 무효임에 동의한 것으로 간주하겠습니다.

확실한 근거를 남기기 위하여 내용증명으로 보내기로 하였다. 난생처음 보내는 내용증명이었다. 편지를 우체국에 가져갔더니 창구 여직원이 편지 내용을 3부 가져와야 하고, 편지 내용 안에 수신인과 발신인 각각의 이름과 주소를 기재해야 한다고 하였다. 편지 내용에 수신인과 발신인 이름과 주소를 기재하자 고맙게도 이 여직원이 편지 내용을 2부 복사해주어서 나는 별다른 수고 없이 내용증명을 보낼 수 있었다. 2008년 12월 17일이었다.

크리스마스를 하루 앞둔 2008년 12월 24일, 송은영으로부터 답장을 받았다. 편지봉투에는 마치 초등학생이 쓴 듯한 글씨체로 나의 주소와 '정대진 귀하'라고 적혀 있었고, 편지에도 '정대진 귀하'라고 프린트 되어 있었다. 이제까지는 원장님, 사장님, 하고 '님' 자를 붙여 부르더니 그것도 귀찮은 모양이었다. 편지 내용은 예상대로 다음과 같이 부정적이었다.

> 귀하가 주장하는 텔레뱅킹 업무와 관련하여 알려드립니다.
>
> 텔레뱅킹은 귀하가 동업자인 김성출 실장에게 이미 통장과 카드를 주었고, 비밀번호를 알려준 상태에서 김성출 실장이 당점에 방문하였습니다. 또한 귀하의 예금통장은 학원비 이체 등 학원운영 계좌로 계속 활용되고 있습니다. 김성출 실장이 당점 직원 앞에서 귀하에게 전화 통화를 하여 김성출 실장에게 텔레뱅킹 비밀번호 여섯 자리를 알려주었고, 당점 직원은 동업자인 김성출 실장이 위임을 받은 것으로 간주하고 업무 처리를 하였으며, 이러한 업무 처리는 법률적으로 하자가 없음을 밝혀 드립니다.
>
> 귀하의 통장에서 이체된 금액은 귀하가 대표로 되어 있는 학원의 보증금으로 지급된 것이 확인되었으며, 이 문제는 귀하와 김성출 실장 그리고 임대인 사이에 해결해야 할 문제라고 생각합니다.
>
> 한편, 종전에 텔레뱅킹 이체신청 서류보완을 철회해 달라는 귀하의 요청은 철회될 수 없음을 아울러 통보해 드립니다.

내가 보낸 편지 내용과는 전혀 핀트가 맞지 않는 내용이었다. 나는 편지로 텔레뱅킹 등록에 대한 잘잘못을 가리자는 것이 아니었다. 단지 송은영과의 합의가 무효임을 확인해 달라는 것이었다. 송은영의 편지는 은행의 잘못이 없다는 내용인데, 만약 잘못이 없다면 애초부터 합의할 필요가 전혀 없었던 것이다. 그렇다면 합의한 것 자체가 잘못된 것이다. 이렇게 잘못된 합의를 무효화하자는데 은행이 동의하지 않을 이유가 없는 것이다. 그런데 송은영은 합의무효에 대해서는 아무런 언급도 없이 '텔레뱅킹이 법률적으로 하자가 없다'고만 강변하고 있는 것이다.

합의무효에 대한 답변 대신 송은영은 서류보완을 철회해 줄 수 없다고 한 것인지 모르겠지만 만약 서류보완을 철회할 수 없다면 그 이유는 무엇인지 밝혀야 할 것이 아닌가. 송은영의 편지는 도대체 갈피를 잡을 수 없는 내용이었다.

하지만 답장을 해준 것은 고마운 일이었다. 만약 공공은행으로부터 아무런 답장도 없었다면 합의를 무효로 하자고 제안한 일이나, 서류를 다시 돌려 달라고 한 일이나, 돈을 돌려준 일 등 모든 것에 대하여 나는 아무런 근거도 확보하지 못했을 것이다. 그러나 은행의 답장에 의해 위의 여러 가지 일들에 대하여 최소한 공공은행이 인정하고 있음을 입증할 수 있게 된 것이다.

송은영의 편지를 보며 새롭게 확인한 사실은 김성출이 텔레뱅킹을 신청하면서 나로부터 여섯 자리 비밀번호를 불러 받았다는 것이었다. 그때서야 내가 오랫동안 품고 있던 궁금증 하나가 풀렸다. 언젠가 김성출이 내게 전화를 걸어 통장 비밀번호가 틀리다며 비밀번호가 무엇이냐고 물어본 적이 있었다. 그때 나는 정말 통장을 만들 때 김이슬이 엉뚱한 비밀번호를 입력한 줄 알았었다. 그런데 비밀번호가 잘못된 것이 아니었다. 김성출이 텔레뱅킹을 만들면서 은행 직원을 안심시키기 위해 나에게 전화를 걸어 나로 하여금 비밀번호를 말하도록 교묘하게 유도한 것이었다. 김성출의 솜씨는 역시 감탄할 만하다.

내가 보낸 편지의 의미를 송은영이 제대로 이해하지 못하고 있다는 생각이 들어 다시 내용증명을 보내기로 하였다. 내용은 요전에 보낸 편지와 동일하였다. 단지 '합의무효'를 조금 더 강조하는 내용의 편지였다. 내용증명은 '08년 12월 30일에 보냈으며 다음 해 1월 8일 송은영으로부터 답장을 받았다. 답장 내용은 이러했다.

귀하께서 12월 30일에 발송한 편지에 대한 답변 드립니다.

1. 귀하께서 주장하신 내용 중 합의금이라고 하는 부분은 당시 귀하가 손해금으로 달라는 지급 요청이 있어 실제 지급할 의사가 없었음에도 귀하께서 요구하여 어쩔 수 없이 지급한 건임.
2. 본건과 관련하여 당행은 특별한 하자가 없음을 거듭 알려드리며, 김성출 실장, 임대인과 원만하게 처리하시기 바라오며, 문제가 있다고 판단된 경우, 적정히 판단하시어 당사자들과 함께 법률적으로 처리 바랍니다.

합의가 무효인지 아닌지에 대해서는 아무런 언급이 없었다. 공공은행의 잘못이 없다는 주장만 계속하고 있었다. 또한 송은영은 합의금을 내가 강요한 것처럼 편지에 적고 있었다.

마무리를 져야 할 것 같았다. 내용증명을 한 번 더 보내기로 하였다. 합의무효에 대해 반대하는 의사표시가 없는 만큼 합의무효에 이의가 없는 것으로 받아들이겠다는 내용이었다. 그리고 만약 원상복구 의사가 있으면 서면으로 알려 달라고 하였다. 시한도 지정해 주었다. 원상복구가 없을 경우 법적 책임을 묻겠다고 했다. 2009년 1월 20일 내용증명을 보냈다. 공공은행으로부터는 더 이상 답장도 원상복구도 없었다.

공공은행은 왜 내가 작성한 서류도 돌려주지 않고 또 확인서도 써주지 않았을까? 그 이유는 자명하다. 나중에 내가 은행을 금융감독원에 고발하니 은행은 내가 작성해준 서류를 제시하며 합의가 이루어졌다고 주장하였다. 공공은행은 그 서류들을 팔랑팔랑 흔들면서 나를 이렇게 약 올리는 것 같다.

"요 서류들만 있으면 우리는 책임을 면할 수 있지. 이럴 줄 알고 서류도 안 돌려 주고 확인서도 안 써 줬지."

그리고 그들은 이렇게 덧붙이겠지.

"우리는 합의금도 돌려받았지. 결과적으로 이 합의 서류는 공짜로 받은 셈이지롱."

13

법적 조치를 취한다고 하였으나 무엇을 어떻게 해야 할지 막막하였다. 그간 공공은행과 다투며 받은 스트레스가 적지 않아서일까, 체중도 많이 빠지고 기운도 없었고 식욕도 없었다. 당분간 공공은행 일은 좀 잊고 싶었다.

김성출은 학원 이름을 대한학원으로 정하고 나름대로 열심히 하는 눈치였다. 이승걸과는 지분율 70 대 30으로 동업계약을 체결하였다고 하였다. 나는 한 달에 한두 번 정도 동탄에 내려갔다. 특별한 일은 없지만 대한학원이 내 이름으로 되어 있는 만큼 학원에 무슨 일이 생기지는 않나 걱정이 떠나지 않았기 때문이다. 학원은 그다지 잘되는 것 같지 않았다. 학원이 잘되려면 강사들이 활기찬 모습을 보여줘야 하는데 내가 몇 번 마주친 강사들에게서 그런 모습을 찾아보기 힘들었다.

1월 초에 학원 건물 임대인인 고경석에게서 전화가 걸려왔다. 왜 12월 임대료를 안 내느냐는 항의성 전화였다. 명의는 나와 김성출 둘의 공동명의로 되어 있지만 실제 학원 운영은 김성출이 하니까 김성출에게 임대료를 달라고 해야 한다, 나는 학원 운영과는 전혀 관계가 없다고 자세히 설명해 주었다. 전화를 끊고 김성출에게 전화를 하였다. 김성출은 자기가 알아서 처리할 테니 걱정하지 말라고 하였다. 전화를 끊고 나서 나는 김성출이 바쁘다 보니 월세 내는 것을 깜빡한 모양이라고 생각했다.

1월 중순에 동탄엘 내려가니 김성출과 이승걸이 평소보다 훨씬 바빠진 것을 알 수 있었다. 김성출에게 무슨 일이 있느냐고 물어보니 자기와 같이 좀 나가자고 하였다. 이승걸이 운전하는 승용차를 타고 셋이서 수원으로 갔다. 처음 가보는 동네인데 천천동이라고 했다. 빌딩 지하주차장에 차를 세우고 5층으로 올라가니 큰 학원이 있었다. 200평 규모의 학원인데 이번에 김성출과 이승걸이 공동으로 인수하였다는 것이었다. '김성출이 또 사고 치는구나'라는 생각이 퍼뜩 떠올랐다. '동탄 대한학원도 적자를 못 면하고 있을 텐데 이 학원까지 인수하면 조만간 모두 말아 먹겠구나' 하는 생각도 들었다. 주로 이승걸의 돈으로 인수하였다고 하는데 수천만 원 이상은 족히 들어갔을 터였다.

2월 초, 다시 건물주로부터 전화를 받았다. 1월 임대료가 안 들어왔다는 것이었다. "나는 학원 운영과 관계없으니 김성출하고 해결하라."고 하자 김성출이 주겠다고 하면서 차일피일 미루고 있다는 것이었다. 겸사겸사 동탄으로 내려갔다. 김성출과 이승걸의 표정이 많이 침울해져 있었다. 김성출은 임대료는 며칠 내에 해결할 테니 걱정하지 말라고 하였다.

같이 저녁식사를 하러 갔다. 얘기를 들어보니 예상대로 동탄, 수원 양쪽에서 적자가 나고 있었다. 김성출은 수원 학원은 다시 매물로 내놓아야 할 것 같다고 하였다. 수원 학원을 처분하고 동탄 학원에 집중하면 곧 정상화될 것이라고도 하였다. 나는 임대료 독촉을 받는 것에 대해 이야기하고 계속 이런 식으로 나를 곤란하게 만들거면 학원 명의를 바꿔달라고 하였다. 김성출은 그럴 테니 조금만 기다려 달라고 하였다.

학원으로 돌아와 상담실에서 김성출과 커피를 마시고 있는데 우연찮게도 황두현이 들어 왔다. 내 대학 후배라고 하였던 은행 신입사원도 동행하였다. 황두현은 일순 당황해 하는 눈치였다. 그러더니 바로 표정을 바꾸어 반가운 척 나에게 악수를 청하였다. 악수도 하고 싶지 않았지만 대학 후배도 있고 해서 예의상 손을 잡아 주었다. 하지만 서로 할 말이 마땅치 않아 그저 묵묵히 앉아 있었다. 분위기가 어색해 졌다. 그냥 넘어가면 나중에 오해라도 생길 것 같아 내가 말을 꺼냈다.

"텔레뱅킹 건은 어떻게 하실 겁니까?"

"아, 그건 김성출 원장이 텔레뱅킹을 신청하고 이체를 한 것이니까 김성출 원장에게 먼저 책임을 물어야죠. 김성출 원장에게는 책임을 묻지도 않고 은행에게만 책임지라는 것은 받아들일 수 없습니다."

"김 원장에게도 책임을 지라고 했었어요. 그런데 김 원장은 자기는 책임이 없다고 해서 은행에게 책임을 묻는 거지요."

그리고 목소리를 높여 옆에 있는 김성출에게 물었다.

"김 원장, 어떻게 할 거야?"

그러자 김성출은 일어나 상담실을 나가면서 대답하였다.

"난 모릅니다. 난 은행이 해줘서 사용했을 뿐입니다. 책임을 져야 한다면 은행이 져야죠."

내가 황두현을 다그쳤다.

"김 원장은 은행 책임이라는데 이제 어떻게 하실 겁니까?"

"은행은 잘못한 게 없습니다. 책임 질 일도 없고요."

이렇게 말하고 황두현은 머쓱한 표정으로 학원을 나갔다.

나중에 김성출과 이승걸의 이야기를 들어보니 황두현은 그간 몇 번이나 학원에 찾아와서 5천만 원의 원상복구를 요구하였다고 한다. 공공은행은 나에게는 은행 잘못이 없다고 주장하는 한편 학원에 찾아와서는 원상복구를 요구하였던 것인데 이는 뭔가 앞뒤가 맞지 않는 행동이었다. 은행 잘못이 없다면 나와 김성출 둘이서 해결하도록 놔두면 된다. 그런데 왜 은행 직원이 몇 번씩이나 학원엘 찾아와 원상복구를 요구한단 말인가?

김성출에게 원상복구를 하라는 것은 김성출에게 잘못이 있다는 이야기다. 김성출에게 잘못이 있다면 텔레뱅킹을 만들어준 공공은행에게는 더 큰 잘못이 있다는 이야기다. 은행이 잘못이 있으니 제발이 저려 김성출에게 원상복구를 요구하는 것이다. 자기네 잘못이 없다고 주장하는 은행은 그래서 나 몰래 학원에 찾아와 김성출에게 원상복구를 요구해 왔던 것이다. 그러다 이번에 나에게 제대로 걸린 것이다. 공공은행의 치졸한 이중플레이였다.

2장 · 금융감독원

[illegible] 에 대한 회신

1 2009 2 16 [illegible] 회신 [illegible]

입니다

2 본건에 대한 사실관계 조사 결과 ______은행에서는

가 2008.10.27 귀하가 대표로 있는 대한법인 김___이 귀하의 예금 [illegible] 소지하였으며 통장 체크카드를 소지하고 귀하의 예금계좌에 대한 [illegible] 비밀번호를 대리인 신청이 불가능함을 안내하였으나 귀하의 [illegible] 등 업무처리를 [illegible] 은행 직원에게 확인시켜주고 이체비밀번호를 지정하는 등 [illegible] 따라 은행 직원은 김___이 귀하로부터 텔레뱅킹 신규 위임을 받은 것으로 간주하여 [illegible] 본인 [illegible] 텔레뱅킹가입신청서(은행거래서)를 작성하고 예금계좌 개설당시 작성된 은행거래서에 [illegible] 실명확인증표를 [illegible] 후 텔레뱅킹을 신규 등록하였으며

나 2008.10.31 이체된 5천만원은 귀하의 지___ 공동명의로 임차한 학원 강의실의 임차보증금으로 [illegible] 소유의 예금계좌에 이체되었고

다 또한 귀하는 본건과 관련하여 [illegible]

[illegible]

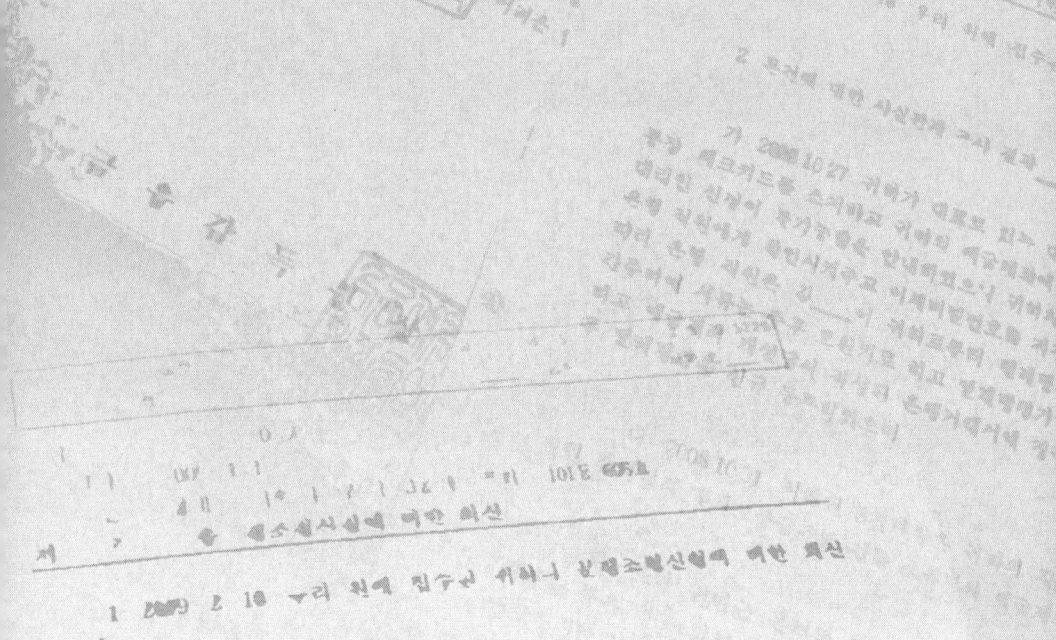

2장. 금융감독원

14

우리나라 공공기관 명칭 중 금융감독원만큼 강렬한 명칭은 아마 없을 것이다. 이름만 보고도 금융감독원이 어떤 기관을 대상으로 어떤 업무를 하는지 바로 알아차릴 수 있다. 금융감독원은 이름 그대로 금융기관을 감독하는 기관이다. 감독이 얼마나 막강한 힘을 지니고 있는지는 새삼 설명할 필요가 없을 것이다. 예컨대 영화감독의 경우 출연자나 스태프 모두를 마음대로 주무를 수 있는 권한을 가지고 있다. 한마디로 말해서 감독이란 명령을 내리고 잘잘못을 가리고 징계를 할 수 있는 무소불위의 권한을 가지고 있다 할 것이다.

은행으로부터 아무런 답장이 없자 난 금융감독원에 민원을 제기하기로 하였다. 내가 민원을 제기하면 금융감독원은 공공은행의 불법행위에 대해서 철저히 조사하여 공공은행을 나무라고 원상복구를 해주라고 할 것이었다. 2009년 2월 10일, 나는 금융감독원 홈페이지에 들어가 전자민원을 접수하였다. 민원은 A4 한 페이지가 채 되지 않는 간단한 내용이었다.

본인은 공공은행 동탄공원지점에 본인 명의로 통장을 개설하였고, 잠시 타인(김성출)에게 통장을 맡겼는데, 본인의 신청이 없었는데도 은행이 허위로 신청서류 및 주민등록증 복사본 서류를 만들어 김성출에게 텔레뱅킹 등록을 해 주었고, 본인의 동의 없이 텔레뱅킹으로 5천만 원이 김성출에 의해 무단으로 인출되었습니다.

이후 공공은행 동탄공원지점에서 봐 달라고 사정하여 합의해 주었으나, 은행이 당초 이야기된 조건보다 적은 금액의 합의금을 주어 합의취소 의사와 함께 합의금을 되돌려주었으며, 은행에서 별다른 이의제기 없이 합의금을 받아갔습니다.

위와 같은 사고가 발생하였는바 적절한 조치를 취해주시기를 요청합니다.

민원을 접수하면서 송은영과 합의했다가 무효화했던 일이 자꾸만 마음에 걸렸다. 공공은행은 합의무효화가 잘된 일이라고 하면서도 '합의 때 해준 서류는 돌려줄 수 없다', '합의금을 다시 지급할 의사도 없다', '확인증도 써주기 싫다'라며 억지를 부려왔다. 이런 공공은행이 송은영과의 합의를 두고두고 이용하려들 게 뻔하였다. 합의를 해 준 것이 새삼 분하고 더욱 후회가 되었다. 합의했다가 파기한 일을 민원서류에 기재할까 말까 잠깐 고민을 하였지만 기재하지 않으면 오히려 내가 무슨 잘못을 숨기려한다는 오해를 받을 수도 있겠다 싶어 그냥 기재하기로 하였다.

민원을 접수하고 한 달 반 정도 지난 3월 말, 금융감독원에서 전화가 걸려왔다. 나의 민원을 담당하는 안용준 부국장이라고 했다. 반가운 마음에 수고가 많다며 인사를 하였다. 안용준은 그러나 지극히 사무적인 어투로 몇 가지 궁금한 게 있어 전화를 하였다고 했다.

"김성출에게 통장, 체크카드를 주고 비밀번호도 알려 주신 게 맞습니까?"

"네, 맞습니다."

"김성출과는 학원 동업자 관계지요?"

"동업 이야기도 있었지만 성사되기 전에 저는 동업에서 빠졌습니다. 김성출과 이승걸이 동업을 하였습니다."

"대한학원은 선생님 명의로 되어 있지요?"

"네. 하지만 제 명의로 하게 된 것은 5천만 원이 무단 인출된 다음의 일입니다."

"김성출에게 전화로 비밀번호를 알려준 적이 있습니까?"

"네. 비밀번호가 틀리다고 하여 불러준 적이 있습니다. 텔레뱅킹과는 전혀 무관한 일입니다."

"5천만 원은 건물 임대인에게 송금된 게 맞습니까?"

"네. 맞습니다."

"공공은행 송은영 과장과 합의한 적이 있으시지요?"

"네. 하지만 나중에 취소하기로 하고 돈을 돌려주었고 은행에서도 취소에 찬성했으며 저에게 돈을 되돌려주지도 않았습니다."

대충 이런 내용의 통화였다. 안용준과 통화를 하면서 금융감독원에 대한 내 기대는 조금씩 허물어지고 있었다. 방금 안용준이 확인하고자 한 내용들은 모두 은행이 이제껏 나에게 주장해온 것들이다. 안용준은 은행의 주장을 이미 들었을 것이다. 안용준이 은행의 주장을 나에게 확인한다는 것은 은행의 주장, 즉 은행은 잘못이 없다는 주장을 받아들이기 위한 준비 작업이라는 생각이 들었다. 갑자기 가슴이 답답해지기 시작하였다.

15

전화를 받고 나서 맞이한 주말을 그야말로 안절부절못하며 보냈다. 이대로 그냥 넘어가면 은행의 주장대로, 은행이 원하는 방향으로 민원이 처리될 가능성이 크다. 설사 내 의견이 받아들여지지 않는다고 해도 최소한 안용준에게 내 입장을 호소해 보아야 한다고 생각되었다. 월요일 오후에 안용준에게 전화를 걸었다.

"네, 안용준입니다."

"안녕하세요? 저는 지난주 공공은행 텔레뱅킹 사고에 관해 통화했던 정대진입니다."

"아, 예."

"바쁘시죠?"

"아, 예. 괜찮습니다."

간단한 인사가 오간 후 바로 본론을 이야기하였다.

"이 사고와 관련하여 공공은행에서 해명자료를 제출했을 것으로 보이는데 혹시 제가 그 자료를 좀 볼 수 있을까요?"

안용준은 선뜻 대답을 못하고 머뭇거리는 눈치였다.

"이런 부탁을 드리는 이유는 이제까지 공공은행이 많은 사실을 왜곡시켜 왔는데 해명자료에도 그런 내용들이 많이 들어 있을 것입니다. 그래서 제가 그러한 내용에 대해 반박할 수 있는 기회를 좀 주셨으면 좋겠습니다. 필요하다면 은행 직원과 같이 만나서 이야기를 하는 것도 좋겠고요."

"저희가 자료는 받았습니다. 그리고 고민을 하고 있는 중이구요. 그런데…."

안용준은 말을 매우 아끼고 있었다.

"관련해서 한 가지 말씀을 드리자면 공공은행에서는 임대차계약이 제 이름으로 되어 있어서 손해가 없다고 주장하여 왔는데 저는 명의만 빌려줬을 뿐 학원과는 아무런 관계가 없고, 또 김성출이 임대료와 관리비를 제대로 내지 않아서 임대보증금 6천만 원 중에서 이미 2천만 원 가까이 잠식되었고, 이 상태대로라면 앞으로 몇 달만 더 지나면 임대보증금은 모두 없어질 전망입니다."

"…."

관심이 없는지 혹은 예기치 못한 이야기를 들어서인지 안용준은 즉각적인 반응을 나타내지 않았다.

"그 돈 6천만 원, 제가 직장생활 하다가 퇴직하면서 받았던 돈입니다. 저에게는 소중한 돈입니다. 그 돈이 은행 직원들의 잘못으로 모두 날아가게 생겼습니다. 그런데도 은행 직원들은 이에 대해 저에게 사과를 하거나 책임을 지려고 하지 않고 엉뚱한 변명만 해왔습니다. 그래서 해명자료도 보나마나 사실과 다른 이야기가 많이 있을 것 같습니다. 부국장님께서 저에게 은행 주장에 대해 반박할 수 있는 기회를 주시든지 아니면 은행 직원과 대면할 수 있는 기회를 주시면 분쟁조정을 하시는 데 도움이 될 듯합니다."

"지금 얘기하신 손해라는 것은 아직 확정된 것이 아니고 진행 중인 것 아닙니까?"

안용준은 한 템포 늦게 임대보증금에 대해 반박하고 나왔다.

"확정된 것은 아니지만 다 없어질 확률이 99%입니다. 그리고 이렇게 된 것은 은행이 업무를 잘못했기 때문 아닙니까? 저는 은행에게 학원 명의 다 넘겨줄 테니 원상복구를 해달라고 계속 요구해 왔습니다. 손해가 생기든 안 생기든 무단으로 출금된 예금에 대한 원상복구 책임은 은행이 져야 하는 것 아닙니까?"

"임대차계약은 김성출과 공동명의로 되어 있는데 쉽게 넘겨질 수 있겠습니까?"

안용준이 엉뚱한 트집을 잡으려 드는 것 같은 느낌이 들었다.

"그건 걱정하실 필요 없습니다. 은행이 원한다면 당장 명의 다 넘겨주겠습니다."

"…."

"은행이 제 통장에 있는 돈이 무단인출 되도록 했으므로 원상복구를 하고, 필요하다면 그 돈을 학원으로부터 회수하는 게 당연한 것 아닙니까?"

"에, 한 가지 확인해 봐야 할 게 그 입금된 돈 6,600만 원이 누구 돈이냐 하는 겁니다."

안용준은 딴전을 피며 은행이 주장하는 것과 똑같은 주장을 하기 시작하였다.

"그리고 손실이 확정된 것도 아니고…."

"확정되지 않았지만 확정된 것이나 거의 마찬가지라 할 수 있죠."

"어쨌든 손실이 확정되면 그때 가서 손해배상을 청구하시면 되지 않을까요?"

안용준의 의도가 서서히 드러나는 것 같았다. 이 사고에 대해서 금융감독원은 분쟁조정을 할 의사가 별로 없다. 그러니 나중에 임대보증금이 다 없어지면 그때 법원에 가서 소송을 해라. 이런 주문을 하는 것이다.

"공공은행 주장은 그 돈이 학원 경영을 위해 입금된 돈이고, 선생님이 동업을 하고 계시니 손해가 없다는 겁니다."

"저는 동업을 하지 않았습니다."

"그리고 그 들어온 돈이 선생님 돈이라는 것이 증명이 되어야 손해라고 할 수가 있는 것이죠. 그게 증명이 되어야만 저희가 조치를 해드릴 수 있겠습니다."

안용준은 아주 좋은 구실을 잡은 듯이 갑자기 목소리가 밝아졌다.

"김성출은 저에게 6천만 원 가까운 빚이 있습니다. 제가 차용증도 갖고 있고요. 그리고 6,600만 원은 김성출이 학원지분을 매각한 돈이라 할 수 있죠. 그러면 제 통장에 들어온 그 돈 6천만 원은 제가 회수할 권리가 있다고 할 수 있지 않을까요?"

"그렇지만 김성출이 그 돈으로 선생님 채권을 갚으려 한 것은 아니지 않습니까?

안용준의 또 다른 구실에 갑자기 머리가 복잡해지기 시작하였다. 채무자가 돈을 갚으려 하지 않는 이상 채권자 통장에 채무자의 돈이 들어와도 채권자가 돈을 회수할 수 없다는 주장인데 이것은 내가 생각하는 상식과는 전혀 다른 주장이다. 더욱 김성출은 성실한 채무자가 아니다. 3년 전에는 나에게 담보로 제공했던 학원 권리금을 몰래 빼내어 도망갔다. 그리고 몇 달 전에는 나의 지분을 마음대로 줄여 결국 동업이 깨지게 된 것이다. 사정이 이런데도 기회가 왔다 해도 채권을 회수할 수 없고 오직 김성출이 갚겠다고 할 때만 회수할 수 있다면 언제 채권 회수가 되겠는가?

"그것은 별개의 문제라고 봅니다. 저는 통장 만들 때 텔레뱅킹 안 한다고 분명히 이야기했고 은행이 불법적으로 텔레뱅킹을 등록해줘서 돈이 빠져나간 이상 그 돈에 대해서는 은행이 원상복구를 해줘야 한다고 생각합니다. 그리고 은행은 그 돈을 김성출로부터 회수하면 되고, 만약 그 돈이 제 돈이 아니라면 김성출이 저에게 법적인 조치를 취하면 되는 것 아닙니까? 그게 누구 돈이냐는 지금 따질 필요가 없는, 나중에 가리면 되는 문제입니다."

"그리고 은행에 합의를 해주신 것도 있잖습니까?"

안용준이 채권 회수 문제에 대해서는 논리적으로 다투는 것이 불필요하다고 생각되었는지 아니면 불리하다고 생각되었는지 또 다른 이유를 들고 나왔다.

"은행과 합의를 하였지만 은행이 합의 조건을 지키지 않아 제가 돈을 돌려주고 합의를 취소하였고, 은행에서 돈도 받아갔습니다. 그리고 은행에서도 '합의 취소 잘했다', '직원이 제멋대로 합의한 거다', '합의한 직원은 혼났다'라고까지 하며 합의 취소에 동의하였는데 이제 와서 합의한 게 있다고 말하면 그건 나쁜 사람들이죠."

"…"

"공공은행이 이런 식으로 이야기를 했을 게 뻔하니까 은행의 해명 자료에 대해 반박할 기회를 좀 주시든가 아니면 은행 직원과 대면시켜 주시든가 해달라고 제가 말씀드리는 것입니다."

"에, 저희가 양쪽 주장은 충분히 들었고 정확히 알고 있습니다. 그러나 금융감독원은 재판을 하는 곳이 아니라서 서로 주장이 상충되면 어떻게 할 방법이 없고 또 설사 공공은행에게 원상복구를 하라고 저희가 분쟁조정을 해도 공공은행에서 거부하면 어차피 소송으로 가야 합니다."

안용준의 이런 주장이 과연 사실일까 하는 생각이 들었다. 안용준의 말이 맞는다면 은행과 민원인의 의견이 일치하는 경우에만 금융감독원이 어떤 조치를 취할 수 있다는 이야기인데 은행과 민원인의 의견이 일치할 정도라면 그전에 은행이 조치를 취해줬지 금융감독원에 민원을 제기할 때까지 가만히 있을 리가 없는 것이다. 그리고 금융감독원의 조치가 타당하다면 이를 거부하는 금융기관이 과연 있을까? 또한 양쪽 주장을 더 들어보라는 나의 요청은 거부하고 은행 주장만 일방적으로 이야기하면서 무엇을 정확히 알고 있다는 것인지 이해가 되지 않았다.

통화는 30분 가까이 계속되었다. 안용준은 줄곧 은행을 두둔하는 듯한 이야기를 반복할 뿐이었다. 그리고 이 건은 처리하기가 좀 어렵다고 하였다. 전화를 끊고 불안한 마음이 가시지 않았다. 안용준은 은행 편을 들어줄 것이라는 불길한 예감이 들었다.

당시 나를 괴롭히고 있었던 것은 사실 금융감독원보다도 학원임대료 문제였다. 김성출과 이승걸은 월세를 거의 안 내고 버티고 있는 상태였고, 임대인은 공동명의자인 나에게 수시로 전화를 걸어 임대료를 독촉하곤 하였다. 나는 학원과 무관하니 김성출이나 이승걸과 이야기해 보라고 해도 임대인은 그들이 돈을 안 주는데 어떡하느냐, 자기도 하도 답답해서 전화를 하는 것이니 그들에게 이야기 좀 해달라고 거꾸로 내게 하소연을 하곤 했다. 4월 초에도 임대인이 전화를 하였는데 밀린 임대료가 2천만 원이 넘는다고 하였다. 보통 일이 아니라는 생각이 들었다.

만약 김성출과 이승걸이 계속 임대료를 안 내고 버티면 어떻게 되는지 궁금하여 '공동명의 상가 임대료 연체'라는 검색어로 인터넷을 뒤져보았다. 밀린 임대료는 계약 종료 시 보증금에서 제하게 되어 있다. 문제는 밀린 임대료가 보증금을 초과할 경우인데 이때에는 공동임차인이 공동으로 책임을 지게 되어 있다. 만약 김성출과 이승걸이 임대료를 한 푼도 안 내고 계약 기간 2년을 버티는 최악의 경우 밀린 임대료는 1억 3천만 원에 달하게 된다. 보증금 6천만 원을 모두 제하고도 7천만 원이 남게 된다. 이 돈을 공동명의자인 나와 김성출이 갚아야 하는데 김성출이 갚을 턱이 없다. 결국 내가 7천만 원을 갚아야 한다는 이야기다.

갑자기 머리가 아파지기 시작했다. 돈 3천5백만 원 받으려다 2천3백여만 원이 추가로 들어가서 5천8백여만 원이 되고, 이제 잘못하다간 추가로 7천만 원 덤터기까지 쓰게 되었으니 말이다. 더군다나 공공은행과 금융감독원은 임대보증금이 무슨 큰 재산이나 되는 것처럼 이를 핑계로 나에게 손해가 없다고 주장하니 속이 터질 지경이었다.

이런 불안감에 잠을 제대로 못 자는 날이 많았던 2009년 4월 초 어느 날, 이승걸이 갑자기 전화를 걸어 할 이야기가 있으니 좀 만나자고 하였다. 또 무슨 일이 터진 게 아닐까 조바심을 하며 이튿날 동탄에 내려가 이승걸을 만났다. 나는 그간 한두 달 정도 학원에 내려가지 않았었는데 그 짧은 기간 동안 학원에 많은 변화가 있었다.

이승걸은 먼저 김성출이 고소를 당하여 인천교도소에 수감되었다고 하였다. 그동안 사기에, 임금체불에, 여자 문제에 여러 가지로 고소당해 왔다는 것을 익히 알고 있던 터라 그럴 수도 있겠지 정도로 생각했다. 이승걸은 이어 학원 경영이 매우 힘들어 강사들로부터 투자를 받아 동업 형태로 운영을 하고 싶은데 학원 명의가 내 이름으로 되어 있어 어려움이 있다고 하였다.

갑자기 귀가 확 트이고 앞이 환히 열리는 느낌이었다. 그야말로 나의 큰 걱정을 일순간에 해결해 줄 수 있는 길이 나타난 것이다. 그것도 남에게 억지로 떠넘기는 것이 아니라 이승걸의 필요에 의해서, 이승걸의 부탁에 의해서 말이다. 살다 보니 좋은 일도 생기는구나 싶었다.

"그래서 학원 명의를 제 앞으로 옮기려고 하니 그렇게 알고 계십시오. 괜히 명의만 가지고 있어봐야 좋을 것 하나도 없지 않습니까?"

"하지만 나는 김성출 원장한테 받을 돈이 있어서…."

"아, 그 돈이야 공공은행에서 받으면 되는 것 아닙니까? 공공은행이 원상복구해 줄 것처럼 말하던데요, 뭐."

이승걸의 말에 의하면 그동안에도 공공은행 황두현은 수시로 학원에 찾아와서 5천만 원을 원상복구 해달라고 하였다. 언젠가 김성출이 5천만 원은 나에게 갚을 돈이므로 은행에 갚을 이유가 없다고 하자 황두현은 5천만 원은 은행이 나에게 갚을 테니 학원은 원상복구만 해달라고 이야기했다고 한다. 틀린 말도 아니었다. 학원에서 은행에도 5천만 원을 넣고 나에게도 5천만 원을 갚을 수는 없다. 공공은행은 나에게는 은행 잘못이 없으니 원상복구 해줄 수 없다고 하면서 한편으로는 나 몰래 학원에 가서 '5천만 원 출금은 잘못된 것이다, 공공은행이 5천만 원을 갚을 테니 학원은 5천만 원을 은행에 원상복구 하라'고 지속적으로 이중 플레이를 해온 것이었다.

5천만 원에 대해 더 이상 이승걸에게 요구하기가 어려웠다. 결국 이승걸이 나에게 9백만 원을 지급하기로 하는 선에서 타협이 이루어졌다. 내가 김성출에게 받을 돈 5,860만 원 중 공공은행에서 원상복구해 줄 돈 5천만 원을 뺀 860만 원에 약간의 이자를 더하면 9백만 원이 된다. 합리적인 금액이라는 생각이 들었다. 돌이켜보면 명의를 하루빨리 넘겨야겠다는 내 입장과 강사들 투자를 하루속히 받아야 하겠다는 이승걸의 입장이 워낙 절묘하게 맞아 떨어진, 그야말로 서로 윈-윈 하는 타협이었다.

명의 이전 이야기가 끝난 후 이승걸은 이미 만들어 놓은 새로운 임대차계약서를 내게 보여줬는데 4월 임대료를 포함하여 밀린 임대료가 부가세 빼고 2,385만 원이었다. 김성출과 이승걸은 계약 이후 이제까지 반 달치 임대료 265만 원만 달랑 지급한 채 5개월이나 버텨온 것이었다. 건물 임대인이 매달 나에게 돈 달라고 지겹도록 전화를 한 심정을 이해하고도 남았다.

16

얼마 후 금융감독원 분쟁조정국으로부터 회신을 받았다. '금융분쟁조정신청에 대한 회신'이라는 제목이었고 작성일자는 2009년 4월 15일이었다. 회신 내용은 다음과 같았다.

1. 2009년 2월 10일 우리 원에 접수된 귀하의 분쟁조정신청에 대한 회신입니다.
2. 본건에 대한 사실관계 조사 결과 공공은행에서는

가. 2008.10.27. 귀하가 대표로 있는 대한학원의 김성출이 귀하의 예금통장, 체크카드를 소지하고 귀하의 예금계좌에 대한 텔레뱅킹을 요청하였으며, 대리인 신청이 불가능함을 안내하였으나 귀하와 통화를 통해 통장 비밀번호를 은행 직원에게 확인시켜주고 이체비밀번호를 지정하는 등 업무 처리를 독촉함에 따라 은행 직원은 김성출이 귀하로부터 텔레뱅킹 신규 위임을 받은 것으로 간주하여 서류는 추후 보완키로 하고 텔레뱅킹 가입신청서(은행거래서)를 작성하고 예금계좌 개설 당시 작성된 은행거래서에 징구된 실명확인증표를 첨부한 후 텔레뱅킹을 신규 등록하였으며

나. 2008.10.31. 이체된 5천만 원은 귀하와 김성출이 공동명의로 임차한 학원 강의실의 임차보증금조로 건물 소유자의 예금계좌에 이체되었고

다. 또한 귀하는 본건과 관련하여 실제 출금 행위자인 김성출에게 책임을 물은 적도 없었으며 또한 김성출은 귀하의 통장과 체크카드(1일 출금한도 3천만 원)를 소지하고 있는 관리자로 텔레뱅킹이 아니더라도 통장 입금액을 이체, 인출할 수 있었는바, 민법 제126조에서 정한 표현대리로 볼 수 있으며

라. 그리고 귀하가 3차례에 걸쳐 비록 일방적으로 철회통보를 하였으나 2008.11.25. 귀하는 은행 직원(과장 송은영)과의 개별 접촉을 통해 현금 보상을 요구하여 차후 본건에 대해 이의제기 하지 않는다는 조건으로 4백만 원을 수령하고 텔레뱅킹 제반서류를 보완해주었으며, 2008.11.27. 은행에서는 귀하의 텔레뱅킹을 해지한 사실이 있으므로, 귀하가 무단이체라며 반환을 요구하는 것은 수긍하기 어렵다는 의견입니다.

3. 본건과 관련하여 은행이 텔레뱅킹 신청접수업무를 본인확인 없이 소홀히 한 점(은행에서는 업무를 소홀히 한 직원에 대해서는 별도 조치를 한다고 함)은 있었으나, 귀하가 텔레뱅킹 등록을 위해 김성출에게 대리권을 수여하였는지에 대해 양 당사자의 주장이 상이하고 달리 이를 확인할 수 없으며, 귀하가 대표로 있는 학원의 임차보증금으

로 지급된 점 등을 감안할 때 이로 인해 귀하가 경제적으로 손실을 보았다고 단정하기 어려울 뿐만 아니라, 귀하가 동 텔레뱅킹 등록을 추인한 것으로 볼 수 있는 사정도 있으므로, 우리 원에서는 귀하에게 별다른 도움을 드리기 어려운 입장임을 알려드리오니 이 점 깊은 이해 있으시기 바랍니다.

금융감독원의 이러한 회신공문을 읽으면서 나는 금융감독원이 도대체 무슨 일을 하는 기관인지 의심스러웠다. 회신 내용 처음부터 끝까지 모두 은행의 주장과 정확히 일치한다. 반면에 내가 주장하는 내용은 전혀 반영되지 않았다.

답답한 마음에 회신공문 작성자인 안용준에게 전화를 걸었다. 먼저 회신공문에 기재된 은행 주장들이 사실인지 확인해 보았다.

"회신공문을 보면 '사실관계 조사 결과'라고 기재하고 공공은행 주장을 나열하고 있는데 이러한 내용들이 실제로 사실관계 조사 결과 사실로 밝혀진 내용들입니까?"

"공공은행이 보내준 보고서와 증빙서류를 토대로 작성한 것으로 사실 여부를 조사하지는 않았습니다. 양측 주장이 다를 경우 어느 것이 사실인지 금융감독원이 알 수는 없습니다. 사실이 아닌 내용도 있을 수 있습니다."

"사실여부를 조사하지도 않고 왜 사실관계 조사를 한 것처럼 공문에는 기재하나요?"

"통상적으로 그렇게 적고 있습니다."

"정확한 분쟁조정을 위해서는 사실관계를 조사해야 하지 않습니까? 사실이 아닌 내용을 토대로 판단을 한다면 올바른 판단이 내려지지 않겠죠. 결론을 내릴 때 부국장님 혼자 내리는 것은 아니죠?"

"변호사를 포함한 여러 사람들과 회의를 한 후 결론을 내립니다."

"일전에 제가 공공은행이 이러저러한 사실을 주장하고 있는데 그런 것들은 사실이 아니라고 전화로 부국장님에게 말씀드렸는데 그런 내용까지도 은행 주장만 죽 적어놓고 사실관계 조사 결과라고 하여 회의에 올리면 회의 참석자들이 올바른 판단을 할 수 있겠습니까? 양측 주장이 다르면 양측 다 불러서라도 조사를 해야 하지 않습니까?"

"금융감독원은 수사권이 없는데 그렇게까지 할 필요가 없습니다. 불러서 이야기를 듣는다 해도 진실만 이야기한다고 볼 수 없으니까요."

나와 공공은행 주장이 서로 다르면 공공은행 주장만 듣겠다는 이야기에 다름없었다. 더 이상 이야기해 봐야 피차 감정만 상하게 될 것 같아서 다음 궁금한 사항에 대해 물어보았다.

"은행 측이 표현대리라고 주장을 했는데 금융감독원에서도 표현대리가 성립된다고 보시나요?"

"여러 사람과 회의를 했는데 김성출이 학원 실장이라고 주장했고 통장과 카드를 가지고 왔다면 표현대리라고 볼 수 있다는 게 금융감독원 입장입니다."

"공공은행이 전자금융거래법을 위반한 것인가요, 위반하지 않은 것인가요?"

"표현대리가 성립한다면 당연히 위반했다고 볼 수 없습니다. 그리고 일단 합의를 해주었기 때문에 나중에 합의를 취소한다고 일방적으로 통보했어도 합의가 무효가 되었다고 볼 수 없습니다."

"은행에서도 합의를 취소하기로 동의했는데 왜 일방적이라고 하십니까? 공공은행 부지점장도 '우리는 합의할 생각 없었다, 송은영이 은행 몰래 개인적으로 합의한 것이다, 송은영은 징계를 받을 것이다, 합의 취소 잘했다'라고 저에게 이야기했다고 일전에 전화로 부국장님에게 다 이야기해 드렸는데 왜 일방적이라고 이야기하십니까?"

"그건 개인적으로 한 것이기 때문에 합의 취소가 되었다고 볼 수 없습니다."

"합의한 것이 송은영 개인적으로 한 것이고 합의 무효는 지점장 지시를 받은 부지점장이 동의한 것인데 왜 합의 무효가 개인적인 것이라고 하십니까?"

안용준이 말을 돌렸다.

"그리고 김성출과 같이 학원을 경영하는 것이므로 돈이 제3자에게 넘어간 것이 아니므로 손해가 있다고 볼 수도 없습니다."

"학원을 김성출과 이승걸이 동업으로 운영한다는 것은 공공은행도 이미 다 알고 있고 또 제가 일전에 부국장님께 전화로 다 설명드렸는데 왜 손해가 아니라고 하십니까?"

그 후로도 안용준과의 통화는 얼마간 더 이어졌지만 안용준은 불리하다 싶으면 주제를 계속 바꾸는 바람에 어느 사항 하나 제대로 결론이 나지 않았다. 설사 안용준과 말싸움을 하여 이긴들 무슨 소용이랴. 안용준과 더 이야기해봐야 아무런 도움도 되지 않을 것이라는 판단이 들어 곧 마무리를 하고 전화를 끊었다. 금융감독원에게 배신감이 들었다.

17

금융감독원이 작성한 공문을 보고 맨 처음 느낀 것은 금융감독원이 감독 기능을 제대로 하고 있지 않다는 것이었다. 감독을 하기는커녕 오히려 금융기관 편을 들어 줌으로써 피해자의 민원을 무력화시키려 하고 있다는 느낌을 강하게 받았다. 금융감독원으로부터 더 이상 도움을 기대하는 것은 무리라는 생각이 들었지만, 금융감독원 전체가 이런 것은 아니고 안용준이라는 개인의 문제일 수도 있다는 생각이 들었다. 안용준이 작성한 회신공문의 문제점을 정리하여 다시 금융감독원장 앞으로 보내기로 하였다.

안용준의 공문에서 맨 먼저 지적할 수 있는 문제점은 앞서 말한 바와 같이 사실이 아닌 내용을 기초로 판단을 내렸다는 점이다. 공문에 기재된 다음과 같은 내용들, 즉 내가 김성출에게 책임을 물은 적이 없다, 내가 송은영에게 개별 접촉하여 현금 보상을 요구하였다, 내가 일방적으로 합의 철회 통보를 하였다, 출금된 돈을 내가 대표로 있는 학원 임차보증금으로 지급하였다 같은 내용들은 모두 사실이 아니다. 당시 김성출이 나와 통화를 하였다는 내용이나 서류를 추후 보완키로 했다는 내용도 확인이 안 된 사실로서 사실이 아닐 가능성이 크다.

예컨대 내가 일방적으로 합의 철회를 통보하였다는 내용은 내가 보낸 내용증명을 토대로 공공은행이 주장했을 것이다. 그러나 그 이전에 송은영은 합의금을 부족하게 지급했다는 것을 인정하고 '지점장에게 보고하고 합의 취소 여부에 대해 연락드리겠다'고 내게 말하였고, 당시 지점장에게 전권을 위임받은 황두현은 '합의 자체가 잘못된 것인 만큼 합의 무효화는 잘된 일'이라며 동의 의사를 밝혔었다.

단지 이때 문제가 되었던 것은 합의하면서 내가 은행에 해준 서류들을 돌려받는 것이었는데, 송은영은 '서류가 모두 본점에 이송되어 회수하기가 곤란하다'고 하였고, 나는 할 수 없이 서류를 돌려받는 대신에 '합의금은 돌려받았고 합의는 무효로 한다'는 확인서를 작성해달라고 하였었다. 그런데 황두현은 '송은영과 개인적으로 합의한 것이니 은행은 상관없는 일이다. 송은영에게 받으라'고 하였고 송은영은 '지점장이 이 일에서 완전히 손을 떼고 황두현에게 전권을 넘기라고 했으므로 자기는 아무 권한이 없다'며 서로 상대방에게 떠넘기기를 하여 할 수 없이 내용증명을 보냈던 것이었다.

공공은행이 합의를 무효화하는 데 동의한 이상 서류를 돌려주거나 확인서를 써줘야 한다는 것은 지극히 당연한 일이다. 그게 싫다면 합의금을 다시 내게 되돌려주며 합의를 무효화하지 않겠다는 의사를 밝혀야 한다. 합의금도 돌려주지 않고 서류도 돌려주지 않고 확인서도 써주지 않는 공공은행의 행태는 날강도 짓이나 다름없다. 그런데 금융감독원의 행태 또한 이에 못지않게 나쁘다. 이러한 내용들을 내가 사전에 안용준에게 전화로 누누이 다 설명했는데도 불구하고 금융감독원은 단지 내용증명만 문제 삼아 은행과 한목소리로 일방적인 합의 철회로 몰아가고 있는 것이다.

한 가지 더 예를 들어보자. 공문에는 '귀하는 김성출에게 책임을 물은 적이 없다.'고 되어 있다. 내가 김성출에게 책임을 물었는지 안 물었는지 하는 것은 공공은행이 알 수 있는 일이 아니다. 오직 나와 김성출만이 알 수 있는 일이다. 이런 내용을 사실이라고 기재하기 위해서는 금융감독원 담당자가 나나 김성출에게 전화를 해보면 된다. 이러한 최소한의 검증 절차도 거치지 않고 은행의 주장을 그저 나열만 하는 금융감독원은 잘못되어도 한참 잘못되었다. 은행의 이 주장이 허위라는 것은 누구보다도 공공은행이 잘 알고 있다.

금융감독원이 사실관계 조사를 거의 하지 않은 상태에서 '사실관계 조사 결과'라고 하면서 은행이 주장하는 많은 허위사실들을 일방적으로 나열한 것은 허위 보고를 넘어 사기 행위나 마찬가지다.

금융감독원의 다음 문제점은 금융감독원이 본질적인 문제에 대한 대답을 회피하면서 은행을 감싸주고 있다는 점이다. 내 민원을 다루기 위해서는 먼저 공공은행의 텔레뱅킹 등록행위가 불법행위인지 여부를 가려야 할 필요가 있다. 이러한 금융기관의 불법행위를 감시하라고 금융감독원이 존재하는 것이다. 그러나 공문 어디에도 은행의 행위가 불법인지 아닌지에 대한 설명이 전혀 없다. 단지 '은행이 텔레뱅킹 신청 업무를 본인 확인 없이 소홀히 한 점은 있다'고 기재하고 있는데 그렇다면 이는 은행이 전자금융거래법 제6조2항을 위반하였다는 이야기다. 그런데도 왜 공공은행의 행위가 불법이라고 명확하게 기재하지 않은 것일까?

공공은행의 행위가 불법행위인지 아닌지 모른다면 금융감독원은 금융기관을 감독할 능력이 없는 기관이다. 불법행위인지 알면서도 은행을 봐주기 위해 밝히지 않는 것이라면 금융감독원은 거대한 범죄 집단과 다를 바 없다.

또한 공문을 보면 '은행에서는 업무를 소홀히 한 직원에 대해서 별도 조치를 한다고 함'이라고 적고 있는데 금융감독원이 공공은행의 홍보부서라도 되는 것일까? 불법행위를 감시하고 징계를 해야 할 금융감독원이 '은행이 알아서 하니 우리는 구경만 하고 있겠다.'라는 말인데 감독기관으로서 창피하지도 않은가?

더욱이 은행이 조치를 한 것도 아니고 어떤 조치를 할지도 모르고 단지 '언제가 될지 모르지만 조치를 하겠다'고 막연한 말을 한 것에 불과한데 이를 공문에 적는 것은 '공공은행이 이렇게 잘하고 있는데 좀 봐줍시다'라며 노골적으로 나를 회유하는 것이나 다름없는 행위이다.

금융감독원은 공문을 통해 나의 민원을 들어줄 수 없다며 그 이유로서 세 가지를 들고 있는데 이 3가지 이유 모두 수준 이하의 주장에 불과하다.

먼저 첫 번째 이유로서 금융감독원은 '김성출에게 대리권을 수여하였는지에 대해 양 당사자의 주장이 상이하고 이를 달리 확인할 수 없으며'라고 적고 있는데 이는 금융기관으로 하여금 법을 지키도록 감독해야 할 금융감독원이 주장해서는 안 되는 내용이다.

금융감독원의 이러한 주장은 '대리권을 받은 사람에게는 아무에게나 텔레뱅킹을 등록해줘도 괜찮다.'는 전제하에 가능한 주장이다. 그러나 대리인에 의한 텔레뱅킹 등록은 법으로 엄격히 금지되고 있다. 금융감독원의 이러한 주장은 '법이야 어쨌든 일단 공공은행 손을 들어주고 민원을 무력화시키자'는 의도에서 나온 주장이 아니고 무엇이겠는가?

금융감독원의 위의 주장은 또한 사실도 아니고 논리적으로도 맞지 않다. 우선 공공은행은 김성출이 대리권을 받았다는 주장을 한 적이 없다. 공문을 보면 '은행 직원은 김성출이 귀하로부터 텔레뱅킹 신규 위임을 받은 것으로 간주하여'라고 기재되어 있다. 공공은행은 김성출이 내 허락을 받지 않은 것을 이미 알고 있다. 그렇지만 이를 숨기고 자기들에게 유리하게 '김성출이 위임을 받았는지 안 받았는지 모르지만 받은 것으로 간주하고 텔레뱅킹을 등록해 주었다'고 주장하고 있는 것이다. 공공은행을 최대한 봐준다고 해도 '은행에서는 허락을 받았는지 안 받았는지 모른다고 주장한다'고 기재해야 한다. 그런데 금융감독원은 김성출이 대리권을 받았다고 마치 은행이 주장하고 있는 것처럼 공문에 기재하고 있는 것이다.

금융감독원의 주장이 논리적으로 맞지 않는다는 것은 이후 내가 표현대리에 대해 알아 본 후 분명히 알 수 있었다. 본인(나)을 대신하여 상대방(공공은행)과 어떤 법률행위(텔레뱅킹 가입신청 행위)를 하는 사람을 대리인(김성출)이라 한다. 대리인이 유효한 법률행위를 하기 위해서는 본인으로부터 대리권(허락)을 받아야 한다. 그런데 대리권(허락)을 받지 않고 한 대리행위가 유효하다고 인정받는 경우가 있는데 그게 바로 표현대리이다.

민법 제126조를 보면 '권한을 넘은 표현대리인'이라는 제목 하에 "대리인이 그 권한 외의 법률행위를 한 경우에 제3자가 그 권한이 있다고 믿을 만한 정당한 사유가 있는 때에는 본인은 그 행위에 책임이 있다."고 나와 있다. 이를 달리 고쳐 말하면 '대리인(김성출)이 대리권을 받지 못했으나 제3자가 보기에 대리권이 있는 것처럼 보였을 때 그 대리행위는 유효하다.'고 할 수 있다.

공문을 보면 공공은행은 표현대리가 성립한다고 주장하고 있는데 그렇다면 이는 '김성출이 대리권을 받지 못했다.'는 사실을 인정하고 또 주장하고 있다는 말이다. 김성출에게 대리권을 주지 않았다고 나도 주장하고 공공은행도 같은 주장을 하고 있는 것이다. 안용준도 '금융감독원 내부 회의에서 표현대리가 성립한다고 결론을 내렸다.' 고 나에게 말한 바 있다. 김성출이 대리권(허락)을 받지 못했다는 말이다. 그런데도 불구하고 금융감독원은 '공공은행은 김성출이 대리권을 받았다고 주장한다.'는 식의 주장을 하고 있으니 이 얼마나 가당찮은 일인가.

그렇다면 나의 경우 표현대리가 성립하느냐 하면 그것도 아니었다. 표현대리가 성립하기 위해서는 두 가지 조건이 성립되어야 하는데 선의와 무과실 원칙이 그것이다. 즉 공공은행은 선의로써 텔레뱅킹을 등록해줬어야 하고, 또 그 과정에서 과실이 없었어야 한다는 말이다. 불법행위에 해당한다고 볼 수 있는 공공은행의 텔레뱅킹 등록 행위가 선의에 해당할 수도 없으며 무과실에 해당하지 않음은 두말하면 잔소리다. 또한 무과실에 해당하기 위해서는 상대방(공공은행)이 본인(나)에게 반드시 전화 등을 통해 대리권을 주었는지 여부를 확인해 보아야 한다고 되어 있다. 나의 집 전화와 휴대전화는 항상 열려 있었고 공공은행은 이 번호들을 모두 알고 있었다. 나는 텔레뱅킹 가입 신청과 관련하여 은행으로부터 어떠한 전화도 받아 본 적이 없다. 공공은행과 금융감독원이 주장하는 표현대리가 적용될 수 없음을 분명히 알 수 있다.

인터넷을 검색해보니 표현대리에 관한 내용들이 무수히 쏟아져 나오는데 유심히 살펴보니 공인중개사 시험에 종종 표현대리 문제가 출제되고 있기 때문이었다. 국민 자격증이라 불리는 공인중개사는 이미 그 수가 수십만 명에 달한다고 한다. 표현대리는 이제 온 국민의 기초상식이 되었다고 할 수 있다. 그런데 금융감독원 전문가가 공인중개사보다도 못한 법률지식을 가지고 감독 업무를 하고 있다니 금융감독원은 얼마나 무식한 집단인가? 더욱이 안용준의 말로는 소속 변호사와 직원들이 회의를 거쳐 표현대리가 성립한다는 결론을 낸 후 이런 엉터리 공문을 완성하였다고 한다. 이런 집단에 국민의 소중한 혈세가 쓰여 지고 있다니 참으로 한심한 일이라 아니할 수 없다.

금융감독원이 나의 민원을 들어줄 수 없다며 제시한 두 번째 이유는 인출된 돈이 내 명의의 학원 임차보증금으로 지급되었으므로 내가 경제적 손실을 보았다고 볼 수 없다는 것이었다. 이런 주장이 사실일까?

학원 건물 임대차계약은 나와 김성출의 공동 명의로 되어 있다. 공동 명의의 경우 통상적으로 공동 명의인이 각각 1/2씩 권리를 가지고 있다고 본다. 임대차계약 상의 보증금이 6천만 원이라면 이 중 나의 권리는 그 1/2인 3천만 원이라고 보아야 한다. 내 계좌에서 5천만 원이 공동 명의의 임대차계약 보증금으로 쓰였다면 그 순간 5천만 원의 1/2인 2천5백만 원에 해당하는 손실이 발생했다고 보아야 할 것이다. 그러나 이와 같은 이야기는 내가 김성출과 같이 학원을 동업할 때나 적용할 수 있는 이야기다. 내가 학원 동업에서 빠지기로 한 이상 나는 이보다 훨씬 더 큰 손해를 보았다고 해야 할 것이다.

손해에 대해 더 짚어 봐야 할 사항은 내 예금이 투입된 임대차계약의 성격이다. 당시 체결한 임대계약서의 명칭은 '상가 월세 계약서'로 되어 있고, 보증금 6천만 원에 월세 530만 원(부가세 포함 시 583만 원)이었다. 월세를 안 낼 경우 보증금에서 월세를 차감하게 되는데 3월 말까지 김성출과 이승걸이 월세를 내지 않아 까먹은 보증금이 이미 2천만 원이 넘었었다. 이런 내용을 난 금융감독원 안용준에게 전화로 소상히 이야기해 준 적이 있다. 그런데도 손해가 없다는 금융감독원의 주장은 정상적이라 할 수 없다.

한 가지 더 짚고 넘어갈 것이 있다. 공공은행과 금융감독원은 내게 손해가 없다는 이유로 원상복구를 거부하고 있다. 반면 나는 손해가 있으니 원상복구를 해달라고 주장하고 있다. 달리 말하면 나는 원상복구가 되어야 손해가 없다는 주장이고, 공공은행은 임대보증금이 남아 있으니 손해가 없다는 주장이다. 문제의 해법은 간단하다. 서로 손해가 아니라고 주장하는 것을 차지하면 된다. 나는 원상복구를 받고 은행은 임대보증금을 차지하면 된다. 그러면 나도 손해가 없고 은행도 손해가 없다. 서로 윈-윈 할 수 있는 방법이다. 나는 이제까지 수없이 이런 제안을 했다. 그런데도 공공은행과 금융감독원은 나의 이러한 제안을 거부해 왔다. 왜일까? 임대보증금이 있으니 손해가 아니라는 그들의 말이 거짓이기 때문이다.

손실이 없다며 버티는 금융감독원의 주장에는 사실 이보다 더 큰 문제가 있다. 예를 들어보자. 내가 은행에 보통예금을 했는데 은행이 내 허락 없이 내 예금을 인출하여 내 명의로 주식에 투자했다고 하자. 내가 은행에 찾아가서 항의를 하며 원상복구를 요구하니 은행은 '고객님 예금으로 고객님 명의의 주식을 사두었으므로 고객님에게 손해는 없어요.' 또는 '고객님 명의의 주식이 있으니 은행이 예금을 원상태로 복구해 줄 의무가 없어요.'라며 원상복구를 거부한다고 치자. 이게 은행이라고 할 수가 있을까? 이런 은행이 존재할 가치가 있을까?

은행의 가장 중요한 임무는 고객 돈을 안전하게 보관해주는 것이다. 나는 은행과 계약을 체결하고 보통예금 계좌를 만들었다. 계약 내용 중 가장 중요한 내용은 두말할 필요 없이 은행이 내 예금을 안전하게 보관해주겠다는 것이다. 안전하게 보관해준다는 것은 은행이 관련법규나 은행 업무지침을 준수하며 내 예금을 내가 지정한 방법에 의해서만 인출되도록 한다는 의미이다.

만약 내 예금이 내가 지정하거나 허락하지 않은 방법으로 내 의지와 무관하게 인출되었다면 은행은 어떻게 해야 할까? 내 상식으로는 은행이 무조건 잘못했다고 사과하고 원상복구를 해주어야 한다. 그런데 공공은행과 금융감독원의 주장은 한마디로 '당신 예금이 당신 명의의 주식(임대보증금)을 사는 데 쓰였고 그 주식(임대보증금)이 남아 있으니 됐잖소? 당신 명의로 되어 있으니까 손해라고 할 수도 없으니 필요하면 당신이 알아서 회수하시오.'라는 주장이다. 차라리 주식이라면 오를 가능성이라도 있지만 월세보증금은 줄어들 가능성만 있고 잘못하다간 밀린 임대료까지 대신 물어줘야 할지도 모르는 골칫덩어리에 불과한데 말이다. 이런 주장이 은행과 금융감독원 입에서 태연하게 나온다는 것이 믿기지 않는다.

공공은행은 은행 잘못이 없으니 은행 책임도 없다고 강변해 왔다. 금융감독원이 이런 주장에 동조하여 원상복구를 해줄 수 없다고 주장하는 것인지 모르겠다. 그러나 공공은행의 잘못이 없다는 주장은 사실이 아님이 명확하게 드러났다. 공문을 보면 '공공은행 직원은 대리인 신청이 불가능함을 안내하였다.'고 기재되어 있다. 해줘서는 안 되는 일, 해주는 것이 불가능한 일, 해주지 못하게 법이나 규칙으로 정해져 있는 일, 이런 일을 행하는 것을 우리는 통상 '잘못'이라 칭한다. 따라서 이런 일을 한 은행은 잘못을 저지른 것이다. 또한 공문을 보면 '공공은행은 업무를 소홀히 한 직원에 대해 별도 조치를 한다고 함.'이라고 기재되어 있다. 공공은행이 지켜야 할 무엇인가를 지키지 않았다는, 즉 은행이 잘못을 저질렀다는 이야기다.

은행이 잘못을 하였고 그 잘못에 의해 고객 예금이 엉뚱한 곳에 가 있다면 당연히 예금을 원상복구 하고 은행은 인출된 돈을 회수하면 된다. 원상복구를 하는 것은 은행의 기본 의무이다. 인출된 돈을 회수하는 것은 공공은행이 알아서 해결할 문제로 금융감독원이 걱정할 문제가 아니다. 그런데도 금융감독원은 인출된 돈이 어디에

가 있느니, 손해가 아니니 어쩌니 하면서 공공은행이 원상복구를 해줄 필요가 없다고 주장하고 있다.

내가 만약 은행에게 원상복구 하라고 요구하면서 임대보증금도 공공은행에게 내 줄 수 없다고 떼를 썼다면 이야기가 달라질 수도 있다. 그러나 나는 그동안 공공은행과 금융감독원 담당자에게 '무단 인출된 예금을 원상복구 해 달라, 그리고 무단 인출된 돈을 회수하라. 원하면 내 명의는 모두 은행에 넘겨주겠다.'고 몇 번인가 이야기한 바 있다. 그런데 왜 공공은행은 원상복구를 거부하는가? 회수능력이 없는 은행이라 그런가? 모를 일이다.

금융감독원이 나의 민원을 들어줄 수 없다며 제시한 세 번째 이유는 '텔레뱅킹 등록을 추인한 것으로 볼 수 있다'는 것이다. 솔직히 말하면 나는 이 공문을 받을 그 당시에는 추인이라는 용어의 정확한 의미를 모르고 있었다. 그저 합의와 같은 의미인데 좀 더 고상하게 쓰이는 단어 정도로만 생각하고 있었다. 그래서 이 공문에 대한 반박 서류를 만들면서 주로 합의가 어떻게 무효화되었는지에 대해 열심히 내용을 정리했었다. 나중에 감사원에 민원을 내고 금융감독원의 잘못을 다시 정리하면서 나는 비로소 추인에 대해 정확히 알 수 있었다.

무권대리는 대리권 없는 자가 대리행위를 하는 경우인데 무권대리 행위라고 해서 다 무효인 것은 아니다. 김성출(무권대리)이 대리권을 받지 않고 텔레뱅킹 가입 신청을 하였지만 나중에 내(본인)가 이를 인정하겠다고 하는 것이 추인인데 이렇게 추인을 하면 무권대리

행위가 유효한 행위가 된다.

공공은행과 금융감독원은 내가 합의금을 받고 해준 서류를 근거로 추인을 받았다고 주장하고 나섰다. 그러나 공공은행은 '은행 잘못이 없었으므로 합의 자체가 잘못된 것'이라고 하면서 합의 무효화에 동의하였었다. 또한 은행은 합의금을 돌려받고 나서도 내가 합의금의 반대급부로서 작성해준 서류는 돌려주지 않고 나를 약 올려 왔다. 그러던 공공은행이 이제 와서 그때 작성해준 서류를 들이대며 추인을 받았다고 주장하고 나선 것이다. 이 얼마나 뻔뻔스럽고 가증스러운 일인가? 공공은행과 금융감독원은 과연 일말의 양심이라도 있는 기관인지 의심스럽다.

그러나 좀 더 알아보니 다행스럽게도 공공은행과 금융감독원의 이러한 추인 주장은 타당성이 없는 주장이었다. 추인이 성립하기 위해서는 무권대리 행위에 대한 거절이 그 이전에 없었어야 한다. 즉 본인(나)은 무권대리 행위(텔레뱅킹 가입 신청)가 있었음을 알고 나서 이에 대해 거절을 할 수도 있고 추인을 할 수도 있는데 어느 행위든 먼저 하면 그쪽으로 확정되는 것이다. 또한 상대방(공공은행)이 무권대리 행위를 철회할 수도 있다. 이때도 무권대리 행위는 무효로 확정이 된다.

나는 2008년 10월 31일 오후 5시가 좀 넘어서 공공은행 지점장실에서 텔레뱅킹 무단등록 및 출금을 확인한 즉시 텔레뱅킹에 대한 거절 의사를 표시하고 은행으로 하여금 책임을 지도록 말한 바 있고 당시 공공은행 황두현은 알겠다고 대답한 적이 있다. 이후에도 나는 공공은행 지점 및 본점에 여러 차례 전화를 하여 거절의사를 분명히 밝혔다. 텔레뱅킹 가입신청 행위는 이 시점에 이미 무효화된 것이다. 따라서 그로부터 26일 경과한 11월 26일 내가 합의 서류를 작성해준 시점에서 텔레뱅킹 가입신청 행위가 추인되었다는 금융감독원의 주장은 틀린 주장이다. 또한 황두현은 당시 지점장실에서 내가 원상복구를 요구하자 송은영에게 '텔레뱅킹 당장 해지시켜!'라고 말함으로써 텔레뱅킹 등록에 대한 철회 의사를 나에게 밝힌 만큼 추인 여지는 전혀 없다고 할 수 있다.

추인 관련한 대목을 보면서 금융감독원이 한심한 기관이라는 생각이 거듭 들었다. 공공은행과 금융감독원이 추인을 주장한다는 것은 텔레뱅킹 등록행위가 표현대리에 해당하지 않는다는 것을 자인하는 셈이다. 표현대리는 그 자체로 효력이 있는 것으로 추인을 받을 수도, 받을 필요도 없다. 추인이 이루어지기 위해서는 표현대리가 아닌 무권대리 행위가 있어야 한다. 공공은행과 금융감독원은 이제껏 텔레뱅킹 등록이 표현대리라 주장하더니 갑자기 표현대리가 아니고 무권대리라고 주장하는 것이다. 또한 무권대리라고 주장하는 것은 금융감독원의 앞의 주장 즉 '공공은행은 김성출이 대리권을 받았다고 주장한다.'는 주장이 잘못임을 인정하는 셈이다. 금융감독원 공문은 이와 같이 서로 모순된 여러 주장으로 갈팡질팡하고 있는데 이는 수단방법 가리지 않고 오직 내 민원을 무력화시키려는 시도가 아닐 수 없다.

18

금융감독원의 공문을 읽으면서 내가 특히 화가 난 부분은 '귀하는 은행 직원(과장 송은영)과의 개별 접촉을 통해 현금 보상을 요구하여 (중략) 4백만 원을 수령하였다.'는 부분이었다. 이를 읽는 사람은 거의 대부분 '아하, 이 사람이 순진한 송은영을 불러내어 돈을 요구하고 4백만 원을 받아 챙겼구나.'라고 생각할 것이다. 그리고 나를 나쁜 사람으로 평가할 가능성이 농후하다. 이렇게 남의 명예에 영향을 미치는 사실을 기재할 때는 특히 조심해야 하고 세밀한 검증 절차를 밟아야 한다. 필요하면 당사자에게 직접 확인도 해봐야 할 것이다. 그럼에도 불구하고 금융감독원은 이런 표현을 아무 거리낌 없이 기재하고 있는데 이들이 과연 업무에 필요한 최소한의 양식을 가지고 있는 자들인지 묻고 싶다.

특히 금융감독원의 '송은영과의 개별 접촉을 통해'라는 말은 전혀 불필요한 말로 오해를 불러일으키기 충분한 표현이다. 당시 송은영은 내게 전화를 걸어 나를 만나러 우리 집 근처인 서초동으로 올라오겠다고 했다. 그러나 나는 혹시나 오해가 생길 수도 있다는 생각에 내가 동탄으로 내려가겠다고 하여 다음 날 동탄에서 만났었다. 만난 장소도 은행이 바로 내려다보이는 은행 옆 건물로 택했었다. 금융감독원이 별 의미가 없으며 오해의 소지만 있는 이런 구절을 굳이 기재한 것은 나에 대해 나쁜 이미지를 만들어 보려는 의도가 있다고밖에 생각되지 않는다.

만약 금융감독원이 '개별 접촉'이라는 말을 내가 은행의 공식적인 루트를 통하지 않고 개인적인 차원에서 송은영과 은밀하게 합의를 했다는 의도로 사용했다면 이도 잘못된 것이다. 나는 지점장이 원상복구를 거절한 이후 본점 고객서비스부로 클레임을 공식 제기했는데 송은영은 본점 고객서비스부의 연락을 받고 나를 만난 것이다. 그래서 당시 나는 송은영이 공식적으로 은행을 대표하여 나를 만나는 것으로 받아들일 수밖에 없었다. 만약 송은영이 그때 개인적으로 나를 접촉한 것이라면 이는 송은영을 제대로 관리 못한 은행의 잘못이지 내 잘못이 아니다. 그런데 금융감독원은 마치 내가 개인적으로 몰래 송은영을 만나자고 꼬여낸 것처럼 표현하고 있는 것이다.

참고로 위 내용의 정확한 표현은 다음과 같다. '송은영이 만나자고 하여 만나서 원상복구를 요구하였으나 송은영이 울먹이며 봐달라고 하여 1년간 한시적 원상복구로 완화하였고, 다시 1년간 아파트 담보대출로 양보하였는데 송은영이 돈으로 주면 어떻겠느냐고 물어와 그러라고 하고 돈을 받았는데 나중에 보니 4백만 원이었다.'

위와 같은 내용으로 정리를 해보니 A4용지로 표지 포함 13페이지나 되었다. 1주일 가까이 내용을 다듬어 작성한 서류였다. 수신인을 금융감독원장으로 하는 다음과 같은 편지와 함께 서류를 발송하였다. 2009년 4월 22일이었다.

1. 귀원의 일익번창을 기원합니다.

2. 본인의 금융분쟁 조정신청 민원(200935089)에 대한 귀원의 회신 (소분은-03365)은 잘 받아 보았습니다. 그러나 귀원의 회신은 많은 문제점이 있어 본인이 도저히 받아들일 수 없었습니다.

3. 따라서 본인은 귀원의 업무개선을 위해서라도 본 회신에 대한 문제점을 귀하에게 알려드려야 하겠다는 마음에 별첨과 같이 문제점을 정리해 보내 드리는 바입니다.

4. 부족한 지식이오나 많은 공을 들여 작성한 보고서인 만큼 성의 있는 일독을 부탁드리오며 귀원 업무개선에 조금이라도 보탬이 된다면 큰 영광이겠습니다. 아울러 본 회신(소분은-03365)에 대한 근본적인 시정조치를 간곡히 부탁드립니다. 감사합니다.

서류를 보낸 후 일주일쯤 지난 어느 날, 금융감독원 안용준이 전화를 걸어왔다. 전화를 받으며 안용준이 이 건과 관련하여 상사로부터 듣기 싫은 소리를 들었을지도 모른다고 난 생각했다. 그렇다면 나에게 기분 좋은 이야기를 할 것 같지 않다. 그러나 안용준의 목소리는 기쁨에 들뜬 듯한 목소리였다. 간단한 인사가 끝나자마자 그가 대뜸 물었다.

"대한학원 명의 이전해주고 보증금 6천만 원 돌려받았다면서요?"

"누가 그럽디까?"

"공공은행에서 이승걸 씨 만나서 그렇게 이야기 들었다고 하던데요."

"공공은행 사람들 다 거짓말쟁이라고 그렇게 말씀드렸는데도 아직도 그 사람들 말 믿으십니까?"

내가 혀를 끌끌 차자 안용준의 목소리는 침울하게 바뀌었고 말은 느릿느릿 나왔다.

"그럼, 아니란, 말씀입니까?"

"내가 건물임대인과 이승걸 씨 전화번호 모두 알려드릴 테니 직접 전화해서 확인해보시고 앞으로는 제발 공공은행 사람들 이야기 믿지 마세요."

그리고 전화번호를 알려 주었다. 안용준이 직접 확인을 해봤는지는 모르겠다. 그러나 이와 관련하여 안용준이 다시 나에게 전화를 한 적은 없다. 전화를 끊고 나서 '공공은행과 안용준이 자신들의 잘못을 지우기 위해 여러 가지로 애쓰고 있구나'라는 생각이 들었다. 공공은행 주장대로 내가 6천만 원을 회수했다면 이 건은 깨끗이 해결된다. 그런데 사실이 아니라니. 이를 기대했을 안용준에게는 매우 섭섭한 해프닝이 아닐 수 없었으리라. 나는 또한 공공은행이 집요하게 대한학원을 방문하고 있다는 것을 알 수 있었다. 잘못 없다던 공공은행이 어디가 예뻐서 대한학원을 아직까지 이처럼 열심히 방문하고 있는 것일까?

그로부터 한 달쯤 지난 후 금융감독원으로부터 2차 회신이 왔다. 큰 기대는 안 했지만 정성들여 작성한 내 서류를 보고 무언가 작은 변화, 하다못해 '이런 부분은 우리가 잘못했다'라든가, 아니면 '이런 부분은 확인해 보니 당신 주장이 맞더라'라든가 하는 내용이 조금이라도 들어 있을 줄 알았다. 그러나 금융감독원은 자기네들 잘못을 지적한 것에 대한 앙갚음을 하겠다는 의도였을까, 보내 온 회신은 이런 내 기대에 찬물을 끼얹는 내용이었다.

> 귀하의 재민원 내용에 우리 원의 기존 신청에 대한 처리결과에 영향을 미칠 만한 새로운 사실관계가 없음에 따라 우리 원에서는 귀하에게 별다른 도움을 드리기 어려운 입장임을 알려 드리오니 기회신문을 참조하기 바랍니다.

금융감독원 회신 내용은 한마디로 말해서 '잘못이 있든 없든 우리는 이전에 작성한 공문 내용을 바꾸고 싶은 생각이 전혀 없으니 그리 알아라' 하는 내용이다. 누가 뭐라 하든 우리는 우리 식대로 처리한다, 그러니 대들지 마라는 식이다.

내가 보낸 공문 내용은 금융감독원이 사실이 아닌 허위내용을 사실이라 하면서 이 허위내용에 기초하여 판단을 하였고, 또 그 판단의 근거로서 내세우는 이유들이 전혀 상식에 맞지 않는다는 것이었다. 그렇다면 금융감독원은 내가 허위내용이라고 지적한 내용이 과연 허위인지 알아보려는 시늉이라도 해야 한다. 피감독기관인 공공은행이 감독기관인 금융감독원에 허위내용을 보고하였다면 감독기관으로서 얼마나 망신스러운 일인가. 그럼에도 불구하고 허위사실 여부에 대해 최소한의 조사도 하지 않고 나 몰라라 하는 것은 그들이 감독기관으로서의 최소한의 자존심도 없다고 볼 수밖에 없다.

또한 전문가인 금융감독원이 내세운 논리가 잘못되었다고 비전문가인 민원인이 이의제기를 한다면 이는 금융감독원의 권위가 손상되는 일인 만큼 과연 자기네들 논리에 이상이 있는지 없는지 점검을 하고 그 결과를 민원인에게 알려주는 것이 당연한 일이다. 그러나 금융감독원은 이에 대해서는 일절 말을 안 한 채 내가 보낸 공문에 새로운 내용이 없다는 엉뚱한 핑계를 대면서 예전에 보낸 공문이나 읽고 있으란다.

금융감독원은 이런 회신만으로는 다소 미흡하다고 생각되었는지 공문 말미에 다음과 같은 내용을 덧붙이고 있다.

> 우리 원은 금융회사와 그 거래고객 사이에 금융분쟁이 발생한 경우 소송 전 분쟁조정절차를 통하여 분쟁이 원만히 해결될 수 있도록 노력하고 있으나, 민원인과 금융회사 양 당사자의 주장이 상이하고 사실관계를 확정할 수 있는 입증자료가 없는 경우 누구의 주장이 진실한지 판단할 수 없어 법원의 소송을 통해 해결하는 것이 좋을 것임을 다시 한 번 알려 드립니다.

일견 그럴 듯한 말이지만 금융감독원이 얼마나 무책임한 기관인지 이 글을 통해서 충분히 알 수 있다.

금융회사와 고객 사이에 왜 분쟁이 생기는가? '양 당사자의 주장이 상이하고 사실관계를 확정할 수 있는 입증자료가 없는 경우' 분쟁이 생긴다. 양 당사자의 주장이 동일할 경우 분쟁이 생길 리 없다. 사실관계를 확정할 수 있는 입증자료가 있는 경우 분쟁이 생길 리 없다. 요새처럼 교육수준이 높은 시대에 입증자료가 엄연히 있는데 떼를 쓰는 사람이 어디 있겠는가? 자칫하면 형사상의 처벌이나 받게 될 터이다.

분쟁이 발생하는 것은 사실관계가 불분명한 구석이 있을 때 이에 대한 입장이 달라 일어나는 것이다. 이때 비로소 분쟁조정이 필요하며 입수된 정보를 가지고 불분명한 구석을 밝히는 것이 분쟁조정의 역할이다. 금융감독원 주장대로 사실관계를 확정할 수 있는 입증자료가 있는 경우에만 분쟁조정이 가능하다면 금융감독원을 차라리 조폭들로 구성하는 게 나을 것이다. 사실관계가 명확할 경우 누구 잘못인지 명확히 드러날 것이고, 잘못한 놈 몇 대 쥐어박으면 분쟁이 더욱 효과적으로 해결되지 않겠는가.

공문을 읽으면서 나는 또한 금융감독원이 핑계를 대는 데만 열심이라는 생각을 떨쳐버릴 수가 없었다. 금융감독원은 '사실관계를 확정할 수 있는 입증자료가 없어' 분쟁조정을 할 수 없다고 했는데 이는 핑계에 불과하다. 금융감독원이 원상복구를 거절한 이유로서 내세운 세 가지 이유 모두 논리적으로 잘못된 것일 뿐이다. 이러한 엉터리 논리가 문제지, 사실관계 입증 여부는 거의 관계가 없다.

금융감독원이 내세운 세 가지 이유가 어떻게 잘못되었는지는 명확하다. 첫째, 김성출이 대리권이 없었다는 것은 공공은행도 인정하고 있는 것이다. 둘째, 나는 추인을 거절하고 원상복구를 요구해 왔으며 공공은행 황두현은 철회권을 행사한 만큼 추인이 이루어질 수 없음을 쉽게 알 수 있다. 셋째, 예금주가 명의만 빌려준 곳으로 예금주가 원하지 않는데 예금이 빠져나갔다면 예금주에게 손해가 있다는 것은 자명한 이치다. 또 손해 여부에 관계없이 은행은 원상복구의 책임이 있는 것이다. 그럼에도 불구하고 금융감독원은 사실관계 운운하며 자신들의 잘못을 엉뚱한 탓으로 돌리고 있는 것이다.

19

금융감독원과는 더 이상 이야기해봐야 별 소용이 없을 것이라는 생각이 들었다. 그러나 몇 가지 궁금한 것은 확인해 두어야 할 것 같았다. 담당자인 안용준에게 전화를 걸었다.

"정대진입니다. 기억하시죠?"

"예. 말씀하세요."

풀이 많은 죽은, 약간은 화가 나 있는 듯한 목소리였다.

"회신공문은 잘 보았습니다. 그와 관련해서 몇 가지 좀 여쭤보고 싶습니다. 공문에 나오는 많은 내용들이 허위라고 제가 말씀드렸는데 사실인지 확인해보셨습니까?"

"그것은 공공은행 보고서를 인용한 것으로 사실관계는 금융감독원에서 확인할 수 없습니다."

"공공은행에 전화상으로라도 확인해 보셨습니까?"

"물어봤습니다."

"은행에서는 맞다고 했습니까?"

"맞다고 했습니다."

"그렇다면 제가 먼저 현금 보상을 요구했는지 송 과장에게 물어보았습니까?"

"본부하고만 통화했습니다."

"그렇다면 실질적으로는 확인이 전혀 안 된 것 아닙니까? 이런 것은 당사자에게 전화 한 통화만 해도 다 확인될 사항인데…."

"…."

"은행이 허위 자료를 제출하면 금융감독원은 어떤 조치를 취하나요?"

"입증되면… 입증 자료와 함께 다시 민원 내면 조치해 주겠습니다."

안용준이 구체적으로 이야기하지 않고 얼버무리는 것으로 봐서 허위사실이 입증된다 해도 은행에 대해 어떤 조치를 취할 생각은 없어 보였다.

"다음 제가 궁금한 것은…."

"시간 없으니 새로운 사실 입증해서 다시 민원 내십시오."

"다시 민원 내기 위해 궁금한 것 몇 가지 물어 보겠다는 겁니다."

"내가 일일이 다 결정한 것도 아니고 내가 답변할 책임도 없습니다."

안용준은 나와 더 이상 이야기하기 싫다는 듯 엉뚱한 변명을 하고 나왔다. 자기가 작성한 공문에 대해 자기가 답변할 책임이 없다니 이해할 수 없는 변명이다. 혹시 위에서 내 민원을 묵살하라는 지시라도 내려왔다는 의미인가?

"그럼 누가 책임이 있습니까?"

"그러니까 다시 민원을 내십시오."

"민원을 내기 위해 필요한 몇 가지를 지금 물어보고 있는 것 아닙니까?"

"하도 건이 많아서 무슨 내용인지 다 잊어버렸습니다."

"지금 자료를 보시면 되지 않습니까?"

"새로 민원을 내십시오."

"…."

"토씨 틀리다고 민원내고 그러면…."

새로 민원을 내면 된다는 말만 되풀이하는 안용준에게 더 이상 이야기를 할 필요가 있는지 난감하여 망설이고 있는데 안용준이 드디어 속마음을 드러내기 시작한다. 사실관계 조사도 하지 않고서 '사실관계 조사 결과'라고 하면 안 된다고 한 이야기를 비꼬는 것이리라. 혹은 송은영이 현금 지급 제의한 것을 내가 현금 지급 요구한 것으로 기재하였다는 지적에 대한 화풀이일지도 모르겠다. 하지만 이런 허위사실들이 사실인 양 보고되면 사건은 결국 사실과는 전혀 다른 엉뚱한 사건으로 둔갑을 하게 되고 그에 대한 판정도 엉뚱하게 나오게 된다. 그래서 이런 일들을 그냥 무시하고 넘어갈 수 없는 것이다.

"금융감독원 주장이 나하고 너무 달라서 좀 물어보겠다는 것 아닙니까? 예를 들면 나는 텔레뱅킹 무단등록 행위가 법률 위반이라는데 금융감독원은 아니라고 하는 것 아닙니까"

"선생님! 정말 그렇게 나오시면 내가 그 예금에 들어온 입금 자원까지 다 조사해서 회신해 드릴게요. 그 돈이 선생님 돈인가 아닌가부터…."

안용준이 화를 내며 노골적인 의사표시를 하였다. 더 이상 시끄럽게 하면 나의 약점을 찾아내서 공격하겠다는 것이다. 공공은행이 허위사실을 보고했는지는 조사할 수도 없고 조사할 의도도 없는 금융감독원이 내 잘못을 밝히기 위해서라면 돈의 출처까지 조사하겠다는 말이다. 이런 말에 얼마나 많은 민원인들이 겁을 먹고 금융감독원과의 싸움을 포기했을까 하는 생각이 문득 들었다. 하지만 나는 떳떳하다. 이런 위협이 전혀 두렵지 않다.

"그건 맘대로 하십시오. 하지만 내가 낸 민원에 대해 궁금한 것을 내가 물어보는 게 잘못된 것은 아니지 않습니까? 궁금한 것을 알아야 다음 민원을 내더라도 낼 것 아닙니까? 잘못된 민원을 계속 내봐야 서로 피곤한 것 아닙니까?"

내가 의외로 당당하게 나가서일까? 안용준의 말투가 약간 누그러졌다.

"피곤할 것 없습니다. 다시 민원을 내십시오."

"금융감독원이 왜 내 민원을 들어주지 않는지 그 이유를 알아야 다른 민원을 낼 수 있는 것 아닙니까?"

서로 공허한 말싸움만 하고 있는 것 같아서 다시 끊겼던 이야기로 돌아왔다.

"제가 민원을 통해 공공은행의 텔레뱅킹 무단등록 행위가 법률 위반인지 아닌지 판단을 해달라고 했잖습니까? 이에 대해 금융감독원에서 판단을 했을 것 아닙니까?"

"법원에 내세요. 법률 위반인지 아닌지, 그런 것은…."

텔레뱅킹 무단등록이 법률 위반에 해당하는지 여부는 금융감독원이 조사하게 되어 있다. 그런데 금융감독원은 왜 자기네들이 해야 하는 일을 안 하고 남에게 미루기만 하는 것인지 통 알 수가 없다. 다시 물어보았지만 대답은 한결같다.

"텔레뱅킹 가입 신청을 대리인이 신청해도 되나요?"

"그런 것 따지지 말고 민원을 새로 내세요. 바빠서 전화 끊겠습니다."

"그럼 언제 전화 드리면 됩니까? 누구에게 전화하면 됩니까?"

"새로운 사실 입증된 게 있으면 새로 민원을 내세요."

"그러면 하나만 더 좀 물어 볼게요."

"끊습니다."

그리고 전화가 끊겼다.

금융감독원장은 대통령이 임명한다. 그러나 공공은행 은행장도 역시 대통령이 임명하는 대단한 자리라는 것을 나중에 알았다. 금융감독원이 공공은행을 함부로 건드리기 힘들 수도 있겠다는 것을 그때서야 깨달았다. 안용준이 이러한 이유로 공공은행에 대해 준엄한 판단을 하지 못했는지, 아니면 다른 개인적인 사정이 있었는지 나는 모른다.

만약 후자라면 안용준에 대해 적절한 조치를 하면 그뿐이다. 그러나 전자라면? 글쎄, 잘은 모르겠지만 정말 큰일이 아닐 수 없다.

3장 · 감사원

감 사 원

(제2009 09676호)

제 목 민원처리 결과 통보

1 감사원은 국민이 겪는 어려움과 고충 불만사항을 해결하기 위해 항상 노력하고 있습니다

2 귀하께서는 2009 12 17 감사원에 민원(접수번호 제2009 09676호)을 제출하셨습니다 검토결과 위 민원은 금융감독원에서 조사할 사안으로 판단되어 금융감독원(감찰팀)로 이첩하오니 이후 조사 처리하고 그 결과를 직접 귀하께 회신하도록 하였음을 알려 드립니다

3 귀하께 건강과 행복이 함께 하기를 기원합니다 끝

감 사 원 장

조사관 이

감사관 배

시행 민원조사중앙과-2074 (2009 12 22) 접수 ( )

우 110-706 서울 종로구 북촌로 112(삼청동25-23) 1별관 3층 www bai go kr

전화 (02)2011-2751~2 전송 (02)2011-2755 / 부분공개

3장. 감사원

20

은행과 고객 간에 분쟁이 생겼을 때 금융감독원은 둘 간의 잘잘못을 가려줄 수 있는 권위 있는 기관이다. 아니 그렇게 믿어 왔다. 하지만 권위 있는 판정이 되려면 적어도 그 과정과 논리의 대부분이 양자에게 받아들여질 수 있어야 한다. 과정이 불투명하다거나 논리가 빈약하다면 그 어떠한 권위도 제 행세를 할 수 없다. 나는 공공은행과의 분쟁에 대해 금융감독원이 납득할 만한 판정을 내려주길 기대했다. 내가 지든 이기든 빨리 결론이 나서 마음을 다잡고 내 본연의 일로 돌아가고 싶었다. 그러나 금융감독원의 판정은 그 과정이나 논리 모두 내가 받아들일 수 있는 범위를 벗어나 있었다. 이에 대해 지적을 해줘도 금융감독원은 아무런 답변을 하지 않았고, 이에 항의를 해도 그저 민원을 다시 내라는 무의미한 말만 되풀이하였다.

'여기서 그만 둘까?'라는 생각도 들었다. 5천만 원이 결코 작은 돈이라 할 수 없지만 한편 생각하면 인생에 있어 그리 큰돈도 아니다. 그러나 분하고 억울한 마음은 지울 수 없었다. 또한 이런 일이 앞으로도 재발되어 나와 같은 피해자가 더 나올 수 있을 것이라는 생각도 들었다. 내가 포기하면 이런 일의 재발을 방조하는 것이나 다름없다. 귀찮더라도 그냥 물러서면 안 된다는 생각이 들었다. 그렇다면 어떤 방법이 있을까? 금융감독원 담당자 말대로 소송을 해야 하나?

그러나 당시에는 소송을 해서는 안 되는 분명한 이유가 있었다. 물론 내가 소송에 대해 전혀 문외한이어서 겁이 나기도 했다. 그러나 더 큰 이유는 금융감독원의 분쟁조정업무가 소송이 제기되기 전에만 가능하기 때문이었다. 즉 내가 소송을 제기하면 금융감독원은 분쟁조정에서 자동적으로 손을 떼도록 되어 있는 것이다. 따라서 소송을 제기하면 금융감독원의 잘못을 바로 잡을 수 있는 기회가 없어지는 것이다.

나는 매우 소심한 편이다. 나는 누구에게 욕을 먹는 것을 극도로 싫어하고 이에 신경을 많이 쓰는 편이다. 나는 내 인생에 오점을 남기는 일은 없어야 한다고 생각하며 이제까지 살아 왔다. 그런데 공공은행과의 분쟁이 내 인생에 오점을 남기는 일로 변질되어 가고 있다. 금융감독원의 공문을 보면 공공은행이 많은 허위사실로 나를 매도하고 있음이 분명하다. 자기가 운영하는 학원에 돈이 송금되었는데 은행더러 돈을 내놓으라고 생떼를 쓰는 사기꾼. 여직원을 불러내어 공갈협박으로 돈을 뜯어내려는 파렴치한. 이러한 내용의 보고서가 존재한다면 그것은 내 인생의 큰 흠이요, 나에게는 두고두고 한이 되는 일이 아닐 수 없다. 이런 보고서가 세상 어딘가에 존재한다는 것 그 자체만으로도 내가 맘 편히 잠을 잘 수 없는 노릇이었다. 그래서 어떻게든 공공은행과 금융감독원의 오해를, 잘못을 바로 잡고 싶었다. 공공은행과 금융감독원의 서류가 잘못되었음을 밝혀 그것들을 모두 폐기하거나, 아니면 그런 서류들이 잘못되었음을 밝히는 서류가 그 서류들 위에 철해져 있어야 한다. 그러기 위해서는 소송이 아닌 다른 방법으로 공공은행과 금융감독원이 자신들의 잘못을 인정하도록 해야 한다. 단지 돈을 되찾기 위해서라면 소송을 할 수도 있다. 그러나 그렇게 되면 나는 공공은행과 금융감독원 서류 속에서 영원히 나쁜 인간으로 남아 있게 되는 것이다.

감사원에 민원을 내야겠다는 생각은 그리 어렵지 않게 떠올랐다. 일반 행정기관의 잘못을 감사원이 조사하고 필요하면 검찰 고발까지 하는 것을 신문이나 TV를 통해 익히 보아왔던 터라 금융감독원과 승강이를 하면서 이미 감사원을 염두에 두어왔던 터였다. 안용준과 통화 후 금융감독원에는 더 이상 기대할 것이 없다는 생각을 굳히고 곧 감사원에 보낼 민원서류 작성에 들어갔다. 며칠 고민해가며 진정서라는 이름의 7페이지짜리 서류를 만들었다. 진정서의 내용은 대략 다음 아홉 가지였다.

첫째, 공공은행이 전자금융거래법을 위반하였다고 신고를 하였는데도 금융감독원은 '업무를 소홀히 한 것일 뿐'이라며 아무런 조치도 취하지 않고 있다는 점.

둘째, 텔레뱅킹 비밀카드는 대리인에게 발급해 줄 수 없도록 전자금융거래법에 명시되어 있는데도 금융감독원은 대리인에게 해줘도 괜찮다는 식으로 주장하고 있다는 점.

셋째, 공공은행이 주장하는 표현대리는 공공은행이 선의, 무과실이라 볼 수 없으므로 본 건에 적용될 수 없음이 자명한데 금융감독원은 이러한 은행 주장을 아무런 근거 없이 되풀이하고 있다는 점.

넷째, 공공은행이 주장하는 허위사실들을 '사실관계 조사 결과'라고 하면서 아무런 조사 없이 마치 사실인 양 그대로 나열하고 있으며 사실이 아니라고 알려주었는데도 아무런 확인도 하지 않고 있다는 점.

다섯째, 고객 예금이 불법적으로 고객 몰래 고객이 원하지 않은 곳으로 인출되었다면 은행이 이를 먼저 원상복구 해주고 인출된 돈을 회수토록 해야 하는데 금융감독원은 손해가 없다는 이유를 내세워 원상복구 요구를 무시하고 있다는 점.

여섯째, 금융감독원의 판정이 그 과정이나 논리 면에서 여러 가지 문제를 안고 있어 이를 지적해 주었는데도 금융감독원은 분쟁 당사자 간 의견이 다르면 조정 업무를 할 수 없다며 이러한 정당한 요구를 무시하고 있다는 점.

일곱째, 송은영과의 합의는 송은영이 지점장 몰래 한 것이고 합의금도 약속했던 조건에 부족하여 돌려주었으며, 부지점장도 합의 무효화에 동의한 적이 있는데도 불구하고 공공은행은 합의가 유효하다는 억지 주장을 하고 있는데 금융감독원도 이를 그대로 되풀이하고 있다는 점.

여덟째, 금융실명제하에서 예금통장에 들어있는 돈은 예금주의 돈으로 보는 것이 상식인데 금융감독원 담당자는 그 돈이 예금주 돈이 아니라는 엉뚱한 트집을 잡으며 공공은행 편을 들고 있다는 점.

아홉째, 회신내용에 대해 문의를 하는 중에 금융감독원 담당자는 답변이 궁해지자 '그런 것 따지지 말라', '자금 출처를 조사하겠다'는 식의 위협을 민원인에게 하였는데 이는 있을 수 없는 일이라는 점.

말미에 다음과 같은 호소문을 덧붙였다.

> 존경하는 감사원장님.
> 주지하시다시피 금융감독원과 공공은행은 대부분의 직원이 연봉 1억 이상을 받고 있는 우리나라 최고의 직장으로 일명 신의 직장으로 불리고 있으며, 금융감독원에 근무하다가 은퇴를 하거나 하면 은행으로 전직을 하는 일이 대부분이라 금융감독원과 은행과의 부적절한 관계에 대해 많은 의문이 제기되고 있는 실정입니다.
> 이번 건을 경험하며 본인은 금융감독원이 은행 편에 서서 때로는 그럴듯한 논리로, 때로는 협박으로 힘없는 고객을 윽박지르며 은행을 보호하려 한다는 느낌을 지울 수 없었습니다. 은행의 잘못은 최대한 숨기고, 고객의 금융 프라이버시까지 침범하며 고객의 약점을 들춰내려 하는 금융감독원의 썩은 관행은 반드시 근절되어야 할 것입니다.
> 부디 이번 건을 철저히 조사하시고 잘못된 점에 대해 엄정한 조치를 취하셔서 은행의 불법행위와 금융감독원의 은행 비호 행태가 다시는 발생하지 않고, 또한 은행과 금융감독원의 횡포로 피해를 보는 시민이 다시는 발생하지 않도록 해주시기를 간곡히 부탁드립니다.

2009년 6월 16일에 진정서를 등기우편으로 보냈다. 그리고 7월 초에 감사원 청구조사총괄과로부터 회신을 받았다.

1. 감사원은 국민이 겪는 어려움과 각종 불편사항을 해결하기 위해 항상 노력하고 있습니다.
2. 귀하께서는 2009.06.18. 감사원에 민원을 제출하셨습니다. 검토결과, 위 민원은 금융감독원에서 조사할 사항으로 판단되어 금융감독원으로 하여금 이를 조사·처리하고 그 결과를 귀하께 회신하도록 하였음을 알려 드립니다.
3. 귀하께 건강과 행복이 함께 하기를 기원합니다. 끝.

회신은 반가웠지만 고개를 갸우뚱하게 만드는 내용이었다. 내가 겪는 어려움이랄까 불편사항은 금융감독원이 제대로 민원을 처리해 주지 않아서 발생한 것이다. 이를 해결하기 위해서는 감사원이 직접 조사에 나서야 한다는 게 내 생각인데 감사원은 금융감독원에서 자체 처리하도록 한 것이다. 금융감독원에 어떤 변화가 있을까 하는 의구심이 들었지만 기다려 보는 수밖에 달리 방법이 없었다.

21

회신을 받고 두 달 가까이 지난 8월 중순, 안용준으로부터 전화가 걸려왔다. 금융감독원, 공공은행, 나, 이렇게 3자 회의를 하고 싶은데 8월 27일 시간이 되느냐는 것이었다. 3자 대면은 내가 줄곧 주장해 오던 바였다. 얼마든지 시간 낼 수 있다고 하였다. 전화를 끊고 나서 약간 찜찜한 기분이 들었다. 안용준의 일처리에 문제가 있다고 감사원에 민원을 냈는데 감사원은 금융감독원으로 이관하였다. 설마 금융감독원에서 피민원인인 안용준에게 그 민원을 처리하라고 넘겨주지는 않았겠지? 만약 그렇다면 민원을 낸 나로서는 난처한 일이고, 또한 이는 상식을 벗어나는 민원 처리 방식이 아닐 수 없다.

2009년 8월 27일 오후, 여의도 금융감독원으로 갔다. 1층 로비 안내데스크에서 주민등록증을 내고 방문자 명찰을 받아 가슴에 달고 금융감독원 9층 회의실로 올라갔다. 회의 참석자는 금융감독원에서 정달호 은행서민금융팀장, 안용준 부국장, 안명우 변호사 이렇게 3명, 공공은행에서 천인기 지점장, 황두현 부지점장, 송은영 과장, 본점 고객만족부 서태용 차장 이렇게 4명, 그리고 나, 총 8명이었다.

정달호 팀장이 "회의 시작합시다."라고 간단히 개회선언을 한 후 공공은행에게 먼저 이야기해 보라고 하였다. 지점장이 주위를 한번 돌아보더니 이렇게 말을 시작하였다.

"먼저 이번 일로 인하여 금융감독원 및 고객에게 폐를 끼치게 되어 매우 죄송스럽게 생각합니다."

그동안 가슴에 맺힌 것을 주체하지 못해서였을까, 이 말을 듣자마자 내가 흥분하여 말을 가로막고 나섰다.

"이런 죄송하다는 이야기, 이제까지 공공은행에서 한 번도 저에게 한 적 없습니다. 제가 클레임을 제기하자 부지점장은 저에게 '의도가 불순하다.'고 했습니다. 이런 말 빨갱이한테나 쓰는 표현입니다. 지점장은 이제까지 '여직원이 업무를 매끈하게 처리하지 못한 것이지 은행 잘못은 없다.'는 말만 반복해 왔습니다. 공공은행이 진작부터 잘못을 인정하고 저에게 죄송하다고 했으면 일이 벌써 수습되었을 것입니다."

금융감독원 직원들이 나의 돌발행동에 놀란 듯 진정하라며 제지를 하고 나섰다. 내가 분을 가라앉히자 회의가 곧 정상을 되찾았다. 회의는 거의 대부분 내가 공공은행 주장을 하나하나 반박해 나가는 형태로 진행되었다.

먼저 나는 대한학원 운영과는 관계가 없고 명의만 빌려준 것이라고 하자 공공은행에서는 그렇지 않다며 그 증거로 학원등록증을 제시하였다. 학원등록증의 명의는 물론 내 이름으로 되어 있었다. 이에 대해 내가 해명하였다.

"대한학원 명의를 제 앞으로 한 것은 5천만 원이 무단 인출된 이후인 2008년 10월 31일 오후입니다. 그날 오후, 이전 원장인 박 원장과 같이 제가 교육청을 방문하여 학원 인수인계서를 작성하고 학원등록 신청을 한 것입니다. 이는 교육청에 가서 확인해 보면 됩니다. 그래서 학원등록증 발급 날짜를 보면 2008년 11월 4일자로 되어 있습니다. 제가 학원 명의를 제 앞으로 한 것은 5천만 원을 회수하는데 조금이라도 유리할 것 같아서 했을 뿐입니다. 대한학원을 김성출과 이승걸이 동업으로 운영하는 것은 공공은행도 잘 알고 있는 것 아닙니까?"

공공은행 측 참석자들이 학원등록증 발급 날짜를 확인해 보더니 곧 잠잠해졌다. 다음으로 김성출에게 책임을 물은 적이 없다는 공공은행 주장이 잘못된 것이라고 지적하였다.

"제가 김성출에게 책임을 추궁하자 김성출은 공공은행이 텔레뱅킹을 그냥 등록해줘서 사용했을 뿐이라고 이야기했습니다. 요전에 황두현 부지점장과 남자 신입사원이 학원에 찾아왔을 때도 제가 김성출에게 어떻게 할 거냐고 묻자 김성출은 '은행이 해 줘서 사용한 것이니 문제가 있으면 은행에다 책임지라고 얘기하라'고 한 적이 있습니다. 아닙니까?"

말을 하면서 황두현을 쳐다보니 황두현이 나의 시선을 피하여 고개를 떨구었다.

다음으로 현금 보상과 관련한 이야기를 하였다.

"저는 처음부터 공공은행에게 원상복구를 요구했습니다. 송은영 과장이 만나자고 해서 만났을 때도 원상복구를 요구했습니다. 송은영 과장이 봐달라고 하도 사정사정하길래 1년간 한시적 원상복구를 해달라고 했고, 또 봐달라고 하여 1년간 아파트 담보대출로 하자고 했고, 다시 송은영 과장이 돈으로 줄 테니 다른 은행에 가서 대출을 받으시면 안 되겠느냐고 하여 그렇게 하자고 해 준 것입니다. 만나자고 한 것도 송은영 과장이고 현금 보상도 송은영 과장이 제안한 겁니다. 저는 하자는 대로 다 양보해주었을 뿐입니다."

송은영이 고개를 숙인 채 아무 말도 못하였다. 다음으로 합의 파기에 대한 이야기를 하였다.

"제가 합의를 취소한 이유는 은행이 합의금으로 450~500만 원의 돈을 주어야 하는데 400만 원밖에 지급하지 않아 결국 은행이 합의

사항을 위반하였고, 또 송은영 과장이 지점장에게 보고도 하지 않고 개인적으로 합의를 한 것이라 하여 합의를 취소한 것입니다. 그리고 송은영 과장은 죄송하다며 돈을 받아 갔고, 황두현 부지점장도 합의 취소는 잘한 것이라고 이야기했습니다. 어째서 이게 일방적인 합의 취소입니까?"

그리고 조기상환 수수료에 대하여 상세히 설명해주었다. 공공은행 측 참석자들이 아무 말도 못하고 있자 답답했는지 금융감독원 정달호 팀장이 나섰다.

"합의금을 적게 주었다면 이는 착오에 의한 합의에 해당해서 취소 가능할 수도 있을 겁니다. 그런데 공공은행은 합의를 취소하지 않으려면 돈을 돌려주지 왜 돈을 돌려주지 않았습니까?"

공공은행 측 참석자들은 서로 얼굴만 쳐다볼 뿐 아무런 대답도 하지 못했다.

회의가 진행되면서 공공은행이 주장한 내용들이 하나하나 사실이 아닌 것으로 밝혀지자 공공은행 측 참석자는 물론 금융감독원 측 참석자들도 적잖이 당황하는 기색을 보이기 시작했다. 아마도 금융감독원에서는 은행 주장이 사실이라 생각하고 나를 돈이나 뜯어내려는 사기꾼으로 생각했던 것 같다. 이런 사기꾼 정도야 회의 한번 열어서 망신을 주면 찍소리 못하고 도망가겠지. 더군다나 나는 혼자고 자기네들은 7명이나 되니 나 하나 제압하는 것은 식은 죽 먹기나 다름없다고 생각했을 것이다.

그러나 막상 회의가 열리자 공공은행이 주장한 내용들이 대부분 사실이 아님이 밝혀지고 있으니 공공은행 주장을 근거로 판단을 내리고 공문을 작성한 금융감독원도 난감하지 않을 수 없었다. 회의가 진행되면 진행될수록 금융감독원이 곤란해질 것이라는 것을 직감하였을까? 정달호 팀장이 갑자기 말을 돌렸다.

"금융감독원은 우리나라의 귀중한 자산입니다. 이러한 귀중한 자산이 이런 일로 낭비되어서야 쓰겠습니까? 공공은행은 빨리 해결책을 찾아 더 이상 국가 자산이 낭비되지 않도록 하십시오."

틀린 말이 아니다. 금융감독원이 귀중한 국가 자산임을 인정한다. 하지만 낭비가 되는 것이 반드시 공공은행 탓이라고 할 수만은 없다. 금융감독원이 제대로 일을 처리하지 못하여 발생한 측면도 있다. 정확히 말하면 제대로 일을 처리하지 못하는 직원을 두고 있어서다. 그것도 아주 많은 연봉을 지급하면서.

정달호 팀장이 말을 마치자 기다렸다는 듯이 안용준이 공공은행에게 다시 합의할 생각이 있는지 물어보았다. 공공은행 본점 서태용 차장이 대답하였다.

"돌아가서 한번 검토해 보겠습니다."

다시 안용준이 나에게 합의할 생각이 있느냐고 물어왔다.

"저는 합의할 생각 전혀 없습니다."

회의에서 어떤 결말을 내기는 틀렸음을 누구나 공감하였을 것이다. 정달호 팀장이 다른 일정이 있다며 서둘러 회의를 마무리하였다.

"어쨌든 서로 잘 상의하여 해결책을 찾아보십시오. 오늘 회의는 이것으로 마치겠습니다."

회의는 그렇게 끝났다. 시간이 짧아 할 말을 다하지 못해서 아쉬움이 많이 남았지만 나름대로 소득이 있었다고 생각되었다. 무엇보다도 공공은행의 주장이 대부분 사실이 아니라는 것을 입증할 수 있어서 속이 다 후련하였다. 금융감독원이 다시 합의를 하도록 유도해 준 것도 하나의 소득이었다. 공공은행의 잘못이 없다면 금융감독원이 왜 합의를 유도하겠는가.

합의를 거절한 것도 잘한 일이라 생각되었다. 아니, 난 합의를 할 수 없었다고 해야 할 것이다. 내가 송은영과 합의를 하며 강조한 것은 공공은행이 5천만 원을 1년간 한시적으로 원상복구 하면 내가 1년 안에 5천만 원을 학원으로부터 회수해 보겠다는 내용이었다. 이는 송은영에게도 충분히 설명하여 송은영이 합의를 하게 된 것이다. 그러나 그때는 학원 임대보증금 6천만 원이 그대로 남아 있을 때였다. 반면 지금은 임대보증금이 모두 없어졌다고 봐야 한다. 임대보증금이 계속 잠식되는 상태에서 명의는 어쩔 수 없이 이승걸에게 넘어갔고, 또 명의가 넘어간 데에는 공공은행이 학원에 찾아가 '5천만 원을 정대진에게 갚을 필요 없으니 은행에 원상복구 하라'는 말을 한 것이 크게 작용하였다. 결국 은행 잘못으로 임대보증금이 모두 날아간 셈이다. 임대보증금 6천만 원이란 담보가 모두 날아간 상태에서 400만 원에 다시 합의를 하란 것은 나에게 4천6백만 원을 손해 보란 이야기와 다름없었다.

내가 합의를 할 수 없었던 것이 꼭 돈 문제만은 아니었다. 나는 지금 공공은행과 금융감독원의 잘못을 바로잡기 위해 이들과 싸우고 있다. 공공은행과 금융감독원이 자기네들의 잘못이라고 공식적으로 인정한 것은 아무것도 없다. 그런 마당에 합의를 한다면 이는 내가 아무 잘못 없는 공공은행에게 돈을 뜯어내는 것과 무엇이 다르랴. 설사 합의를 한다 해도 이런 방식으로는 절대로 할 수 없는 일이다.

다음 주 수요일인 2009년 9월 2일 안용준이 나에게 다음과 같은 이메일을 보내왔다.

> 지난번 면담 이후 공공은행에 우선 합의점을 찾아보라고 하였으나 1차로 은행에서는 우리 원에서 정 선생님께 회의 시 서로 이야기한 금액으로 합의할 의사가 있음을 알려왔습니다. 처음에는 4백만 원으로 알려와 450만 원으로 조정하였습니다. 혹시 은행의 제안을 받아드리실지 또는 다른 의견이 있으신지 조속히 알려주시면 고맙겠습니다.

금융감독원이 자신들의 잘못을 인정하고 분쟁조정업무를 다시 할 생각은 안 하고 그저 손쉽게 사건을 마무리 지으려고 하는 의도가 엿보이는 메일이었다. 메일을 보자마자 나는 합의할 생각이 전혀 없다고 답장을 보냈다.

22

3자 회의를 하며 얻은 또 하나의 소득이 있었다. 공공은행이 금융감독원에 제출한 보고서를 내가 볼 수 있게 되었다는 점이다. 회의 중에 공공은행이 제출한 보고서를 볼 수 없겠느냐고 금융감독원

측 참석자들에게 묻자 정달호 팀장은 정보공개 신청을 하면 보내주겠다고 하였다.

회의를 마치고 돌아와 곧 정보공개 요청을 하였다. 9월 초에 안용준이 전화를 하였다. 공공은행이 제출한 서류를 보내 줄 테니 정보공개 수수료를 내라는 전화였다. 3,380원을 곧 입금하여 주었다. 9월 10일경 금융감독원이 보낸 서류를 받았다. 예상대로 공공은행의 보고서는 많은 허위사실 또는 사실 확인이 어려운 내용으로 도배되다시피 되어 있었다.

먼저 공공은행은 나와 김성출이 학원 동업자라고 하였고, 또 이어서 내가 대한학원을 영위하고 있다고 적고 있었다. 공공은행이 질이 좋지 않은 이유 중 하나는 이러한 내용이 사실이 아님을 알고 있으면서도 사실인 양 주장하는 것이다. 그간 황두현은 수시로 학원을 드나들며 학원이 김성출과 이승걸의 동업으로 운영되는 것을 확인한 바 있다.

공공은행은 텔레뱅킹 가입 신청을 할 때 내가 김성출과 통화하며 텔레뱅킹 비밀번호를 지정해 준 것으로 적고 있었다. 김성출이 체크카드 비밀번호가 틀리다며 비밀번호가 무엇이었느냐고 물어와 대답해준 적은 있다. 하지만 텔레뱅킹 비밀번호를 지정해준 적은 없다. 김성출과 통화하며 텔레뱅킹이란 단어조차 듣거나 말한 적이 없다. 이는 김이슬이나 송은영도 알고 있고 김성출도 알고 있다.

합의와 관련하여 내가 송은영을 만나자고 했고, 현금 보상을 해달라고 요구했고, 일방적으로 합의를 무효화하자고 했다는 내용, 그리고 내가 김성출에게 책임을 물은 적이 없다는 식의 허위사실도 물론 적혀져 있었다. 금융감독원이 제대로 검토도 않고 주장했던 표현대리 및 추인에 대한 주장도 들어 있었다.

그런데 보고서에는 다음과 같은 내용이 들어 있었다.

> 한편, 관련 영업점에 따르면 민원인은 이체된 5천만 원의 원상회복을 요구하며 당행 직원에게 전화협박 및 업무방해를 일삼음은 물론 당행의 원만한 노력에도 불구하고 개별적으로 당행 직원(송은영)과의 외부 만남을 통해 본건에 대해 차후 이의 제기를 하지 않는다는 조건으로 4백만 원을 받았다가 금액이 적다며 반환한 후 합의무효를 주장하는 내용증명 우편을 당행에 발송하는 등 당행 직원의 업무적 흠결을 압박하여 금전보상을 관철하려 하고 있는 것으로 보임.

나는 전화협박을 한 적이 없다. 만약 내가 전화협박을 하였다면 어떤 내용의 협박을 했는지 공공은행은 밝혀야 한다. 나보다 10살 정도 어린 황두현은 나에게 당신이라며 반말을 한 적이 있다. 나더러 의도가 불순하다는 막말을 한 적도 있다. 과연 누가 전화협박을 한 것이라고 보아야 할까?

나는 업무방해를 일삼은 적도 없다. 공공은행에 통화를 대여섯 번 하고 은행을 총 세 번 방문하였던 것으로 기억하는데 이 중 한 번은 은행이 나중에 다시 방문해 달라고 하여 방문한 것이다. 이 정도는 통상적인 클레임 제기에 수반되는 행위에 불과하다. 한편 공공은행이 나에게 전화한 것도 5~6회 되며 대한학원을 방문한 것은 내가 있을 때만 해도 3회 이상이고, 나 없을 때 방문한 것까지 치면 10회가 넘을 것이다. 공공은행의 주장대로라면 은행이 오히려 전화 협박과 업무방해를 일삼은 셈이다.

공공은행이 원만한 해결 노력을 하였다는 구절은 일종의 코미디가 아닌가 한다. 사건 발생 후 황두현과 송은영은 은행 책임임을 인정했다. 책임을 지겠다고도 했다. 다음 날 황두현은 태도를 바꿔 내가 김성출과 동업자 관계이므로 은행은 책임 없다, 원상복구를 요구하는 것은 그 저의가 불순하다고 답변했었다. 지점장은 은행 직원이 일을 매끄럽게 처리하지 못한 것일 뿐 은행은 책임이 없다고 답변했다. 공공은행이 도대체 무슨 해결 노력을 했다는 것인지 알 수가 없다. 은행 책임이 없다며 나를 굴복시키는 것이 은행의 작전이고 원만한 해결 노력이었다면야 할 말 없다.

또한 '외부 만남'이라는 야릇한 표현으로 내가 무슨 도덕적으로 잘못된 행동을 은밀히 행하려 한 것처럼 보이도록 한 것이나, 내가 은행의 업무적 흠결을 이용하여 현금 보상을 관철하고 있는 것으로 보인다는 표현을 쓴 것 등을 보면 공공은행이 나를 매도하기 위해 얼마나 노력했는지 알 수 있다.

이러한 공공은행의 보고서를 보고 금융감독원이 나에 대해 어떤 편견을 가졌을지 상상하는 것은 그리 어렵지 않았다. 금융감독원이 나에게 불리한 판정을 내린 것은 어찌 보면 당연한 결과인지도 모른다. 공공은행과 같은 공신력 있는 금융기관이 이런 엉터리 보고서를 작성하리라고 그 누가 짐작인들 했겠는가? 결과적으로 금융감독원이 공공은행의 농간에 놀아난 셈이다.

23

정보공개 신청을 하여 공공은행이 작성한 서류를 받아 본 것과 거의 동시에 금융감독원으로부터 3차 회신공문을 받아 보았다. 작성자는 안용준으로 되어 있었다.

회신공문을 받아보고 내가 처음 느낀 것은 감사원의 업무 처리 방식을 이해할 수 없다는 것이었다. 예를 들어보자. 갑돌이란 학생이 폭행을 당하고 금품을 빼앗겼다고 선생님에게 일렀다고 치자. 이때 선생님이 가해 학생에게 '갑돌이가 너에게 폭행을 당하고 금품을 빼앗겼다고 하니 네가 잘 해결해 봐라'고 이야기한다면 어떻게 될까? 피해 학생이 온전할 수 있을까? 사태가 바람직하지 않은 방향으로 확대될 가능성이 아주 높다. 이런 이유로 남의 잘못을 신고(또는 고발)하는 경우 피해자 또는 신고자의 보호를 최우선적으로 고려하여 업무 처리가 이루어져야 하는 것이 상식이다.

나는 금융감독원 안용준의 업무 처리가 잘못되었다고 감사원에 민원을 제기하였다. 그러면 감사원에서 사실 확인을 하고 조치를 취하는 것이 일반적인 업무 처리 방식이다. 감사원이 바빠서 업무 처리를 직접 못 할 수도 있다. 그러면 금융감독원 다른 부서에서 사실 확인을 하고 조치를 취하도록 해야 한다. 그런데 감사원은 결과적으로 내가 잘못되었다고 신고한 그 당사자에게 민원을 해결하라고 던져준 것이다. 내 민원이 비밀을 보호받지 못하고 당사자에게 읽히는 것 자체가 문제다. 그 민원이 제대로 해결될 가능성도 거의 없다. 자기가 잘못했다고 고발하는 민원을 객관적으로 처리할 수 있는 공직자가 얼마나 되겠는가. 자기변명을 잔뜩 늘어놓기 십상이다. 감사원의 일처리 방식이 고작 이 정도밖에 안 되는가 하는 의문이 들었다.

안용준이 보낸 회신공문 내용은 크게 여섯 가지였다. 공공은행과 나와의 합의를 추진했으나 잘 안 되었다, 김성출로부터 경위서를 징구하여 받아 보았으며 그 주요 내용이 이러저러하다, 표현대리는 성립하지 않는 것 같다, 추인은 철회되었다고 보기 어렵다, 나에게 손해가 있다고 보기 어렵다, 법률위반에 대해서는 관련부서에 통보했다 등의 내용이었다. 자신의 잘못에 대해 답변하는 공문 내용이 어떻게 전개될지는 읽어보지 않아도 뻔하다. 예상대로 공문 내용은 거의 대부분 안용준이 자신의 잘못을 부인하거나 남 탓을 하는 내용이었다.

먼저 김성출의 경위서 관련 내용을 보니 가관이었다. 우선 김성출이 어떤 내용의 경위서를 썼겠는지 상상해 보자. 공공은행 주장에 의하면 김성출은 신용불량자다. 그리고 동업자인 이승걸 말에 의하면 김성출은 올봄에 인천교도소에 수감되었다가 최근에 출소하였다. 다른 잘못으로 또다시 경찰서에 끌려 들어가기라도 하면 가중처벌을 받을 수도 있는 처지다. 이런 김성출에게 금융감독원이 경위서를 내라고 했다면 김성출이 어떤 경위서를 작성할까? 더욱이 김성출이 국어 강사로 아이들에게 글쓰기 지도도 한 적이 있는 위인임을 감안할 때 이 경위서란 결국 '자신의 잘못을 감추는 글'의 한 전형이 될 것이다.

더욱 어이없는 것은 금융감독원이 이런 신빙성 없는 김성출의 경위서를 그대로 인용하는 것도 모자라 자기들 구미에 맞게 내용을 조작하여 자신들의 잘못을 벗어보려고 했다는 점이었다. 예를 들어 보자. 안용준은 다음과 같이 적고 있다.

> 귀하, 김성출 및 이승걸은 세 사람의 자금으로 학원을 운영하였으며 귀하의 투자금 확보 차원에서 사업자등록증 및 임대차계약서를 귀하 명의로 하였고 임대차계약은 귀하와 김성출이 공동으로 체결함.

이 글을 읽는 사람은 누구나 세 사람이 동업을 한 것이라고 생각할 것이다. 김성출도 이런 뉘앙스를 풍기기 위해 애를 썼을 것이다. 그러나 확실한 거짓말을 기재할 경우 나중에 문제가 될 수 있다고 생각했을까? 김성출의 실제 경위서는 다음과 같이 되어 있다.

> 동탄에서는 정대진 씨의 투자금과 본인(김성출) 및 이승걸 씨 자금으로 어학원을 운영하였습니다. (중략) 정대진 씨와의 채무관계는 일금 5천7백여만 원에 가깝고 이 중 3천만 원은 동탄학원과는 관계없는 자금입니다. 학원에 대한 실제 운영은 경험 많은 제가 하기로 하고 명의만 정대진 씨 앞으로 하였다 할 수 있습니다. 물론 서로의 신뢰관계는 채권채무관계를 바탕으로 일을 진행한 것으로 사료됩니다.

김성출은 자신의 잘못을 감추기 위해 글을 모호하게 썼다. 그래도 이 글을 읽으면 나는 김성출에게 5천7백여만 원의 돈을 꾸어준 채권자로서 명의만 빌려 주었을 뿐 학원 운영과는 관계가 없음을 알 수 있다. 이런 내용은 내가 수차례 안용준에게 이야기했고 공공은행에서도 모두 확인한 내용이다. 그런데 안용준은 이러한 것을 모두 무시하고 김성출의 경위서에서 동업 뉘앙스를 풍기는 몇몇 문장만 슬쩍 인용하여 마치 내가 동업자인 것처럼 보이도록 한 것이다.

이런 술수는 여러 군데에 걸쳐 나타나고 있다. 텔레뱅킹을 가입할 때 내 허락을 받았는지 여부에 관한 내용을 보자. 안용준은 다음과 같이 공문에 적고 있다.

> 본건 텔레뱅킹 가입 경위는, 은행 창구에서 텔레뱅킹 가입 신청을 할 당시 예금주만이 가입 신청을 할 수 있다는 담당 직원의 우려로 해당 직원이 보는 앞에서 김성출이 직접 귀하에게 전화 통화를 하여 허락을 받아 텔레뱅킹 가입을 한 것임.

김성출의 실제 경위서를 보자.

> 그 당시 공공은행 창구에서 여직원이 보는 앞에서 텔레뱅킹 접수를 하였는데 접수원의 우려로 본인(김성출)이 직접 정대진 씨에게 전화 통화를 하여 텔레뱅킹 가입을 하였는바, 후에 안 사실이지만 본인은 텔레뱅킹 거래도 정대진 씨가 인정하여 은행에서 해 준 줄 믿고(알고) 있었는데 정대진 씨는 그러한 말과 승낙을 한 적이 없다고 하였습니다.

안용준은 김성출이 내 승낙을 받은 것이라고 주장하고 있지만 김성출은 경위서에 내 승낙을 받았다고 쓰지 않았다. 비밀번호가 잘못되었다며 김성출이 나에게 전화를 한 적은 있다. 그러나 나는 텔레뱅킹에 대해서는 통화한 적이 전혀 없다. 김성출은 내 승낙을 받지 않았다고 지점장실에서 황두현과 송은영에게 말한 적이 있다. 그래서 공공은행도 김성출에게 원상복구를 요구해온 것이다. 그런데 안용준은 자신의 잘못을 감추기 위해 김성출이 하지도 않은 '허락'이란 말을 만들어내어 공문에 적고 있는 것이다. 그야말로 가소로운 일이다.

금융감독원의 3차 회신공문은 총 5페이지로 적잖은 양이지만 이제껏 해왔던 말과 크게 다르지 않으므로 여기 다 적지는 않고 한 부분만 더 짚고 가겠다. 다음과 같은 내용이 있다.

> 법률자문 결과 본건 예금계좌가 귀하의 명의로 되어 있다 하더라도 그 이유만으로 인출액 자체가 귀하의 손해라고 판단할 수는 없으므로 본건 예금계좌에 입금된 자금의 용도, 자금 흐름, 실제 사용처, 귀하와 김성출 및 학원 사이의 내부관계에 대한 정확한 조사가 필요하고, 만일 학원의 운영자금으로 사용될 금원이 위 계좌에 입금된 것으로서, 인출된 금원이 실제로 학원의 임차보증금으로 처리되었다면 귀하에게 손해가 발생하였다고 보기는 어렵다는 취지로 회신하고 있습니다.

나에게 손해가 없다는, 일견 그럴 듯해 보이는 주장이다. 그러나 이 주장은 잘못된 주장이다. 첫째, 나는 손해배상을 해달라는 것이 아니다. 원상복구를 해달라는 것이다. 원상복구를 해주고 공공은행이 무단 인출된 돈을 회수하라는 주장이다. 내 민원을 해결하기 위해서는 은행이 무단 인출된 돈에 대해 원상복구 책임이 있는지 없는지만 가리면 된다. 그것이 금융감독원의 일이다. 손해배상은 나중에 법원에서 가리면 되는 것이다. 금융감독원이 왜 자꾸 법원 행세를 해가며 딴 이야기를 하는지 정말 모를 일이다.

둘째, 손해가 없다는 주장도 잘못된 주장이다. 단순히 내 통장에 돈이 들어 왔다 나갔다면 손해는 발생하지 않는다. 그러나 나에게는 특수한 상황이 있다. 나는 김성출에게 5천8백여만 원의 채권이 있다. 이 중 3천만 원은 김성출이 3년 전에 떼먹고 간 돈이다. 또 통장을 보자. 이 통장은 동업을 전제로 만든 통장이다. 그런데 김성출이 동업 조건을 일방적으로 변경하여 동업이 깨졌고, 통장 관리를 포함한 모든 관계를 종료하기로 한 상태이다. 또 인출 수단을 보자. 김성출과 공공은행이 불법적으로 텔레뱅킹을 등록하여 예금을 인출한 것이다. 이런 조건을 모두 감안하여 손해 여부를 따졌을 때 과연 나에게 손해가 없다고 할 수 있을까?

나는 3자 회의 이후 약간이나마 기대를 가졌었다. 공공은행이 제출한 서류의 대부분이 허위이고 금융감독원의 논리 자체에도 많은 허점이 있다는 것을 충분히 확인하였으니 뭔가 변화가 있어야 당연하지 않겠는가? 그러나 3차 회신공문은 금융감독원의 기존 입장을 또 다른 잘못된 근거와 논리로 변명하는 것에 불과했다. 웃기는 것은 공문 끝 부분에 기재된 다음과 같은 문구였다.

끝으로, 귀하가 추후 동일 사안에 대하여 다시 분쟁조정을 신청하는 경우, 우리 원은 '분쟁조정처리세칙' 제11조 제5항(동일사안 3회 이상 반복)에 따라 부득이 별도의 회신 없이 종결 처리할 수밖에 없음을 알려드리오니 이 점 널리 양해하여주시기 바랍니다.

금융감독원이 아주 좋은 꼬투리를 잡았구나 생각하였다. 그러나 이런 핑계는 좀 유치하지 않은가? 내가 요구하는 것은 금융감독원의 분쟁조정이 공공은행의 허위사실 보고에 의해 잘못 내려진 판단이므로 허위사실을 밝혀내고 제대로 된 근거와 논리로 다시 판단을 해달라는 것이다. 이미 상당 부분의 허위사실이 밝혀졌고 상당 부분의 논리도 잘못임이 밝혀졌다면 그에 상응하는 조치가 있어야 하는 것 아닌가? 잘못된, 전혀 핀트가 안 맞는 변명만 3회 반복하곤 그것으로 업무종료라는 주장은 민원인을 우롱하는 행위에 지나지 않는다.

24

금융감독원의 회신공문은 결국 스스로를 변명하는 것에 지나지 않았다. 그런데 이런 일이 생기게 된 원인은 결국 감사원이 제대로 일을 처리하지 못한 탓이다. 자기더러 잘못했다는 민원에 대해 이 정도 이상의 답변이 나올 수가 없는 것이다. 감사원이 금융감독원에 민원을 넘길 때 좀 더 주의를 하였다면 고발된 담당자가 변명을 하는 어처구니없는 일이 벌어지지 않았을 것이다. 2009년 10월 8일, 감사원에 이러한 사실에 대해 항의하고 다시 민원처리를 요청하는 공문을 작성하여 발송하였다. 제목은 '진정 내용 조치 촉구'로 하였고 대략 다음과 같은 내용이었다.

> 본인은 금융감독원(담당자 안용준 조사역)의 민원처리에 많은 문제점이 있어 이에 대한 조사 및 조치를 요청하는 진정을 귀원에 제출하였으며, 귀원은 본인의 위 민원을 금융감독원에 이첩한다는 회신을 한 바 있습니다.
>
> 그런데 본인의 진정에 대한 감사는 전혀 이루어지지 않았고 피진정인인 금융감독원 담당자(안광형 조사역)가 본인의 진정을 다시 처리하여 본인에게 회신하였습니다. 진정인이 제기한 진정을 피진정인이 처리하도록 한다는 것은 본인의 상식으로서는 도저히 받아들일 수가 없습니다. 여건상 금융감독원에 이첩이 된다면 금융감독원의 감사부서에서 감사를 해야 하는 것이 상식이라고 본인은 생각합니다.
>
> 이러한 이해할 수 없는 일이 발생한 경위가 무엇인지 알려주시기를 요청합니다.

공문과 함께 별첨자료를 동봉하였다. 그간 3자 회의를 통해 금융감독원의 주장 상당수가 허위사실로 드러난 점, 표현대리 주장도 근거 없는 주장으로 밝혀진 점 등을 지적하는 서류와, 금융감독원의 3차 회신공문이 김성출의 경위서를 왜곡시키거나 유리한 점만 달랑 떼어내어 부각시키고 있는 점, 나에게 손해가 없다는 논리나 추인이 이루어졌다는 논리 역시 근거가 없다는 점 등을 지적하는 내용의 서류 등을 작성하여 첨부하였다.

항의성 공문을 발송한 지 2주쯤 지나서 감사원으로부터 2차 회신 공문이 왔다.

1. 감사원은 국민이 겪는 어려움과 각종 불편사항을 해결하기 위해 항상 노력하고 있습니다.
2. 귀하께서는 2009.10.09. 감사원에 민원을 제출하셨습니다. 검토 결과, 위 민원은 금융감독원에서 조사할 사항으로 판단되어 금융감독원(감찰팀)으로 하여금 이를 조사, 처리하고 그 결과를 귀하께 회신하도록 하였음을 알려 드립니다.
3. 귀하께 건강과 행복이 함께 하기를 기원합니다. 끝.

날짜와 문서번호를 제외하면 요전에 감사원으로부터 받은 1차 회신공문과 똑같은 내용의 공문이었다. 다만 한 가지 다른 점이 있다면 1차 공문은 '금융감독원으로 하여금 이를 조사, 처리하고'라고 되어 있었는데 2차 공문은 '금융감독원(감찰팀)으로 하여금 이를 조사, 처리하고'로 되어 있다는 점이다. '감찰팀'이란 용어를 삽입한 것이다. 결국 감사원이 나의 항의를 받아들였다고 생각하니 일단 마음이 놓였다. 이번에야말로 금융감독원 직원의 잘못이 낱낱이 밝혀지고 상응하는 조치가 취해지겠지.

이로부터 두 달 가까이 지난 2009년 11월 말, 금융감독원으로부터 회신공문이 왔다. 내용은 대략 다음과 같았다.

> 안녕하십니까? 금융감독원 옴부즈만입니다.
>
> 금융감독원은 간혹 민원 처리 과정에서 당사자의 주장이 상이하고 사실관계를 입증할 수 있는 입증자료가 부족한 경우에는 수사기관처럼 강제수사권이 없어 판단을 유보하고 법원에 사법적 판단을 구하도록 권고하고 있는 실정입니다.
>
> 금융감독원의 본건 민원처리 과정을 살펴본 결과, 민원처리를 담당한 부서에서는 민원 접수 후 해당은행으로부터의 자료 징구, 외부 법무법인에 대한 법률자문 등으로 의견을 수렴한 후 내부회의를 거쳐 최종적으로 의견을 정리하고 귀하께 회신을 한 것으로 확인되었습니다. 따라서 이와 같은 금융감독원의 민원처리 절차에 커다란 하자가 있었다고 보기는 어렵다는 점을 알려드립니다.

어디서 많이 듣던 내용이다. 가만 생각해 보니 이제까지 안용준이 줄기차게 내세웠던 핑계다. 똑같은 내용이 이번에는 옴부즈만 이름으로 작성되어 발송된 것이다. 우선 옴부즈만이 어떤 부서인지 알아보아야 했다. 공문에 명기된 담당자에게 전화를 걸었다. 담당자는 이 건에 대해 약간 기분이 상해 있었는지 다소 퉁명스러운 목소리로 전화를 받았다. 먼저 옴부즈만에 대해 물어보았다.

"옴부즈만이라는 부서가 어떤 부서인가요?"

"옴부즈만 제도는 금융감독원 조사를 받는 금융기관의 고충을 해결하기 위해 운영하는 제도입니다. 이를 위해 외부 자문위원들을 운영하고 있는데 저희는 주로 이들 외부 자문위원을 관리하고 있다고 보시면 됩니다."

"옴부즈만 부서에 업무 감찰 기능도 있나요?"

"없습니다. 외부 자문위원들이 어떻게 그런 기능을 할 수 있겠습니까?"

"그렇다면 이번에 제 민원을 처리하신 것은 어떻게 된 일입니까?

"저희가 처리할 수 있는 건이 아닙니다. 감사원에서 직접 처리해야 할 건이죠. 그런데 자기들이 안 하고 왜 이 건을 아무 상관없는 우리 부서에게 넘겼는지 알 수가 없네요."

"이 건 관련하여 조사는 해 보셨습니까?"

"그런 기능이 없는데 무슨 조사를 합니까? 그냥 원론적인 이야기만 했을 뿐이죠."

왜 이 담당자가 화가 나 있는지 알만 하였다.

옴부즈만은 나의 민원을 담당할 만한 부서가 아니었다. 감사원으로부터 반강제적으로 민원을 떠맡게 되자 어쩔 수 없이 원칙적인 이야기를 그럴 듯하게 늘어놓은 것에 불과하였다. 따라서 죄 없는 옴부즈만 담당자에게 더 이상 긴 이야기를 할 필요가 없었다.

그러나 나는 옴부즈만의 회신공문을 보고 금융감독원에 보다 더 큰 근본적인 문제가 있다는 생각이 들었다. 옴부즈만의 주장대로라면 금융감독원은 정해진 민원처리 절차를 거쳐 내 민원을 처리했다는 것이다. 외부법인에 법률 자문을 하고 내부 변호사들과 함께 회의도 거치고 했다는 것인데 여기에 들어가는 비용, 시간, 노력도 만

만치 않았을 것이다. 그러나 그 결과로서 어떤 보고서가 만들어졌는가? 허위사실을 기반으로 한 보고서, 엉터리 논리로 수시로 결론이 바뀌는 보고서가 만들어진 셈이다. 정부기관이, 그것도 감독기관이, 정해진 처리 절차를 제대로 거쳐 만든 보고서가 이런 엉터리라면 이야말로 큰일이 아닐 수 없다. 금융감독원은 업무처리절차 그 자체에 문제가 있는지, 아니면 그 절차를 건성으로 그저 지키는 척하는 담당자가 문제인지 조사하고 재발 방지를 위한 조치를 취해야 할 것이다.

25

금융감독원의 업무 체계에 문제가 있다는 내용을 포함하여 내가 감사원에 세 번째 공문을 작성하여 발송한 것은 2009년 12월 16일이었다. '진정 내용 조치 재삼 촉구'라는 이름의 공문 내용은 대략 다음과 같았다.

> 본인의 2차 공문에 대하여 금융감독원은 이에 대한 조사를 이행하지 않았으며, 옴부즈만 명의로 담당자(안용준)를 옹호하는 내용의 공문을 본인에게 보내 왔습니다.
> 본인은 금융감독원 담당자(안용준)가 허위공문서를 작성하고, 논리에 맞지 않는 주장을 하며, 법률위반을 조장할 수 있는 주장까지 서슴지 않고 하는 등 금융감독원의 직원으로서 도저히 부적합한 인물이라 판

단하여 이를 뒷받침할 수 있는 구체적인 사실들을 귀원에 제보하였으나, 이에 대한 조사는 귀원에서나 금융감독원에서나 거의 아무것도 이루어지지 않았습니다. 이에 본인은 귀원이 금융감독원에 요청한 감찰 업무가 왜 제대로 이루어지지 않았는지에 대해 많은 의구심을 갖고 있음을 알려 드리오며, 금융감독원의 담당자(안용준)에 대한 철저한 조사 및 조치를 재삼 촉구하는 바입니다.

2009년 12월 말, 감사원으로부터 3차 회신공문을 받았다. 아주 눈에 익은 내용이었다. 저번에 받은 2차 회신공문을 찾아 비교해 보니 토씨까지 똑같은데 단지 '회신하도록'이란 표현 대신 '재회신하도록'이란 표현을 쓴 것이 차이점이었다.

1. 감사원은 국민이 겪는 어려움과 각종 불편사항을 해결하기 위해 항상 노력하고 있습니다.
2. 귀하께서는 2009.12.17. 감사원에 민원을 제출하셨습니다. 검토 결과, 위 민원은 금융감독원에서 조사할 사항으로 판단되어 금융감독원(감찰팀)으로 하여금 이를 조사, 처리하고 그 결과를 귀하께 재회신하도록 하였음을 알려 드립니다.
3. 귀하께 건강과 행복이 함께 하기를 기원합니다. 끝.

이해할 수 없는 것은 왜 감사원이 내 민원을 계속 금융감독원에 떠넘기는가 하는 점이었다. 이미 두 번이나 금융감독원이 엉뚱한 핑계를 대며 내 민원을 회피하고 있다는 것을 알려주었는데도 왜 감사원은 똑같은 업무 방식을 고집하는 것일까? 한두 번 실수하는 것은 어쩔 수 없다 하자. 하지만 세 번, 네 번 실수를 반복하는 것은 문제가 있다. 또한 문제가 있다는 지적을 하면 그에 대한 답변을 해주는 것이 기본이다. 감사원은 아무런 해명 없이 그저 같은 패턴을 반복하고 있는 것이다. 감사원은 국민이 겪는 어려움과 각종 불편사항을 해결하기 위해 별로 노력하지 않는 것 같다.

2010년 새해가 되고 열흘쯤 지났을 때 금융감독원으로부터 회신 공문을 받았다. 금융감독원으로부터 벌써 다섯 번째 받는 공문이다. 발신자는 감찰팀이었다. 세 번째 만에 겨우 감찰팀에서 조사를 한 모양이다. 공문내용은 대략 다음과 같았다.

> 금번 귀하의 민원과 관련하여 감사실에서는 귀하가 제기하신 금융분쟁조정신청건의 처리와 관련하여 우리 원 담당 직원이 금융회사와 유착하는 등 비리가 있었는지 여부와 업무처리과정에 있어서 관련 규정 등을 준수하였는지 여부에 대해 조사를 실시하였습니다.
> 조사 결과, 우리 원 직원이 피신청인(공공은행)과 유착하는 등 비리행위는 없었던 것으로 확인되었으며, 아울러 동 금융분쟁조정신청 처리과정에서 피신청인 및 기타 관련자로부터 자료를 징구하였고 관련자와의 면담을 추진하는 등 사실관계 확인에 필요한 절차를 수행하였으며, 외부 전문가의 자문은 물론 회의 및 결재 등 규정 등에 정해진 절차를 거쳐 처리 방향을 결정하였음을 확인하였습니다.
> 이런 제반 사정을 감안해 볼 때 우리 원 담당 직원이 귀하의 분쟁처리

와 관련하여 특별히 부당하게 업무를 처리하였다는 사실을 발견할 수 없었음을 알려드립니다. 끝.

안용준에게 잘못이 없다고 장황하게 주장하고 있지만 내가 제기한 민원과는 전혀 핀트가 안 맞는 내용이다. 첫째, 안용준이 공공은행과 유착하는 비리가 없었다고 주장하는데 이는 내 민원과는 전혀 무관하다. 나는 안용준이 공공은행으로부터 돈을 받았다거나 향응을 받았다고 주장한 적이 없다. 둘째, 안용준이 업무처리절차를 지켰다고 주장하는데 이 역시 내 민원과는 무관하다. 나는 금융감독원의 업무처리절차가 어떤 것인지 전혀 모르고 안용준이 이를 지키지 않았다고 주장한 적도 없다.

내가 주장하는 것은 금융감독원이 허위사실을 근거로 민원을 처리했다는 점이다. 아무리 많은 절차를 거쳐도, 아무리 유능한 변호사를 동원해도 허위사실을 근거로 판단을 하면 올바른 결과가 나올 수 없다. 더 많은 절차를 거칠수록, 더 유능한 변호사를 동원할수록 오히려 더 잘못된 결론이 나오기 십상이다. 내 민원의 요지는 공공은행이 제출한 내용이 허위사실인지 여부를 밝히고 사실을 근거로 제대로 된 판단을 했는지 여부를 밝혀 달라는 것이다. 내 민원이 어떤 내용인지 감사원이나 금융감독원이 제대로 이해하고 있는지조차 의문스러웠다.

또한 금융감독원이 '피신청인 및 기타 관련자로부터 자료를 징구하였고 관련자와의 면담을 추진하는 등 사실관계 확인에 필요한 절차를 수행하였으며, 외부 전문가의 자문은 물론 회의 및 결재 등 규정 등에 정해진 절차를 거쳐 처리 방향을 결정하였다'는 내용은 사실도 아니다. 금융감독원은 피신청인으로부터 자료를 징구하고 내부 회의를 거쳐 결재를 받았을 뿐이다. 관련자로부터 자료를 징구하고, 관련자와의 면담을 추진하고, 외부전문가의 자문을 받은 것은 내가 감사원에 민원을 제기한 이후, 즉 일이 터지고 난 다음의 일이다.

26

2010년 2월 9일, '진정 내용 조치 촉구(4차)'라는 제목으로 감사원에 네 번째 공문을 발송하였다. 중요 부분만 발췌하면 다음과 같은 내용이었다.

> 금융감독원의 담당자(안용준)에 대한 철저한 조사 및 조치를 재삼 촉구하는 본인의 진정에 대해 귀원은 이를 금융감독원에 이첩하였고, 금융감독원 감찰팀은 '담당자(안용준)가 비리행위도 하지 않았으며 정해진 절차를 거쳐 처리 방향을 결정하였다' 는 내용의 공문을 보내왔습니다.
>
> 본인은 금융감독원 담당자(안용준)가 뇌물을 받았는지, 절차를 지켰는지에 대해서는 관심이 없습니다. 담당자(안용준)가 허위사실을 기재했는지, 논리에 맞지 않는 주장을 했는지, 법률위반을 조장할 수 있는 주장을 했는지 여부 등을 밝혀 달라는 것입니다. 금융감독원의 주장처럼 담당자가 소정의 절차를 거쳤는데도 문제투성이의 공문서가 생산되었

다면 이는 금융감독원의 절차 자체에 문제가 있다는 반증인 만큼 더욱 본건에 대한 철저한 조사가 이루어져야 하지 않겠습니까?

본인은 그간 귀원에 세 차례의 진정서를 제출하였으나, 귀원은 이를 모두 금융감독원에 이첩하기만 하였으며, 금융감독원은 진정내용에 대한 답변은 회피한 채 형식적 절차만을 내세우고 있습니다. 본인이 판단하기에 금융감독원은 이에 대한 조사를 할 능력도 없으며 의지도 없습니다. 그간 본인이 제기한 진정에 대해 부디 귀원에서 직접 철저한 조사 및 엄중한 조치를 해주시기를 네 번째로 간청 드리는 바입니다.

공문을 보낸 지 2주쯤 지난 어느 날 감사원으로부터 전화를 받았다. 청구조사총괄과에 근무하는 조사관이라고 하였다. 이제까지 감사원에서 전화를 해준 적이 없던 터라 혹시 감사원이 직접 조사에 나선 것이 아닌지 기대를 했다. 반가움에 내 목소리 톤이 한 옥타브는 올라갔을 것이다. 그러나 이런 나의 기대는 조사관의 다음 한 마디에 와르르 무너졌다.

"정 선생님 민원을 금융감독원에서 벌써 5번, 저희가 3번 처리했습니다. 원래는 금융감독원에서 3번 처리하면 그걸로 끝인데 저희가 잘 이야기해서 5번까지 하게 된 겁니다."

나는 횟수나 양을 내세우는 사람을 싫어한다. 이런 이야기 하는 사람치고 제대로 일을 하는 사람이 드물다. 내가 다년간의 직장생활을 거치면서 체득한 사실이다. "이 제품 납품하려고 그 거래처에 열 번도 더 갔었습니다."라든가 "하루에 12시간씩 영업을 뛰고 있습니다."와 같은 말은 전혀 필요 없다. "그 거래처에 납품하기로 계약하였습니다."와 같은, 어떤 결실을 맺었다는 말이 필요하고 중요한 것이다. 조사관이 횟수를 들고 나온 것은 알맹이 없는 껍데기만 강조하는 것이다. 형식만 내세우고 있는 것이다. 내세울 결실이 없다는 말이다. 먼저 궁금한 것부터 물어 보았다.

"제 민원을 직접 처리하지 않고 금융감독원에 넘겨주는 이유는 무엇입니까?

"감독기관이 있는 경우 감독기관에 민원을 이첩하여 처리토록 하고 있습니다."

알 수 없는 이야기다. 내가 공공은행을 고발하였다면 당연히 금융감독원에 이첩하여 처리하는 것이 맞다. 그러나 금융감독원을 고발했는데 이를 금융감독원에 이첩한다는 것은 금융감독원의 감독기관이 금융감독원이란 말인가? 감사원은 금융감독원의 감독기관도 아니란 말인가? 이상한 논리다. 이 조사관이 내 민원 내용이 무엇인지 제대로 알고나 있는지 모르겠다. 더 따져보고 싶었지만 다른 급한 이야기가 많아 그만 두었다.

"제 민원은 아무것도 해결된 게 없는데 횟수만 채웠다고 종결해도 되나요?"

내가 시큰둥하게 물어보았다.

"그동안 금융감독원에서 서면조사도 하고, 대면조사도 하고, 전문가 자문도 받고 하면서 많은 노력을 했으나 정 선생님과 공공은행과의 입장 차가 커서 조정이 이루어지지 않은 것으로 더 이상 어떻게 해보기가 힘듭니다."

역시 노력한 양만 내세우지 결과에 대해서는 이야기가 없다. 우선 내 민원에 대해 설명해줄 필요가 있겠다는 생각이 들었다.

"제가 감사원에 낸 민원 내용 중 하나는 금융감독원 직원이 사실관계 조사 결과라고 하면서 허위사실을 잔뜩 나열하고 그것을 근거로 판단을 하였으니 이를 조사하여 바로잡아 달라는 겁니다. 제가 지적한 허위사실이 여섯 가지인데 그중 두 가지는 회의를 통해 이미 밝혀진 것이고요. 이러한 사항을 금융감독원에 계속 이야기했는데도 금융감독원은 아무런 조치도 취하지 않았습니다. 그래서 저는 금융감독원이 자체 정화능력이 없다고 보는 것이고 감사원에서 바로잡아 달라는 민원을 낸 겁니다."

"하지만 금융감독원은 담당자도 불러 조사했고, 외부자문도 받고 나름대로 노력했습니다."

"노력을 했다 안 했다가 중요한 것이 아니라 제가 지적한 사항에 대한 답변이 이루어졌느냐가 중요한데 저는 아직 아무런 답변도 받지 못했습니다."

조사관이 이야기를 살짝 피해 간다.

"금융감독원에서 정 선생님, 공공은행, 변호사 의견까지 모두 듣고 내린 결론인데 정 선생님이 수용하지 않는 것 아닙니까?"

"그 금융감독원 의견이라는 게 공공은행 의견 대필 수준에 불과한 것이고, 금융감독원 공문에 기재된 내용 중 이미 두 가지가 허위사실로 밝혀졌습니다. 표현대리 문제도 금융감독원에서 처음에는 맞는다고 하다가 나중에 아니라고 번복하였습니다. 이 정도 되었으면 잘못을 바로잡고 제대로 된 사실을 근거로 다시 판단을 내려야 하는 것 아닙니까? 그런데 금융감독원에서는 이런 잘못에 대해 전혀 조사하려 하지 않고 있습니다."

"그런 것은 금융감독원에서 조사했을 겁니다."

조사관의 이 말을 듣고 나서 나는 이 조사관이 내 민원의 진행 내역에 대해 거의 알지 못하고 있음을 깨달았다. 그래서 이 조사관은 자기의 상상을, 가정을 이야기하고 있는 것이다.

"조사했다면 허위사실이 벌써 다 드러났을 겁니다. 금융감독원이 조금이라도 양심이 있었으면 제가 지적한 사항에 대해 공공은행에 확인이라도 해봤을 것입니다."

"은행에 확인해 보고 정리하였을 겁니다."

"확인해 보고 정리했다면 그런 공문이 나올 리 없습니다."

"은행에 확인을 해보아도 은행은 정 선생님과 다른 주장을 했을 겁니다."

"만나서 이야기하면 사실이 가려집니다. 일부는 벌써 가려졌고요. 그때 금융감독원에서 서둘러 회의를 마쳐서 그렇지, 계속 진행했으면 다 밝혀졌을 겁니다."

"금융감독원은 수사기관이 아니라 조사하기도 힘듭니다."

"그때도 금융감독원이 불러서 저도 갔고 공공은행에서도 갔습니다. 금융감독원이 부르는데 누가 안 가겠습니까? 그리고 이 정도는 강압수사 없이도 다 밝혀집니다."

내용을 모르고 원론적인 이야기만 하는 사람은 남을 피곤하게 만든다. 결론이나 해결책은 나오지 않고 같은 이야기가 반복될 뿐이다. 이 조사관은 내 민원의 처리 내용을 잘 모른다. 내용을 잘 모르지만 나에게 밀리지 말아야 하겠다는 생각에 자기의 상상과 희망사항을 내게 들이밀며 우기고 있는 것이다. 나는 사실을 이야기하자는데 조사관은 얕은 이론으로 내 입을 막으려 드는 것이다.

"금융감독원과 정 선생님이 서로 평행선을 달리는 만큼 이 건은 소송으로 가야 할 것 같습니다. 또 그간 금융감독원이 정 선생님을 위해 어려운 부분도 찾아주고 문제제기도 해주지 않았습니까?"

"동의할 수 없군요. 금융감독원은 이제까지 은행을 대리해서 저와 싸운 겁니다. 금융감독원은 제가 허위사실이라고 지적을 해 줘도 은행에 물어보지도 않았습니다."

"물어봤을 겁니다."

"제가 허위라고 주장한 여섯 가지 사항에 대해 금융감독원이 과연 조사했을까요?"

"조사했을 겁니다."

"안 했습니다."

"금융감독원에서 관련자 서류도 받고, 대면조사도 하고, 전문가 자문도 받아 의견을 낸 겁니다."

"관련자 서류 받고, 대면조사하고, 전문가 자문 받은 것은 제가 감사원에 민원을 내니까 사후에 마지못해 한 겁니다."

슬슬 화가 나기 시작했다.

"감사원에서 금융감독원으로부터 자료를 받았는데 그중 상당 부분이 허위라고 누가 제보하였다면 허위 여부를 확인하고 다시 자료를 작성하도록 하지 않겠습니까?"

"금융감독원에서 조사했을 겁니다."

"조사를 하였다면 제가 지적한 여섯 가지 내용 중 어떤 것이 허위이고, 어떤 것이 허위가 아니고, 확인할 수 없는 것은 어떤 것인지 밝혀야 할 것 아닙니까? 이렇게 밝히지도 않으면서 자꾸 딴 이야기를 하니 내가 흥분하게 되네요."

나의 목소리가 점점 커지고 있었다.

"사실 여부에 대해 양 당사자 간 의견이 다르다고 하는 것 아닙니까?"

"어떤 부분에 대해 양 당사자 간 의견이 다르다는 것입니까? 이미 몇 가지는 공공은행에서도 허위라고 인정했다니까요. 제 말이 정 믿기지 않으면 금융감독원에 이 여섯 가지 사항에 대해 어떻게 조사가 됐는지 좀 물어보세요. 그런 자료도 없이 막연히 감으로 '그랬을 것이다'라는 식으로 주장하시면 안 됩니다."

이쯤 되면 양심에 찔려서라도 '아, 제가 좀 더 알아보고 다시 통화할게요.'라고 물러서야 할 텐데 조사관은 밀리면 안된다는 생각을 했는지 물러서려 하지 않는다.

"당연히 조사했습니다."

"그렇다면 금융감독원이 무엇을 어떻게 조사하고 그 결과가 무엇인지 회신해 주어야 하는데 저는 아무것도 받은 게 없습니다."

"금융감독원에 이러저러한 것을 알고 싶다고 요청을 하셨어야죠."

이런 말을 들으니 어이가 없다. 이 조사관은 내가 감사원에 낸 진정 내용이 뭔지도 모르는 것 같다.

"처음부터 금융감독원과 감사원에 요청한 게 그런 내용입니다. 그런데 아직까지 안 해주고 있는 것 아닙니까? 절차상에 하자가 없느니 어쩌니 하면서요."

"글쎄 그 부분에 대해 양 당사자 간 의견이 달라서…."

"어떤 사실에 대해 어떻게 다르다는 겁니까?"

"금융감독원 이야기는 양 당사자 간 의견이 달라 확정할 수가 없다고 하던데요."

"그렇게 두루뭉술하게 이야기하면 같은 이야기가 끝이 없이 반복되잖아요."

통화가 30분 넘게 지속되니 입안에 침이 마른다. 진척은 없고 어떻게든 나를 설득해 보려는 조사관은 의미 없는, 사실과 무관한 이야기를 되풀이한다. 더 이상 이야기해 봐야 쇠귀에 경 읽기다.

"제 말씀은 금융감독원 공문에 나오는 허위사실, 불확실한 사실은 모두 빼고 사실을 근거로 다시 판단을 해야 한다는 겁니다. 제가 금융감독원에 잘못이 있다고 말하면 금융감독원은 정말 그런지 아닌지 알아보고 제 말이 틀리다면 어디가 틀리다고 이야기를 해야 하는데 왜 금융감독원은 아무 말도 안 하고 있는지 모르겠습니다. 금융감독원은 자존심도 없습니까?"

"정 선생님은 대부분 허위사실이라고 하지만 은행은 사실이라고 합니다."

전화 빨리 끊어야 하는데 내가 무슨 미련을 가지고 이러고 있나 싶었다. 조사관도 이런 기분이겠지. 그가 결론을 내려 든다.

"이 건은 조사에도 한계가 있고, 고도의 판단을 요하는 건이므로 소송을 하시는 게 좋을 것 같습니다."

나도 이제 결론을 이야기해야 할 것 같았다.

"금융감독원 안용준 조사역은 공무원은 아니지만 공무원의제로서 감사원 감사 대상이죠?"

"그렇습니다."

"이 사람은 사실관계 조사를 안 했는데도 사실관계 조사 결과라고 공문서에 적었습니다. 저에게도 그렇게 말한 적이 있고요. 그 공문서에는 여섯 가지 허위사실이 기재되어 있습니다. 감사원에서는 이를 조사할 의무가 있다고 봅니다. 감사원에서 직접 조사해 주셨으면 합니다."

"금융감독원 옴부즈만과 감찰실에서 조사를 하지 않았습니까?"

"안 했습니다. 만약 했다면 그 결과를 알려 주십시오. 예를 들어 내가 먼저 돈을 요구했는지 밝혀 주십시오."

"그런 부분이 은행과 일치가 안 되는 부분 아닙니까?"

조사관의 계속된 억지에 더 이상 참기가 힘들었다. 목소리를 높였다.

"제 말 제대로 좀 들으세요! 두 가지는 공공은행도 이미 인정했다고 내가 벌써 여러 번 이야기하지 않았습니까? 제가 지적한 여섯 가지에 대해 허위 여부를 밝혀 달라는 겁니다!"

"금융감독원 감사부서에서 이미 조사하지 않았습니까?"

"안 했습니다. 했다면 결과를 달라니까요."

"그 결과에 근거하여 회신 나간 것 아닙니까?"

어떻게 이야기를 해야 조사관이 알아들을까? 이렇게 말귀를 못 알아듣는 인물이 감사원에 있다는 것이 신기할 따름이다.

"감사원에서 금융감독원에 민원을 이관할 때 이러저러한 것 조사해 보라고 구체적으로 지시를 하나요, 아니면 이런 민원 왔으니 알아서 처리하라고 그냥 보내나요?"

"전체적으로 다 보냅니다. 민원서류 다 보내서 거기에 맞게 금융감독원이 회신을 하는 겁니다."

결과적으로 감사원은 민원서류 배달 역할만을 하였고 금융감독원은 자기네들 책임을 면하기 위한 기회로 이를 활용했을 따름이라는 생각이 들었다.

"저는 제 민원에 대해 아무런 답변도 받은 것이 없습니다. 감사원에서 허위사실 여부를 조사하여 알려 주십시오. 우선 금융감독원 담당자가 사실 확인 조사를 했는지 안 했는지 그것만이라도 알아봐 주십시오."

감사원 조사관이 내 민원과 관련하여 아무런 일도 하지 않은 것에 대해 양심의 가책이라도 느꼈던 것일까, 결국 확인해 보고 다시 전화를 하겠다며 전화를 끊었다. 통화시간이 한 시간 가까이 되었다. 태어나서 이렇게 긴 통화는 처음이었다.

잠시 후 조사관이 다시 전화를 하였다.

"금융감독원 조사역은 서면으로 조사를 하였다고 합니다."

"그것은 처음에 은행으로부터 경위서를 받았다는 뜻입니다. 경위서에 나오는 내용들에 대해 사실 확인을 하였다고 하던가요?"

"담당자를 불러서 조사도 하고 관련자에 대한 서면조사도 했다고 합니다."

"그렇다면 그 결과가 어떻게 나왔다고 하던가요?"

"이제까지 정 선생님께 보내드린 게 다 그 결과죠."

"…."

다시 그 자리다. 나는 이제까지의 자료에 사실조사 결과가 없었다고 주장하는데 조사관은 사실조사 결과가 이제까지의 자료라고 하니 무슨 말을 더 해야 하나? 결국 닭이 먼저냐 달걀이 먼저냐 싸우는 것과 같은 꼴이다. 말장난을 하고 있는 셈이다. 더 이상 이야기는 정말 무의미하다.

"조사를 했다면 여섯 가지 중 어떤 것이 허위인지 그 결과가 왔어야 하는데 저는 못 받았습니다."

"저기, 우리가 한 시간 넘게 통화했지만 답이 안 나오네요."

"왜 답이 안 나오는지 아십니까? 감사원이 조사를 안 해서 그런 겁니다."

"금융감독원에서는 위법, 부당하게 일을 처리한 것은 없습니다."

"무슨 말씀입니까? 허위사실을 기반으로 허위공문서를 만들고 잘못된 판단을 유도하고 민원인 명예를 실추시켰는데…."

감사원 조사관은 이제 결론만 이야기하고 전화를 끊을 작정인지 아무런 거리낌 없이 자기 말을 이어 나갔다.

"답이 불만족스러우시겠지만 금융감독원 답이 법률적으로 확정된 것은 아니니까 금융감독원 의견이 이렇다는 것을 참고로 하시고, 금융감독원은 자기네 의견이 수용이 안 되면 소송으로 가는 수밖에 없다는 것인데 그게 답인 것 같습니다. 또 금융감독원에 어떤 위법, 부당한 사실이 없었고, 민원도 이미 3회 이상 내셨으므로 정 선생님 민원은 이것으로 종결하겠습니다."

나도 거리낌 없이 말하였다.

"저는 감사원에 허위사실을 조사해 달라고 민원을 냈습니다. 그리고 오늘 전화상으로 민원 내용을 충분히 설명해 드렸습니다. 다시 한 번 요청합니다. 금융감독원의 허위사실에 대해 조사해 주십시오."

"민원은 종결하겠습니다."

"그렇다면 좋습니다. 저는 제 민원에 대해 감사원이 한 거라고는 오늘 금융감독원에 전화하여 한마디 물어본 것 이외에는 아무 것도 없다는 것을 조사관님이 인정하신 것으로 알고 필요한 조치를 취하겠습니다."

감사원과의 긴 통화는 결국 서로 하고 싶은 이야기, 그러나 상대방이 듣고 싶지 않은 이야기를 각각 선언하는 것으로 끝났다.

27

그로부터 며칠 후 감사원 청구조사총괄과로부터 4차 회신공문을 받아 보았다. 내용은 대략 다음과 같았다.

> 귀하께서 감사원에 제출하신 민원은 그간 제출한 민원과 동일·유사한 민원으로, 금융감독원의 업무 처리에 위법·부당한 사항은 발견할 수 없으며, 직접적인 원인행위인 은행의 업무 처리 부분에 대하여는 해당 기관인 공공은행으로 하여금 조사·처리하고 그 결과를 귀하께 회신하도록 하였음을 알려드립니다.
>
> 아울러 앞으로 접수되는 동일·유사한 민원에 대하여는 회신 없이 종결함을 알려 드립니다.

왜 감사원은 금융감독원은 놔두고 엉뚱한 공공은행을 들먹이는지 참 알 수 없는 일이었다. 나는 은행을 감사원에 고발한 것이 아니다. 공공은행이 원인제공을 하였지만 은행 직원은 감사원 감사 대상이 아니다. 또한 감사원 조사관은 나와 통화하며 '별도의 감독기관이 있는 경우 감독기관에 민원을 이첩하여 처리토록 하고 있다.'고 말한 바 있다. 그렇다면 공공은행에 대해 감사원이 직접 나서는 것 자체도 스스로의 논리를 뒤집는 행위다. 결국 감사원은 내 민원 처리에 문제가 있었다는 것을 알지만 그렇다고 다시 조사하겠다고 하기엔 체면이 서지 않는 일이고, 그냥 넘어가자니 나에게 미안한 마음이 들고 하여 슬쩍 공공은행을 걸고 넘어가는 게 아닐까 하는 생각이 들었다.

위법·부당의 기준도 알 수 없었다. 예를 들어보자. 산동네 안전을 관리하는 공무원이 있다고 치자. 그 공무원이 장마 대비 안전점검을 하는데 그 동네에 가보지도 않고 동네 반장의 이야기만 듣고서 '사실관계 조사 결과 산동네 반장은 축대가 아직 튼튼하고 물고랑도 다 정비하여 이번 장마에 아무런 피해도 없을 것이라는 의견입니다.' 라고 보고를 했다고 치자. 그런데 사실은 축대도 많이 파손된 상태였고 물고랑도 부실했던 터라, 결국 장마 때 이 축대가 무너졌다면 이 공무원이 위법·부당한 일처리를 한 것일까 아닐까? 감사원의 위법·부당 기준이 궁금하다.

금융감독원은 공공은행 서면조사, 관계자(김성출) 서면조사, 관련자 대면조사(3자 회의), 전문가 자문 등을 거쳐 금융감독원 의견을 냈으므로 절차상 문제가 없다고 주장하였고 감사원도 이를 내세웠다. 그러나 금융감독원은 분쟁조정 공문을 작성하기 전에 공공은행 서면조사만 했을 뿐, 나머지 김성출 서면조사, 3자 대면 회의, 전문가 자문 등은 나중에 문제가 불거지자 취한 행동이다. 거꾸로 말하면 금융감독원은 진실 규명을 위해 이런 여러 절차들을 모두 거쳤어야 하는데 생략했던 것이다. 만약 분쟁조정 공문을 작성하기 전에 이런 절차들을 모두 거쳤다면 허위사실로 도배된 엉터리 공문은 나오지 않았을 것이다. 더군다나 공공은행이 허위사실을 주장할 가능성이 크다는 것을 나는 금융감독원 담당자에게 미리 전화로 알려준 바가 있다. 따라서 금융감독원이 절차를 지켰으며 또한 여러 가지 노력을 하였으므로 위법·부당한 것이 아니라는 감사원 주장도 옳지 않다고 본다.

어쨌든 중요한 것은 감사원이 더 이상 내 민원을 받아주지 않겠다고 했다는 것이다. 하지만 이대로 그냥 물러서기는 뭔가 분했다. 받아들여지건 안 받아들여지건 궁금한 것은 공식적으로 물어봐야겠다는 생각이 들었다. 그래서 감사원에 보내는 질의서를 작성하였다. 질의 내용은 총 세 가지로 2010년 3월 24일 감사원장 앞으로 내용증명으로 발송하였다.

> 귀원의 회신공문은 도저히 받아들일 수 없는 내용인바, 귀원의 주장에 대해 다음과 같이 질의하오니 회신바랍니다. 회신이 없는 경우 귀원의 회신공문 상의 주장은 이유 없는 것으로 간주하고 그에 상응하는 조치를 취하겠습니다.

(질의1) 귀원은 본인이 허위사실이라고 제보한 내용들에 대해 허위사실 여부를 확인해 보았습니까? 확인해 보았다면 그 결과는 무엇이었습니까?

(질의2) 금융감독원 안용준 부국장은 사실관계 조사는 하지도 않고 마치 사실관계 조사를 한 것처럼 '사실관계 조사 결과' 라고 기재하고 여러 허위사실을 공문에 기재하였습니다. 귀원은 이러한 행위가 위법·부당하지 않다고 주장하는 것입니까?

(질의3) 공공은행의 위법사실에 대해 제보를 하였는데도 금융감독원 안용준 부국장은 아무런 조치도 취하지 않았고, 이에 대해 항의를 해도 역시 아무런 조치도 취하지 않다가, 감사원에 진정을 하자 그때서야 마지못해 해당 부서에 그 사실을 통보하였습니다. 귀원은 이러한 행위가 부당하지 않다고 주장하는 것입니까?

감사원으로부터 회신은 없었다.

감사원을 퇴직한 고위급 공무원들이 2010년부터 금융기관에 취업하는 일이 많아졌다는 기사를 읽은 적이 있다. 과거에는 금융감독원 출신들이 금융기관으로 많이 갔는데 이게 사회적으로 문제가 되어 금융감독원 출신의 낙하산 관행을 자제하자 그 자리를 감사원 출신 인사들이 채우고 있다는 내용이었다. 감사원은 이들 금융기관에 대한 감독권을 쥐고 있는 기획재정부나 금융감독원을 감사하는 형태로 민간 금융기관들에 대한 영향력을 행사하고 있다고 한다. 감사원 출신 간부들을 매개로 금융기관과 감사원간 유착 관계가 생길 가능성도 배제할 수 없다고 한다.

감사원이 금융감독원이나 공공은행에 관대한 이유를 알만 하였다.

28

행정기관의 업무에 대해 문제가 있다고 판단될 경우 행정심판이나 행정소송을 할 수가 있다. 행정소송은 정확한 판단을 기대할 수는 있겠지만 시간도 많이 걸리고 절차도 복잡하고 돈도 어느 정도 든다. 일단 행정심판을 청구하기로 했다. 중앙행정심판위원회에 행정심판청구서를 제출하였다. 2010년 6월 2일이었다.

청구취지는 '감사원은 청구인이 요청한 감사요청(2010. 2. 9.자)에 대하여 감사에 착수하고, 청구인의 질의서(2010. 3. 24.자)에 즉각 답변하라'는 재결을 구한다고 적었고 감사원의 부당성에 대해 다음과 같이 적었다.

> 청구인의 민원에 대하여 감사원은 이를 조사하고 조치할 의무가 있습니다. 여건상 민원대상기관(금융감독원)에서 자체 처리하도록 할 수도 있으나 이 경우에도 민원인이 제기한 내용에 대해서는 확실한 조사가 이루어지도록 하고 그 결과를 통보해 주어야 합니다.
>
> 본건의 핵심은 금융감독원의 안용준 부국장이 허위사실을 공문서에 기

재하였으며 이를 '사실관계 조사 결과' 라고 허위로 기재하였다는 것입니다.(이러한 허위사실을 근거로 금융감독원은 청구인의 민원을 처리하였으며, 이로 인해 민원인은 유·무형으로 많은 피해를 보았습니다.)
따라서 감사원은 허위사실 기재 여부를 명백히 밝혀야할 것이나 감사원은 이에 대해 아무런 조사도 하지 않았으며, 감사원이 조사를 의뢰한 금융감독원 역시 아무런 조사도 하지 않았습니다.
이에 따라 청구인이 감사원에 재차 민원을 제기한 것은 당연하며 감사원이 이에 대한 조사를 거부하고, 청구인의 질의서에 답변하지 않은 것은 부당하다고 할 것입니다.
따라서 감사원은 청구인의 민원을 조사하고 청구인의 질의에 회신하도록 해야 합니다.

행정심판청구서를 보낸 지 이삼 일 지나서 중앙행정심판위원회로부터 전화가 걸려 왔다. 내용인즉슨 감사원은 자체적으로 행정심판위원회가 구성되어 있어 이 심판은 중앙행정심판위원회가 처리할 수 없다는 것이었다. 그럼 어떡하면 되느냐고 물으니 자기네들이 감사원으로 다시 보내주겠다고 하였다. 고맙다고 말하고 전화를 끊었다. 감사원은 자체적으로 행정심판을 한다는 사실은 전혀 몰랐다. 우리나라와 같이 끼리끼리 의식이 강한 나라에서 자체적으로 심판을 한다면 제대로 심판이 이루어질 수 있을까 걱정이 되었다.

2010년 7월 초, 감사원 행정심판위원회로부터 우편물이 왔다. 내가 제기한 행정심판에 대하여 감사원 감사청구조사국에서 제출한 답변서가 들어 있었고, 행정심판은 7월 16일 오후 3시에 열린다는 안내가 있었다. 행정심판위원회 담당자에게 전화를 걸어 혹시 내가 참석할 수 있느냐고 물어 보았다.

"참석하실 필요 없습니다."

"참석해도 되지만 참석할 필요가 없다는 말인가요?"

"참석하실 수 없다는 말입니다."

"왜 참석할 수 없나요?"

"참석하실 필요가 있다고 판단될 때만 청구인을 참석시키고 있고 나머지 경우에는 모두 비공개로 진행하고 있습니다."

기회가 되면 한번 참석해 보려 하였으나 안 된다는 것을 굳이 부탁하고 싶지는 않았다.

감사원에서 작성했다는 답변서를 보았다. 청구취지에 대해 다음과 같이 답변하고 있었다.

1. "우선적으로 이 사건 청구를 각하한다" 라는 심판을 구합니다.
2. "예비적으로 이 사건 청구를 기각한다" 라는 심판을 구합니다.

우선 '각하'와 '기각'이 어떻게 다른지 알아봐야 했다. '각하'란 형식적인 면에 문제가 있어서 퇴짜를 놓는 것이고, '기각'이란 청구인이 주장하는 내용에 문제가 있어 퇴짜를 놓는 것이다. 내가 청구한 심판이 형식적으로 어떤 문제점이 있다는 것인지 그 이유를 보니 다음과 같이 되어 있었다.

청구인이 감사원에게 감사에 착수하라는 것, 그리고 그 결과를 회신해 달라고 하는 것 등은 행정심판 대상으로서의 처분, 그리고 부작위에 해당하지 않으므로 위 청구에 대하여 각하하는 심판을 구합니다.

그리고 이에 대한 세부 설명이 기재되어 있었다. 내가 감사원에 요청한 감사는 '국민의 불편과 부담을 줄이고 행정운영의 개선을 도모하기 위해 운영하는 민원사무'에 해당하며, '민원사무는 상당한 기간 내에 일정한 처분을 하여야 할 법률상 의무가 존재하는 것이 아니어서 민원을 받아들여 어떠한 조치를 취할 것인가 여부는 감사원의 자유재량에 속한다'는 주장이었다. 내가 감사를 요청한 내용은 금융감독원 직원이 사실관계 조사도 하지 않고 사실관계 조사를 하였다고 했으며 허위사실을 마치 사실인 양 하여 업무를 진행하였다는 것이다. 이러한 내용이 '국민의 불편과 부담을 줄이고 행정운영의 개선을 도모'하기 위한 것일까? 나는 불편이나 부담을 겪고 있어서 이러는 것이 아니다. 행정운영 개선을 위해 이러는 것도 아니다. 일종의 사회악을 없애려고 이러는 것이다.

감독기관이 허위사실을 '사실관계 조사를 마친 사실'이라 하고 이를 근거로 업무를 처리하는 것보다 더 나쁜 행위가 있을까? 감사원이 감사할 대상 중에 이보다 더 중요한 사항이 또 무엇이 있을까? 국가기관, 특히 감독기관의 허위를 없애는 일이야말로 감사원의 기본 목표이자 최우선의 의무 아닐까? 허위를 조사하고 바로잡아 달라는 감사 요청이 '감사원의 자유재량'에 해당되므로 해도 되고 안 해도 그만이라는 감사원의 인식이 그저 놀라울 따름이었다.

내가 청구한 행정심판이 내용에 문제가 있으니 기각해 달라는 이유는 다음과 같은 것이었다.

> 감사원이 직접 조사하라는 민원에 대해 직접 조사하지 않은 것이나 질의서에 대해 회신하지 않은 것은 정당한 업무 처리이므로 위 청구에 대하여 기각하는 심판을 구합니다.

그리고 '금융감독원의 업무 처리에 위법·부당한 점은 없었다, 충분한 설명이 있었다, 동일한 내용의 민원이 정당한 사유 없이 3회 이상 반복되어 제출되었다' 등의 이유를 달고 있었다. 내가 보기에는 위법·부당한 점이 많았고, 충분한 설명이 아닌 어거지 주장만 반복되었는데 감사원은 그런 것이 보이지 않았나 보다.

동일한 민원이 정당한 사유 없이 3회 이상 반복되었다는 주장도 전혀 받아들일 수 없는 주장이었다. 내가 줄기차게 요청했던 것은 안용준의 공문에 기재된 내용들에 대해 허위 여부를 밝혀 달라는 것이었다. 그런데 밝혀진 것은 아무것도 없다. 그러면 내가 어떻게 해야 하는가? 감사원은 '그냥 그러려니 하고 넘어가라'는 말인가 본데 난 그러고 싶은 생각이 전혀 없다. 더군다나 그 내용 중에는 나의 명예를 더럽히는 내용도 들어 있어 절대로 그냥 놔둘 수가 없는 것이다. 이렇듯 내가 요청한 사항들에 대해서는 아무런 답이 없고 엉뚱한 핑계만 잔뜩 보내왔는데 이러고도 '정당한 사유가 없다'고 하는가?

감사원 행정심판위원회의 심판 결과는 2010년 7월 중순에 그 결과가 발송되어 왔다. 심판은 나 없이도 잘 진행되었나 보다. 큰 기대 없이, 그렇지만 혹시 하는 미련도 버리지 않은 채 재결서를 읽었다. '이 사건 심판청구를 각하한다.'고 첫 페이지 중앙에 기재되어 있었다. '지들끼리 노는 건데 어련하겠어?' 하는 생각이 들었다. 각하 이유는 다음과 같이 되어 있었다.

> 살피건대, 우선 청구인의 1차 주장(직접 감사하라는 주장)과 관련하여 감사실시 여부 및 그 대상, 방법 등은 피청구인(감사원)의 재량에 따라 결정하는 것으로 금융감독원 담당자의 위법행위에 대한 감사 실시를 요구할 신청권이 청구인에게 있다고 보기 어렵고, 피청구인에게 청구인의 요청에 따라 감사를 실시하여야 할 법률상 의무가 존재한다고 볼 수도 없으므로 피청구인이 금융감독원의 업무 처리에 위법·부당사항이 없다고 회신한 행위를 가리켜 '거부 처분' 이 있다고 볼 수 없다.
>
> 다음으로 청구인의 2차 주장(질의서에 답하라는 주장)과 관련하여서는 '민원사무처리에 관한 법률' 및 시행령에 따르면 민원실 등의 장은 민원인이 동일한 내용의 민원에 관한 서류를 정당한 사유 없이 3회 이상 반복하여 제출한 경우에는 (중략) 종결처리할 수 있도록 되어 있는바, (중략) 회신을 할 법률상의 의무가 존재한다고 볼 수 없다.
>
> 따라서 이 사건 행정심판청구는 의무이행심판으로서의 대상적격을 갖추었다고 볼 수 없다.

이런 내용을 읽으며 문득 과거 교통단속 경찰관이 생각났다. 이들은 교통법규를 위반한 차량을 잡으면 대개 돈(일종의 뇌물)을 받고 그냥 보내 줬다. 그러나 어떤 때는 인정사정없이 단속을 하였다. 봐달라고 하면 할당량(실적)을 채워야 하기 때문에 안 된다고 했다. 어떤 경찰관은 '대신 싼 스티커를 끊어 주겠다'고 착한(?) 말을 하기도 하였다. 교통법규를 위반하였지만 미모로, 애교로, 거짓말로 무사통과 하였다는 무용담도 많이 나왔다. 이런 교통경찰관의 잘못된 행위는 어느 방송국에서 돈을 받고 그냥 놔주는 교통경찰관의 모습을 촬영해 TV에 방영하고 난 후 거의 없어졌다. 당시 그 교통경찰관을 체포하고 보니 모든 주머니와 심지어 롱부츠 속까지 지폐로 꽉 채워져 있었다. 물론 이 장면도 TV에 그대로 생생하게 나왔었다.

법을 집행하는 데 있어서 가장 중요한 것 중의 하나는 공정한 집행이다. 누구에게는 엄한 잣대를, 누구에게는 느슨한 잣대를 들이댈 경우 국민은 행정기관에 대해, 국가에 대해 불신을 갖게 된다. 이러한 들쭉날쭉한 잣대가 결국 자유재량권이다. 과거 교통경찰관은 많은 자유재량권을 행사했을 뿐이다. 감사원은 정당하게 자유재량권을 행사한 것이고, 교통경찰관은 불법적으로 자유재량권을 행사한 것이라고 주장할지는 모르겠다. 하지만 국민 입장에서 보면 오십보 백보일 따름이다.

요즈음 높은 사람들이 행복한 사회가 되기 위해서는 예측 가능한 사회가 되어야 한다고 주장하고 있다. 지극히 타당한 주장이라고 생각한다. 예측 가능한 사회가 되기 위해서는 어떤 조건이 필요

할까? 이 사회에 만연되다시피 한 권력기관의 자유재량권부터 최소화되어야 한다. 그렇지 않으면 공정하고 행복한 사회가 절대로 이루어질 수 없다. 옛날보다 10배, 100배는 더 잘사는 우리 사회에서 왜 행복하지 못하다는 아우성이 나오는가? 우리 사회가 공정하지 못하기 때문이다. 자유재량권이 남용되고 있는 사회이기 때문이다. 금융감독원이, 감사원이, 검찰이, 자기들 마음 내키는 대로 봐줄 수도 있고 엄정히 다스릴 수도 있는 사회이기 때문이다. 유전무죄, 무전유죄의 사회이기 때문이다. 막강한 감사권을 갖고 있어 국정 운영 전반에 큰 영향을 미치는 감사원이 자유재량권을 주장하는 것에 대해 내가 동의할 수 없는 이유다.

감사원 행정심판위원회의 재결서를 읽으면서 몇 번 화가 났었는데 그중 하나가 다음과 같은 내용을 읽을 때였다.

> 금융감독원은 청구인이 운영하는 대한학원의 동업자인 김성출이 청구인 명의의 예금통장 및 체크카드를 소지하고 위 예금계좌에 대한 텔레뱅킹을 요청하였고, 공공은행 담당 직원과 청구인이 직접 전화 통화를 하여 통장 비밀번호를 확인시켜 주는 등 은행 직원으로서는 위 김성출이 청구인으로부터 텔레뱅킹 등 관련 업무에 대한 위임을 받은 것으로 간주할 만한 사정이 있었을 뿐만 아니라, 청구인이 사후에 제반서류를 보완해 주는 등 텔레뱅킹 등록을 추인한 것으로 볼 수 있는 사정도 존재한다고 보았다.

텔레뱅킹 가입 신청을 하면서 내가 은행 담당 직원과 통화를 하여 비밀번호를 확인시켜 주었다는 주장이다. 다시 말하면 내가 전화로 텔레뱅킹 가입 신청을 해 놓고서는 민원을 냈다는 주장이다. 나를 파렴치한으로 몰고 가고 있는 것이다. 공공은행도 이런 주장을 한 적이 없다. 금융감독원도 이런 주장을 한 적이 없다. 그런데 감사원 행정심판위원회가 새로운 허위사실을 주장하고 나선 것이다. 이러한 허위사실을 토대로 감사원 행정심판위원회는 재결서를 썼겠지? 이런 나쁜 놈에게는 엿이나 먹여야겠다는 마음으로.

감사원 행정심판위원회의 한심한 작태가 그저 놀라울 뿐이다.

4장 · 경찰

피의자 김___이 정대진 명의의 손해
용 작성하여 만해동" 신성한 것은 아닌된다
변례한 신청시 피의자 김___은 전화통화에서 발제방긴신청 송낙을
변명하고 고소인 정대진은 전화통화에서 비밀번호를 기르쳐 주었으나 발제
신청에 승낙한 사실없다 진술 입증 상이비다
피의자 김___이 정대진 명의의 은행거래서를 작성한 것은 피의자 김___
통장과 체크카드 비밀번호 등을 소지하고 외교 지무에 보관된 문서를 제출
바쁘다 믿을수 없고 피의자 김___이 은행거래를 할 수 있도록 통장을 개설
달라고 하여 통장을 개설하여 시송토록 통장과 비밀번호 등을 주웠다의 고소
정대진 진술과 합의되어 은행거래서를 작성하여 준 것 등으로 보아 피의자는
직무의 인접할 두렷한 증거힘에 모두 공기소(행의일음)의전

2010

화성동부경찰서

사 방경찰관

경위 신___

수원지방검 지검사장 귀하

4장. 경찰

29

공공은행 직원이 내 명의의 텔레뱅킹 가입신청서를 무단으로 만든 행위가 사문서위조죄에 해당하고, 그 문서를 이용하여 텔레뱅킹을 등록해 준 것이 위조사문서 행사죄에 해당한다는 것은 일찍부터 알고 있었다. 사건 발생 초기에 이것저것 알아보기 위해서 인터넷을 많이 검색하다 보니 사문서위조에 대한 자료도 많이 볼 수 있었다.

그러나 공공은행 직원을 경찰에 고소하는 일은 그리 간단한 문제가 아니었다. 공공은행과 다툰다거나 금융감독원에 민원을 내는 일은 민사상의 일로 누가 원상복구, 즉 돈을 물어낼 것이냐 하는 문제에 불과하다. 그러나 경찰에 고소하는 것은 형사상의 일로서 징역형이나 벌금형을 받게 만드는 것이고 또 전과자를 만드는 것이다. 이렇게 될 경우 나는 평생 누군가의 원망을 듣게 될 수도 있다. 그래서 경찰에 고소하는 것은 바람직하지 않다는 판단에서 고소는 거의 생각조차 하지 않고 있었다.

그러다가 2009년 9월 중순에 정보공개 신청을 하여 공공은행이 금융감독원에 제출한 서류를 읽어보게 되었는데, 나에 대해 악의적인 내용이 상당히 많이 기재되어 있는 것을 보고나서 공공은행 직원을 경찰에 고소해야겠다는 마음을 먹게 되었다. 처음에는 사문서위조죄보다는 명예훼손죄로만 고소할 생각이었다. 그러나 사문서위조죄는 그냥 놔두고 명예훼손죄로만 고소한다는 것 또한 이상하여 결국 사문서위조죄 및 위조사문서 행사죄로 김성출과 공공은행 김이슬, 송은영을 고소하고, 명예훼손죄로 공공은행 보고서 작성자인 황두현, 서태용 및 공공은행장을 고소하는 내용의 진정서를 작성하였다. 2009년 10월 23일이었다.

진정서를 가지고 관할경찰서인 화성동부경찰서를 찾아 갔다. 민원실에서 안내를 받아 1층 수사과로 갔더니 경찰관이 다른 사람을 조사하는 중이라며 잠깐 기다리라고 하였다. 한쪽 구석에 다소곳이 앉아 차례를 기다렸다. 이윽고 내 차례가 되어 경찰관 앞으로 갔다. 사법경찰관 안홍성 경장이라 했다. 사법경찰관은 자기 책상 의자에 앉아 있었고, 그 책상 앞에 접이식 철제 의자가 하나 놓여 있었는데 나보고 거기에 앉으라고 하였다. 의자도 불편하였고 책상 맞은편에 앉으니 손 내려놓을 곳도 없어 더욱 불편하였다. 회의 테이블에 마주 앉아 서로 편하게 이야기할 줄 알았는데 여기는 아직도 별천지였다.

진정서를 보여주고 자초지종을 이야기하였다. 사법경찰관은 내 이야기를 듣고 나서 명예훼손죄는 성립이 안 된다고 하였다. 명예훼손죄가 성립되려면 많은 사람에게 알려지도록 해야 하는데 보고서를 제출한 것만으로는 많은 사람에게 알려졌다고 볼 수 없다는 이야기였다. 그리고 진정서가 아니라 고소장을 써가지고 다시 오라고 했다. 범죄행위가 확실하지 않은 경우에는 진정서를 쓰지만 범죄행위가 확실한 경우에는 고소장을 쓰는 것이라고 했다.

경찰서를 나서며 고민을 하기 시작하였다. 나는 명예훼손죄가 주목적이었다. 그런데 명예훼손죄는 안 된다고 한다. 그렇다면 사문서위조죄와 위조사문서 행사죄로 고소를 해야 한다는 이야기다. 고소를 해야 하나 말아야 하나? 고소를 하지 않으면 사법경찰관이 나를 어떻게 생각할까? 보나마나 우스운 인간으로 생각할 것이다. 애써 작성한 진정서도 아까웠다. 고소장은 진정서에 나오는 '진정'이란 단어를 '고소'로 바꾸기만 하면 된다. 기왕지사 이렇게 된 것, 그냥 밀고 나가기로 마음먹었다.

김성출, 송은영, 김이슬 등 3인을 고소하는 내용의 고소장을 작성하여 2009년 11월 2일에 다시 화성동부경찰서를 방문하였다. 안홍성 사법경찰관은 내 고소장을 읽어보더니 이를 참조해서 다시 고소장을 작성하였다. 도중에 궁금한 일이 있으면 내게 물어보았고 나는 답변을 해주었다. 사법경찰관은 이 사건이 사문서위조죄 및 동 행사죄, 그리고 전자금융매체 위조죄에도 해당한다고 설명해주었다. 확실하냐고 물으니까 내가 제출한 텔레뱅킹 신청서 및 본인확인표를 꺼내들고는 이렇게 증거가 확실한 만큼 틀림없이 그렇다고 하였다.

사법경찰관의 말을 들으니 안도가 되기도 했지만 한편으로는 슬슬 걱정이 되기 시작하였다. 특히 전자금융매체 위조죄라는 말을 들으니 갑자기 겁이 나기도 하였다. 너무 일이 커지는 것이 아닌지 모르겠다는 생각이 들었다. 누군가를 처벌받게 한다는 것은 역시 쉬운 일이 아니었다. 사법경찰관은 고소장을 다 작성한 후 나에게 지장을 찍으라고 하였다. 고소장 모든 페이지마다 지장을 찍고 경찰서를 나왔다.

30

이후 진행된 수사 과정에 대해서는 내가 알 수가 없었다. 사법경찰관이 김성출, 김이슬, 송은영 등을 불러 조사를 하겠지 정도로만 생각하고 있었다. 그러다가 나중에 우연한 계기로 수사 기록을 보게 되었는데 이를 보고서야 비로소 당시 어떻게 수사가 이루어졌는지 알 수 있었다.

우선 김성출은 2009년 12월 4일에 진술서를 작성하였다. 이 진술서는 다소 문제되는 부분이 있기는 하지만 텔레뱅킹 가입을 신청하였던 당시 상황을 비교적 사실과 가깝게 적고 있다. 중요한 부분이라 할 수 있는 텔레뱅킹 가입 신청에 대해서는 다음과 같이 기재되어 있었다.

> 잘 기억은 나지 않지만 텔레뱅킹 서비스를 신청해서 창구 여직원이 일을 처리해 주어 별 문제없이 학원 운영을 하였습니다. 나중에 정대진 씨와 은행 간에 문제가 있음을 정대진 씨와 은행 부지점장을 통해서 알게 되었습니다. (중략) 한 가지 그 당시 창구 직원이 옆에 있는 송 과장

이라는 여직원에게 물어서 그 여직원의 승낙으로 일을 처리해 준 것으로 기억합니다. 저는 정대진 씨와 통화도 했고, 비밀번호, 통장, 평소에 거래를 했기에 가능하게 텔레뱅킹 서비스 신청이 되는 줄 알았습니다. 또한 은행 창구에서 해 주었기에 별 문제가 되지 않는 줄 알았습니다.

김성출은 내 허락을 받았는지 여부에 대해 명확히 답변하지 않고 단지 잘 기억이 나지 않는다는 표현을 함으로써 허락을 받았는지도 잘 기억이 나지 않는다는 진술을 한 셈이다. 물론 이 말은 거짓말이다. 내 허락을 받지 않은 것을 김성출이 기억하지 못할 리가 없다. 김성출은 '은행 창구에서 해주었기 때문에 별 문제가 되지 않는 줄 알았다'고 진술하였는데 이는 '허락을 받지 않았지만'이라는 단서가 포함된 표현임을 곧 알 수 있다. 허락을 받았다면 당연히 전혀 문제가 되지 않는다. 김성출은 '허락을 받지 않았더라도 은행에서 해주었으니만큼 별 문제 안 되는 것 아니냐'고 주장하는 것이다.

김성출은 또한 진술서에서 당시 김이슬이 송은영에게 승낙을 받고 텔레뱅킹을 등록해 주었다고 말하고 있다. 김성출은 텔레뱅킹 등록 이후 문제가 불거졌을 때에도 나와 이승걸에게 이와 동일한 이야기를 한 적이 있다. 당시 김이슬의 물음에 송은영은 "괜찮아. 해드려."라고 말했다고 한다.

2009년 12월 23일에는 김이슬을 불러 조사를 한 기록이 있었다. 김이슬은 텔레뱅킹 등록 당시 상황에 대해 다음과 같이 말한 것으로 기록되어 있다.

경찰관 : 텔레뱅킹을 신청하여 준 경위에 대해 진술하시오.

김이슬 : 김성출이 제가 근무하는 창구 앞에서 제 이름을 거론하며 누군가와 통화를 하여 제가 무슨 일로 왔느냐고 하자 정대진 명의의 통장에 텔레뱅킹 신청을 해야 하는데 명의자가 학원 업무 때문에 너무 바빠서 오지 못하였으며 체크카드와 비밀번호, 주민등록번호를 다 가지고 온 통장 관리인인데 텔레뱅킹 신청을 하여 달라고 하여 본인이 아니면 텔레뱅킹이 안 된다고 하자 학원이 너무 바빠서 직접 오지 못하고 관리인이 왔다면서 계속 명의인과 통화 중이며 걸어서 1분 정도 걸리는 위치에서 학원을 운영 중인데 차후에 보완을 하여 주기로 하고 텔레뱅킹 신청을 받아 주었습니다.

경찰관 : 텔레뱅킹 신청 시 김성출로부터 전자금융신청서를 받았나요?

김이슬 : 그분이 바쁘다며 차후에 보완을 하여 주겠다고 하고 목소리가 커서 말을 붙이기가 어려워 제가 정대진 텔레뱅킹 신청을 하여 주었습니다.

(중략)

경찰관 : 통장명의인이 아님에도 전자금융거래 정보를 변경하여 준 이유는요?

김이슬 : 아까 말씀드렸듯이 통장 만든 과정에서 정대진이 나중에 텔레뱅킹 신청하겠다고 했었고 체크카드를 만들어 갔는데 얼마 되지 않아 제 이름을 거론하며 김성출이 누군가와 통화하면서 통장 개설 시 정대진이 몇 차례 비밀번호를 틀리고 통장에 앞으로 돈이 많이 들어 올 테니 무시하지 말라고 한 것 등을 이야기하면서 통화하면서 비밀번호가 맞는지 확인하면서 통장 명의인과 통화하면서 나중에 보완하여 주겠

다고 하여 해 주었습니다.

경찰관 : 김성출, 송은영과 공모하여 전자금융신청서를 작성하여 거래 정보를 변경한 것인가요?

김이슬 : 아닙니다.

김이슬의 진술서를 읽으며 당시 어떤 상황이었는지 좀 더 명확히 알 수 있었다. 김성출이 거짓말 반 위협 반으로 김이슬의 혼을 쏙 빼놓고 텔레뱅킹을 등록하도록 강요하다시피 하는 모습이 훤히 그려진다. 특히 누군가와 통화하는 척 휴대폰을 귀에 대고 필요한 이야기만 김이슬에게 해주는 방법으로, 김이슬이 제대로 말도 못 붙이고 텔레뱅킹 신청서를 쓰도록 하는 능수능란함은 혀를 내두를 정도다.

김성출이 통화하는 척한 이유 중의 하나는 사문서위조죄로 고소당할 것을 대비하기 위함이었는지도 모른다. 김성출의 이런 쇼로 인하여 김이슬은 김성출에게 텔레뱅킹 가입신청서를 써달라고 하지도 못하고 자기가 작성하였다고 진술하였다. 만약 사문서위조죄로 이들이 처벌을 받는다면 문서를 작성한 당사자인 김이슬이 가장 큰 처벌을 받을 가능성이 크다. 김성출은 교묘한 수법으로 김이슬로 하여금 가입신청서를 쓰도록 유도한 셈이다.

김성출이 당시 진짜 누군가와 통화는 했을까? 아마 통화하지 않고 통화하는 척했을 가능성이 크다. 김성출이 비밀번호가 틀리다고 하며 나와 잠깐 통화한 적이 있지만 그때 통화 시간은 채 1분도 안 되었다. 김이슬은 김성출이 텔레뱅킹을 등록하는 동안 누군가와 통화를 했다고 한다. 텔레뱅킹을 등록하는 데 최소 5분 이상 걸린다고 봤을 때 김성출이 내 전화를 끊고 다시 누군가와 통화했다는 이야기인데 이는 현실적으로 어려운 이야기다. 더욱이 당시 김성출은 은행원을 속여 가며 텔레뱅킹을 신청하고 있었는데 이런 긴박한 상황에서 누군가와 한가롭게 통화한다는 것은 거의 불가능한 일이다.

김이슬은 처음에는 김성출이 나와 계속 통화를 하였다고 해놓고 다음 답변에서는 김성출이 누군가와 통화를 하였다고 진술한 것으로 되어 있다. 통화 상대방이 누군지 김이슬은 알 수가 없었을 것이다. 나하고 통화했다고 하는 게 좀 더 유리하다고 판단했을까? 그러나 김이슬도 김성출이 통화하는 척하고 있음을 눈치챘을 것이다. 통화하는 모습을 보면 진짜 통화인지 아닌지 정도는 대개 구분할 수 있다.

내가 학원 일이 너무 바빠 오지 못했다는 거짓말도 기가 막히다. 당시 학원을 오픈하기도 전이었는데 학원에 무슨 바쁜 일이 있었겠는가? 또 그때 나는 서초동에서 전화를 받았는데 내가 1분 정도 걸리는 학원에 있었다고 김이슬에게 거짓말한 것도 결국 김이슬을 안심시켜주기 위한 술수라 하겠다.

김성출이 내 주민등록번호를 가지고 왔다는 것은 매우 기분 나쁜 일이다. 물론 내 주민등록번호를 김성출이 알고는 있었다. 김성출과 차용증을 쓸 때, 또 학원 건물 임대차계약서를 쓸 때 내 주민등록번호와 주소를 모두 기재하였고 그 사본을 김성출이 갖고 있으니 말이다. 그러나 나 몰래 내 주민등록번호를 제시한 것은 일종의 도둑질이나 다름이 없는 것이다.

김이슬 진술서를 보며 사람이 곤경에 빠지면 별의별 변명도 다 만들어 낸다는 것을 알았다. 김이슬은 내가 통장을 만들 때, 즉 텔레뱅킹을 등록하기 2영업일 전에, 나중에 와서 텔레뱅킹을 신청하겠다고 했었다는 사실을 강조하고 있다. 통장을 만들 때 김이슬이 텔레뱅킹이나 인터넷뱅킹 안 하시겠느냐고 물어봤을 때 난 분명히 안 한다고 이야기했다. 나는 그때 "나이가 드니까 안 해본 것은 하기가 겁이 난다."고도 말했다. 그런데 내가 텔레뱅킹을 나중에 하겠다고 말했다는 것이다.

텔레뱅킹 하겠느냐고 은행원이 물어볼 때 대부분의 사람들은 "다음에 할게요." 또는 "나중에 할게요."라고 대답할 것이다. 이런 대답이 다음에 와서 꼭 하겠다는 의미가 아니라 정중한 거절임은 유치원생도 알 수 있을 것이다. 김이슬은 이런 대답을 떠올리며 교묘하게 내가 나중에 와서 꼭 텔레뱅킹을 하겠다는 대답을 한 것처럼 둘러대고 있는 것이다. 하지만 난 그때 분명히 거절했던 일을 지금까지 생생히 기억하고 있다. 또 수많은 사람들이 "다음에 할게요."라고 말하는데 이런 모든 사람의 대답을 다 기억하기란 사실상 불가능할 것이다. 그런데 김이슬은 내가 다음에 와서 하겠다고 말했다고 주장하는 것이다. 김이슬은 기억력의 천재란 말인가? 김이슬에게 내가 크게 실망을 하는 이유가 바로 이런 거짓말들 때문이다.

31

2009년 12월 24일에는 송은영에 대한 조사가 있었다. 진술서에는 다음과 같은 내용이 나온다.

경찰관 : 김성출이 은행을 방문하여 정대진 명의 통장 텔레뱅킹 신청한 사실이 있습니까?

송은영 : 그때 당시 몰랐으나 이후 정대진이 찾아와서 자신이 신청하지도 않았는데 텔레뱅킹 신청이 되어 있다고 하여 당시 CCTV를 확인하여 알게 되었습니다.

경찰관 : 전자금융거래 정보인 텔레뱅킹 신청 시 본인 여부를 확인하고 있는지요.

송은영 : 확인하고 있습니다.

경찰관 : 타인이 텔레뱅킹을 신청할 수도 있는가요?

송은영 : 안 됩니다.

경찰관 : 2008. 10. 27.경 김성출이 정대진의 통장과 체크카드 등을 가지고 은행을 방문하여 김이슬에게 위 정대진의 통장에 텔레뱅킹 신청을 하면서 작성된 은행거래서를 결재해 준 사실이 있습니까?

송은영 : 있습니다.

경찰관 : 언제 결재하여 주었나요.

송은영 : 은행 창구에서 그때그때 결재하는 것이 아니라 모든 것을 취합하여 사후에 결재하는 것으로 통상적으로 당일날 결재하여 마감 후 퇴근을 하고 있습니다.

경찰관 : 정대진 명의의 통장 텔레뱅킹 신청 시 김이슬에게 정대진 명의의 은행거래서를 작성하여 거래 정보를 변경토록 지시한 사실은요?

송은영 : 없습니다.

경찰관 : 당시 김성출이 찾아와 김이슬에게 텔레뱅킹을 요구한 사실은요?

송은영 : 당시 사람이 많은 상황에서 제 업무가 많았으며 김성출이 저에게 텔레뱅킹을 하여 달라고 한 사실 없습니다.

경찰관 : 은행거래서 결재 시 김이슬로부터 정대진 명의의 은행거래서 거래 정보를 변경하는데 타인인 김성출이 와서 거래 정보 변경을 요청하여 은행거래서를 작성하였다는 이야기를 들은 사실은요?

송은영 : 없습니다.

진술서를 보면 송은영은 김성출의 텔레뱅킹 신청에 대해 전혀 모르는 것으로 되어 있다. 단지 업무를 마감하면서 결재를 해준 적이 있을 뿐이라는 것이다. 그러나 송은영의 이런 진술은 김성출의 진술과 다르다. 이런 사실을 확인하기 위해서는 김성출에게 다시 물어보아야 한다. 또 그 상대방인 김이슬에게도 이에 대해 물어보는 것이 상식이다. 그러나 사법경찰관은 김성출에게도, 김이슬에게도 이런 말을 물어보지 않았다. 단지 공모한 적이 있느냐는 말만 한마디씩 물어보고 지나갔을 뿐이다. 반면 송은영에게는 텔레뱅킹과 무관함을 입증해 줄 수 있는 많은 항목에 대해 물어보고 송은영은 이를 모두 부정함으로써 결국 송은영은 텔레뱅킹 등록과는 아무 관계도 없는, 즉 혐의가 없음을 입증해 준 셈이다.

하지만 송은영의 진술서에는 여러 가지 미심쩍은 내용들이 있다. 송은영은 당시 고객이 많아 정신이 없었다는 식으로 말하고 있다. 하지만 김이슬은 김성출이 전화하는 것을 듣고 김성출을 불러서 텔레뱅킹을 등록해 주었다고 말하고 있다. 은행에 다른 고객이 없었다는 이야기다. 내가 통장을 만들러 공공은행을 찾아갔을 때도 은행에는 거의 고객이 없었다. 당시 동탄 신도시는 아직도 건축 중인 건물이 많았고 공공은행도 입주한 지 얼마 안 되는 신설 점포로서 고객이 많을 이유가 없었다. 김성출도 텔레뱅킹 신청 당시 은행이 한산했다고 나에게 이야기한 적이 있다. 송은영은 고객이 많았다는 허위사실을 내세워 자신이 바빠서 이 사건에 개입할 겨를이 없었던 것처럼 보이도록 한 것이다.

사법경찰관은 이어서 내가 은행에 가서 항의한 상황에 대해 묻고 있는데 송은영의 진술서에는 다음과 같이 기재되어 있었다.

경찰관 : 정대진이 텔레뱅킹 변경이 되었음을 알고 난 후 어떤 상황이 발생하였나요?

송은영 : 정대진이 은행을 방문한 주된 이유는 텔레뱅킹 변경보다는 통장에 입금된 5천만 원이 타인의 통장으로 텔레뱅킹 되었다는 것으로 방문 후 CCTV를 확인하였더니 김성출이라는 것을 알고 부지점장이 정대진을 은행으로 불러 김성출이 변경하였는데 모르시는 사람이냐고 물었더니 동업자라고 하여 김성출도 불렀으며, 은행에서 두 사람이 해결하기를 바랐는데 두 사람은 아무 말도 하지 않았고 그리고 김성출이

저희에게 학원 임대보증금이라고 해줘서 부지점장이 알아보았더니 임대보증금으로 지급된 것이었습니다.

우선 송은영은 네 가지 거짓말을 하고 있다. 첫째는 내가 김성출을 동업자라고 했다고 주장하는데 나는 이런 말을 한 적이 없다. 김성출과 동업 이야기를 한 적은 있으나 동업 계약 이전에 나는 빠지겠다고 하여 김성출과 이승걸이 동업을 한 것이다. 이후에도 나는 동업자가 아니라고 하고 황두현은 동업자가 맞다고 하여 몇 번인가 황두현과 말다툼을 한 적도 있다. 당시 나는 내가 김성출의 동업자 취급을 받는 것을 무척 싫어했었다. 그런데 송은영은 내가 김성출을 동업자라고 말했다는 것이다. 명백한 거짓말이다.

두 번째로 송은영은 부지점장이 나를 불러 내가 지점장실로 간 것처럼 말하고 있다. 은행이 주도적으로 사건을 해결하려 한 것처럼 보이도록 하는 것이다. 하지만 나는 당일 점심때 텔레뱅킹이 등록된 것을 발견하고 은행에 가서 송은영에게 이야기하니 송은영이 '5시에 다시 오라'고 해서 5시에 시간 맞춰 갔을 뿐이다. 부지점장이 나를 불렀다는 말은 그야말로 터무니없는 거짓말이다.

세 번째로 송은영은 나와 김성출이 만나 아무 말도 없이 앉아 있었던 것처럼 진술하고 있다. 그러나 당시 나는 지점장실에서 '은행이 책임지라'고 이야기하였고, 황두현이 그러겠다고 하여 자리에서 일어나 지점장실 문 쪽으로 걸어 나가고 있었고 마침 그 순간에 김성출이 지점장실로 들어왔을 뿐이다. 나와 김성출은 지점장실에 같이 앉아 있은 적이 없다. 지점장실 문에서 서로 마주쳤을 뿐이다. 당시

바깥에 있던 은행원들도 이런 사실을 다 알 수 있었을 것이고 은행 CCTV에도 이런 장면이 찍혔을 것이다. 송은영의 진술서는 마치 내가 무슨 약점이 있어 김성출과 만나 아무 말도 못한 것처럼 적고 있는데, 황두현, 송은영, 김성출, 나 이렇게 네 명이 모두 알고 있는 사실을 이렇듯 허위로 진술할 수가 있는 것인지 기가 막히다.

네 번째로 송은영은 내가 김성출이 동업자라고 말을 하자 은행에서 김성철을 부른 것으로 진술하고 있다. 그러나 당시 지점장실에서 그 누구도 김성출에게 전화를 한 적이 없다. 김성출이 텔레뱅킹 가입 신청을 하였다는 것을 알고 있었던, 더 정확하게는 김성출에게 텔레뱅킹 등록을 해준 김이슬이나 송은영이 내가 은행에 오는 시간에 맞춰 김성출을 불렀을 것이다. 내가 부지점장에게 김성출이 동업자라고 이야기하여 김성출을 불렀다는 송은영의 말재간이 놀라울 따름이었다.

다음으로 나와 송은영의 합의에 대해 송은영의 진술서에는 다음과 같이 기재되어 있다.

경찰관 : 정대진이나 김성출로부터 보완된 은행거래서를 받은 사실은요?

송은영 : 부지점장이 학원을 방문하여 계속 접촉을 했는데 해결이 되지 않아 제가 부지점장에게 직접 만나보겠다고 한 후 정대진을 은행 앞 커피숍에서 만나 제가 '통장과 카드, 비밀번호를 김성출에게 준 것은 김성출에게 통장을 사용토록 위임한 것이 아니냐, 또한 5천만 원을 인

출하려면 저희가 텔레뱅킹을 해주지 않더라도 당일 3천만 원을 인출할 수 있고 다음 날 CD기 오픈과 동시에 나머지 금액을 인출할 수 있는 것 아니냐' 고 하였더니 정대진이 '김성출이 통장을 사용토록 한 것은 맞지만 소액을 사용하라고 한 것이지 이렇게 큰돈은 자기하고 채무가 있었기에 자기만 빼려고 마음먹고 있었다' 고 했으며 5천만 원을 이틀에 나누어 인출하는 것에 대해서는 정대진이 자세한 이야기는 하지 않았지만 '그날 당일 모두 인출해야 할 상황이었다' 고 하였으며 제가 '김이슬은 입사한 지 얼마 되지 않았으며 계약직으로 이 일이 본점 검사부에 보고되면 신상에 불이익이 있을 수도 있다' 고 하였더니 정대진이 '돈을 원상복구 시켜 달라' 고 하여 원상복구가 어렵다고 하니 '그러면 한 가지 대안이 있는데 담보를 제공할 테니 5천만 원을 1년 동안 무이자로 대출하여 달라' 고 하여 무이자는 안 된다고 하고 한번 방법을 찾아보겠다고 한 후 헤어졌습니다.

경찰관 : 계속 진술하시오.

송은영 : 저와 김이슬이 만나 생각해 보았더니 대출을 해 주면 1년 뒤에 상환이 되지 않고 이 상황을 끄집어 낼 수 있을 것 같아 1년 치의 이자 400만 원을 주면 어떻겠느냐고 생각을 하고 정대진에게 전화하였더니 정대진이 '좋다' 고 하여 2008. 11. 25.경 학원을 방문하여 돈을 전달하고 보완자료와 각서를 받았습니다. 그리고 1주일 뒤 저에게 전화하여 정대진을 만나보았더니 이 금액으로는 이자는 되지만 설정비용까지 충당이 되지 않아 대출이 되지 않는다며 50만 원을 더 요구하여 자꾸 금액이 커져 지점장에게 보고를 하여야 할 것 같아 정대진에게 '지점장님에게 보고를 해 보고 50만 원을 드리겠다' 고 이야기하였더

니 정대진이 '봐주려 했는데 50만 원을 주지 못하느냐' 며 화를 내고 4백만 원을 저에게 던지고 밖으로 나가 제가 뒤따라가 '50만 원을 바로 송금하여 줄 테니 계좌번호를 가르쳐 달라' 고 하였더니 '이제 끝났다. 계좌번호를 가르쳐 줄 수 없다' 며 헤어진 후 전화가 와서 계약이 파기되었으니 서류를 돌려달라고 하였으나 제가 거절하였더니 본점에 민원을 제기하였으나 해결이 되지 않아 금융감독원에도 민원을 제기하였으나 해결되지 않아 고소를 한 것 같습니다.

송은영은 진술서에서 '이자'를 강조하고 있다. 5천만 원의 1년 치 대출 이자만 주기로 합의를 했었다는 것이다. 그렇다면 송은영은 왜 내가 중도상환 수수료를 이야기했을 때 이자만 주기로 했다고 항의하지 않았을까? 송은영은 왜 나에게 죄송하다고 했을까? 송은영은 왜 입금해 줄 테니 계좌번호를 알려 달라고 했을까? 앞뒤가 안 맞는 이야기다. 송은영과 합의 조건에 대해 이야기했을 때 나는 중도상환 수수료에 대해서는 전혀 몰랐다. 하지만 합의 내용은 '5천만 원 1년간 원상복구'였다. 이의 한 가지 방법으로서 아파트 담보대출 이야기가 나오고 이어 돈으로 지급하겠다는 이야기가 나온 것이다. 합의 취지는 서로 잘 알고 있었다. 그래서 송은영은 죄송하다고 했고, 돈을 더 지급하겠다고 했던 것이다. 그런데 이제 와서 송은영은 마치 이자만 주기로 합의를 한 것처럼 진술하고 있는 것이다.

또 송은영의 진술서를 읽어보면 내가 무슨 사이코라도 되는 것 같다. 처음에는 50만 원을 더 달라고 하다가 지점장에게 보고를 해보겠다고 하니까 4백만 원을 던지고 나가고, 다시 송은영이 뒤따라와

50만 원을 더 주겠다고 하는데도 계좌번호도 안 알려주었다는 것이다. 50만 원 더 받으려고 온 사람이 50만 원 더 주겠다는데 화를 내고 50만 원을 뿌리치는 기이한 행동을 하고 있는 것이다.

내가 이때 송은영을 만난 것은 4백만 원이란 금액이 당초 이야기된, 5천만 원 아파트 담보대출에 필요한 비용에 부족하여 화가 났기 때문이었다. 그런데 만나 보니 4백만 원이 지점장 몰래 송은영과 김이슬이 개인적으로 갹출하여 만든 돈이라는 또 다른 문제를 알게 되었다. 그래서 이래저래 이 일은 공공은행이 공식적으로 해결해야 한다는 생각에 지점장에게 보고하여 일을 처리하는 것으로 하고 헤어진 것이다.

내가 4백만 원을 던지고 나갔다는 말은 그야말로 기가 막힌 거짓말이다. 1만 원권 지폐로 4백만 원이면 작지 않은 부피에 가벼운 무게도 아니다. 이 돈을 어떻게 여사원에게 던진단 말인가? 만약 진짜 내가 던졌다면 송은영과 공공은행은 폭행죄로 나를 고소라도 했을 것이다. 또한 당시 커피숍에 수시로 고객이 들락날락하고 종업원도 바로 뒤에서 바라보고 있는데 어떻게 돈을 던지겠는가? 나는 돈을 탁자 위, 송은영 쪽에 얌전히 올려놓았다. 그리고 잠시 후 카운터로 가서 주스 값을 계산하였다. 그때 송은영은 내 옆에서 돈을 가슴에 꼭 안고 '잘 먹었습니다'라며 인사를 하였다. 엘리베이터를 타고 내려오면서도 서로 웃으며 인사도 했고 나는 '지점장님께 잘 말씀드려 달라'고 부탁도 했었다. 그런데 송은영은 나를 마치 폭력배 취급을 한다. 주스 값이나 내면서 그랬으면 덜 미웠을 것이다. 그날 송은영과 마신 주스 값은 내 인생에 있어서 가장 아까운 돈이다.

32

2009년 12월 27일, 본격적인 조사가 이루어졌다. 전날 안홍성 사법경찰관은 나에게 전화를 하여 내일 2시에 경찰서에 나오라고 하였다. 나 이외에 김성출, 김이슬, 송은영도 모두 나온다고 했다. 드디어 대질 심문이 시작될 터였다. 그들과 어떤 언쟁을 하게 될지, 여러 가지 상상을 하며 제대로 잠을 이룰 수 없었다.

다음 날, 오후 2시에 맞추어 화성동부경찰서로 갔다. 날씨는 잔뜩 찌푸려 있었다. 일기예보에 큰 눈이 내린다고 하였다. 경찰서에 도착해보니 세 명은 이미 도착해 있었다. 경찰서 건물 입구 쪽에 대기실이 있었는데 김성출은 대기실 복도 쪽에 어슬렁거리다 나를 보고 반갑게 인사를 하였다. 나도 반가운 척 인사를 하였지만 뭔가 이상한 느낌이었다. 고소당한 사람이 고소한 사람을 반가워할 이유가 전혀 없지 않은가?

대기실로 들어갔더니 김이슬과 송은영이 앉아 있었다. 나를 보더니 웃으며 인사를 하였다. 영 어색한 광경이었다. 나는 그때까지 공공은행이 나를 매도하는 여러 허위사실을 기재한 보고서를 금융감독원에 제출한 일로 인해 마음이 몹시 불편한 상태였다.

"송 과장, 황두현 부지점장이나 본점 서태용 차장 만나면 내가 절대로 그냥 넘어가지 않겠다고 하더라고 전해주세요."

송 과장이 웃음을 지우며 싸늘한 표정이 되어 대답하였다.

"그런 말은 저에게 하지 마시고 직접 그분들 만나서 하세요."

대기실에 앉아 있기가 어색하여 그냥 밖으로 나왔다.

곧 사법경찰관이 송은영과 김이슬을 불렀다. 그리고 잠시 후 나와 김성출도 불렀다.

수사과 사무실에 들어가니 사법경찰관 책상 앞에 송은영과 김이슬이 앉아 있었다. 나와 김성출에게도 앉으라고 했다. 의자가 없어서 다른 책상에 있는 빈 의자를 각자가 알아서 끌고 와서 앉아야 했다. 자리에 앉자 사법경찰관은 곧 김성출에 대한 조사를 시작하였다. 나와 김성출과의 관계, 통장을 만든 이유, 텔레뱅킹을 신청한 사실 여부 등에 대해 질의응답이 이루어졌다. 그리고 사법경찰관이 텔레뱅킹을 신청할 때 나의 허락을 받았는지 물어 보았다. 진술서에는 당시 이렇게 질문과 답변이 오간 것으로 되어 있다.

경찰관 : 텔레뱅킹 신청 시 통장 명의인 정대진의 승낙을 받은 사실은요?

김성출 : 은행 창구 앞에서 이사님에게 통화를 하여 텔레뱅킹 신청을 하여야 한다고 하여 승낙을 받고 은행 직원에게 텔레뱅킹 신청을 의뢰하였습니다.

나는 순간 깜짝 놀랐다. 이런 거짓말을 어떻게 태연히 할 수 있을까? 김성출은 내 승낙을 받지 않았다고 공공은행 황두현과 송은영에게 이야기한 적이 있다. 그리고 공공은행 직원들 모두 이런 사실을 알고 있다. 거짓말인지 뻔히 다 알고 있는 사람들 앞에서 거짓말을 한다는 것은 상상하기조차 힘든 일이다. 그런데도 이렇게 뻔뻔스러울 수가 있다니.

"내가 언제 승낙을 했다고 그런 거짓말을 하는 거야?"

내가 화가 나서 소리쳤다. 김성출은 가만히 사법경찰관 책상만 쳐다보며 침묵하고 있었다. 사법경찰관이 나를 쳐다보고 말했다.

"지금은 김성출 씨 조사하는 것이니 조용히 하고 계세요."

그리고 다시 조사가 진행되었다.

경찰관 : 텔레뱅킹 신청을 한 이유는요?

김성출 : 투자금이 들어오기로 되어 있었는데 그걸 받아 당일날 학원 임대보증금 잔금으로 지불해야 하는 날이었습니다. 직불카드로 하면 한도액이 있어 그게 힘들어 이야기 하였습니다.

경찰관 : 투자금이 들어오기로 되어 있어 이를 계좌이체하려면 텔레뱅킹 신청을 하여야 한다고 정대진에게 전화 통화를 하였다는 것인가요?

김성출 : 은행 창구 앞에서 정대진 이사님과 통화 시 텔레뱅킹과 인터넷뱅킹 모두 하려고 하였는데 인터넷뱅킹은 안 된다고 하여 텔레뱅킹 신청만 한 것으로 기억합니다.

경찰관 : 고소인으로부터 승낙을 받고 텔레뱅킹신청을 하였다는 것인가요?

김성출 : 예, 그렇습니다.

내가 다시 거짓말하지 말라고 소리쳤다. 김성출은 내 쪽에는 눈길조차 주지 않았다. 사법경찰관이 조용히 하라고 다시 나에게 주의를 주었다. 조사가 이어졌다.

경찰관 : 텔레뱅킹 신청 전 피의자 김이슬, 송은영과 텔레뱅킹 신청에 대하여 공모한 사실은요?

김성출 : 그날 처음 보았습니다.

경찰관 : 학원 명의는요?

김성출 : 명의는 고소인 명의로 하고 실 운영은 제가 하는 것입니다.

이어서 나에 대한 조사가 이루어졌다. 통장과 체크카드를 만든 이유, 텔레뱅킹에 대한 허락 여부, 송은영과 합의를 하게 된 경위, 합의를 취소하게 된 경위 등에 대해 물었다. 나에 대한 조사가 끝나고 다시 김성출에 대한 조사가 진행되었다.

경찰관 : 고소인 정대진은 피의자와 텔레뱅킹 신청에 대하여 통화한 사실이 없다는데 어떻게 된 것인가요?

김성출 : 텔레뱅킹 신청하러 가서 고소인과 통화하여 텔레뱅킹을 신청하였습니다.

경찰관 : 통화한 내용이 텔레뱅킹 신청이 맞는가요?

김성출 : 예, 맞습니다. 전 분명히 텔레뱅킹을 만들기 위하여 갔고 통화를 하고 승낙을 받았습니다.

경찰관 : 무어라고 승낙을 하던가요?

김성출 : 투자금이 들어오니까 텔레뱅킹 신청을 하여 투자금을 건물주에게 건물 임대보증금 잔금으로 송금하여야 한다고 하였더니 그렇게 하라고 하였습니다.

김성출의 진술이 거짓이라는 것은 곧 알 수 있다. 김성출이 텔레뱅킹을 만들려고 했다고 치자. 그러면 사전에 나에게 허락을 받은 후 은행으로 가서 가입 신청을 하는 것이 상식이다. 그런데 김성출은 사전에 나에게 아무런 이야기도 하지 않은 채 은행창구로 가서 김이슬 앞에 앉아 그때서야 내게 전화를 하여 텔레뱅킹 허락을 받았다고 주장한다. 이는 상식 이하의 주장이고 명백한 거짓말이다.

김성출의 대답이 앞뒤가 맞지 않는다는 것도 쉽게 알 수 있다. 앞에서 김성출은 텔레뱅킹과 인터넷뱅킹을 모두 하려고 했는데 내가 텔레뱅킹만 하라고 했다고 하였다. 그런데 이번에는 텔레뱅킹을 신청하여 임대보증금 잔금을 송금하겠다고 했다는 것이다. 만약 임대보증금을 송금하기 위해서라면 텔레뱅킹과 인터넷뱅킹 두 가지를 모두 신청할 필요가 없다. 한 가지만 해도 충분하다. 그런데 김성출은 두 가지 모두를 하려고 했다는 것이다.

또한 임대보증금 송금을 위해 필요했다는 말도 거짓말이다. 임대보증금 잔금을 치르기로 한 날인 2008년 10월 31일에는 나도 같이 만나기로 했던 날이다. 그러면 내가 직접 은행에 가서 출금해서 보내주면 되는 것이지 굳이 불편하게 텔레뱅킹으로 송금할 필요가 없다.

또한 김성출은 내 통장으로 이승걸의 투자금이 들어온다는 것을 내게 미리 알려주었다는 주장인데, 동업도 끝내기로 하였고 5천8백여만 원의 채권이 있는 나에게 '당신 통장에 6천만 원 넘는 돈이 들어옵니다.'라고 알려주었다면 이처럼 멍청한 채무자가 어디 있겠는가? 이는 채권자인 나에게 '기회를 드립니다. 통장 당장 출금 정지시키고 채권 회수하세요.'라고 말하는 것이나 마찬가지다.

사법경찰관은 이어 몇 마디 더 김성출과 김이슬에게 물어보고 나서 진술서 작성을 마친 후에 진술서를 출력하였다. 그리고 몇 장씩 나, 김성출, 김이슬 세 사람에게 나눠주고 읽어보라고 하였다. 다 읽으면 다른 사람과 바꿔서 읽어보라고 하였다. 내가 진술한 부분을 읽어 보니 내가 진술한 취지와 상당히 다르게 작성된 것을 알 수 있었다. 예컨대 통장을 만든 경위에 대해 이렇게 기재되어 있었다.

경찰관 : 피의자가 통장을 사용토록 개설하여 준 이유는요?

정대진 : 그 당시에 제가 김 원장에게 3,500만 원을 받을 돈이 있었는데 이번 동탄에서 학원을 운영하는데 돈을 빌려주면 12월 말에 이제까지 진 빚의 1/2를 갚고 3~4월 달에 나머지 반을 갚겠다고 하여 통장을 만들어서 쓰게 해달라고 하였습니다.

이 문장은 사실들을 교묘하게 편집하여 통장을 만든 동기를 왜곡시키고 있다. 이 문장에 나오는 개개의 사실들은 모두 진실이다. 그러나 이들 사실들을 마음대로 조작하여 엉뚱한 결론을 만들어내고 있는 것이다. 이 진술만 놓고 보면 내가 빚을 받는 대신 그 반대급부로서 통장과 체크카드를 만들어 준 것이 된다. 내가 진술한 내용은 이게 아니었다.

당시 나에게 3,500만 원의 빚이 있던 김성출은 학원을 같이 하자며 나보고 돈을 대달라고 하였다. 이번에 돈을 대주면 빚의 1/2은 12월 달에 갚고 나머지 반은 3~4월 달에 갚겠다고 하였다. 학원 지분은 40%를 주겠다고 하였다. 그래서 2,300여만 원을 대주었다. 임대계약도 나와 김성출 공동 명의로 했다. 이게 2008년 10월 2일까지의 이야기다. 그리고 학원 운영에 필요한 통장과 체크카드를 만든 것은 이로부터 21일이 지난 2008년 10월 23일의 일이다.

나는 이러한 내용들을 충분히 설명했다. 그런데 진술서에 적힌 내용은 이상하게 정리되어 있었다. 마치 내가 돈을 갚아준다는 말에 통장을 만들어 김성출에게 준 것처럼 말이다.

당시 신문이나 TV 뉴스에 차명계좌니 대포통장이니 하는 말이 많이 나오고 있었는데, 이는 다른 사람 이름으로 통장을 만들어 주로 범죄에 사용하는 것을 일컫는 용어였다. 그런데 사법경찰관이 정리한 진술서는 내가 마치 차명계좌나 대포통장을 만들어 김성출에게 준 것처럼 되어 있었다.

이러한 내용을 그냥 놔두면 안 될 것 같아서 먼저 사법경찰관에게 진술서를 수정해도 되느냐고 물어 보았다. 수정해도 된다고 하였다. 하지만 빨리 하라고 했다. 이것을 어떻게 고칠까 고민하고 있는데 사법경찰관이 갑자기 시간이 없다며 빨리 읽어보고 돌려 달라고 하였다. 재촉을 받고 보니 마음이 바빠졌다. 고치는 것을 잠시 보류하고 그 다음 부분을 읽어나가기 시작하였다.

송 과장과 합의하는 과정을 진술한 부분에서 '5천만 원을 1년간 한시적으로 원상복구 하면 학원 임대차계약 명의가 내 앞으로 되어 있으니 잘 관리해 보겠다고 하였다'고 되어 있어서 그 의미를 잘 알 수 없었다. 그래서 '잘 관리해 보겠다고 하였다'를 '1년 후 회수해 보겠다고 하였다'로 고쳤다. 그리고 뒷부분을 마저 읽고 다시 앞부분으로 와서 이것을 어떻게 고쳐야 하나 하고 고민하고 있는데 갑자기기 사법경찰관이 화를 내며 말을 하였다.

"아니, 시간 없으니 빨리 읽어보라고 했는데 왜 이렇게 시간이 걸려요?"

당시 김성출은 조금 더 진술할 게 있다며 경찰관에게 종이를 달라고 하여 뭔가를 쓰고 있었는데 사법경찰관의 호통을 듣더니 말을 거들고 나섰다.

"진술서는 자기 것만 빨리 보는 거예요."

당당하게, 마치 학급 반장이나 된다는 듯이 김성출이 말했다. 누가 고소인이고 누가 피의자인지 모를 정도였다. 순간적으로 '김성출은 이런 경험이 많겠구나' 생각했다. 대수롭지 않게 생각하고 다시 수정할 내용에 몰두하려는데, 김성출의 말에 힘을 얻었는지 사법경찰관이 다시 말하였다.

"이제 됐으니까 진술서 모두 이리 내세요. 그리고 다들 이쪽으로 와서 지장 찍으세요."

수정을 하긴 해야겠는데 바로 될 것 같지는 않고 '어, 어' 하는 사이 결국 진술서는 사법경찰관 손에 넘어가고 말았다. 사법경찰관 책상 위에는 큰 인주 통이 놓여 있었다. 손가락에 다들 인주를 묻혔다. 사법경찰관이 진술서를 한 페이지씩 책상 위에 펼치면 김성출, 김이슬, 나 이렇게 세 사람이 한꺼번에 모두 지장을 찍었다. 송은영은 아예 이 사건과 관계없는 것으로 단정하고 제쳐 놓은 것 같았다.

이때 진술서를 제대로 고치지 못한 것은 두고두고 후회가 된다. 이 진술서로 인해 나중에 나는 여러 곤경에 처하게 되기 때문이다. 하지만 당시 나를 제외한 두 사람 모두 아무 말 없이 사법경찰관 말을 따르는데 나만 끝까지 더 읽어보고 수정을 하겠다고 버티기가 어려운 분위기였다. 한편 생각하면 이것도 사법경찰관의 의도가 아니었나 생각된다. 좋게 말하면 조사의 신속화, 나쁘게 말하면 조사의 왜곡.

김성출이 그때 혼자 작성한 진술서를 나중에 보니 다음과 같은 내용이 들어 있었다.

> 임대차계약서 특약 사항에 계약만료 시 계약금 6천만 원 수령을 제가 아닌 정 이사가 단독으로 하기로 제가 일부러 특약사항에 넣었기에 계약 당시에 벌써 채권 확보(학원 시설 권리금 포함)가 되었습니다. 물론 통장 사건이 일어나기 전부터 계약서는 작성되었고요. 계약 보증금 잔액도 결국은 정 이사님이 받기로 되어 있기에 이 경우는 단순한 은행 창구 직원의 실수라고 여겨집니다. 물론 저의 소견이긴 하지만 그 돈이 따로 사용되지 않고 정대진 씨를 위해 사용되었다는 것입니다. 그러기에 승낙을 받았던 것입니다.

내 채권이 동일한 금액의 월세 임대차계약 보증금으로 들어가 있으니 계약만료 후 남은 보증금을 받으면 된단다. 내 통장에 들어 온 돈을 임대차보증금으로 집어넣은 것은 나를 위한 일이었단다. 이런 이유로 텔레뱅킹을 신청하고 텔레뱅킹으로 송금하는 것을 내가 승낙했다는 주장이다. 그래서 결과는? 그 임대보증금은 밀린 월세로 모두 날라 갔다. 하마터면 임대보증금이 모두 잠식된 이후에 7천만 원을 더 물어줄 뻔하였다. 자기 돈을, 남이 운영하는 가게의 월세 임대보증금으로 넣는 바보가 세상 어디에 있을까? 그런 행위가 나를 위한 행위라니 기가 막힐 뿐이다.

33

조사를 마치고 수사과에서 나오면서 내가 느낀 것은 조사가 너무 싱겁게 끝났다는 점이었다. 조사 열기가 뜨거워지기 시작해 이제 본격적으로 한번 붙어 봐야겠다고 생각하던 시점에 조사를 끝내는 기분이었다. 권투로 말하면 링에 올라 잽으로 탐색전을 벌이고 있는데 갑자기 종료 공이 울리고 심판이 게임을 끝내는 느낌이다. 심판인 사법경찰관은 왜 서둘러 조사를 마치려 했을까?

이 사건에서 핵심 중 하나는 내가 텔레뱅킹 가입 신청에 대한 허락을 했는지 여부라 할 것이다. 이에 대한 진실은 조금만 더 조사를 하면 충분히 밝혀질 것이었다. 텔레뱅킹 가입 당시의 관계자가 모두 한자리에 모인 만큼 누구의 말이 맞는지 명백히 가릴 수 있지 않겠는가? 김성출이 은행창구에서 전화를 하여 나에게 텔레뱅킹 허락을 받았는지는 김이슬에게 물어보면 바로 확인이 될 것이다. 또 김성출을 지점장실로 불러 조사했던 날 김성출이 내 허락을 받았다고 말했는지, 아니면 받지 않았다고 말했는지 송은영에게 물어만 봐도 바로 알 수 있다.

금융감독원에서는 자기네들이 수사권을 가지고 있지 않아 허락을 받았는지 여부를 확인할 수 없다는 엉뚱한 변명을 하더니 수사권이 있는 경찰은 이에 대해 밝힐 생각이 아예 없는 듯 보였다. 왜 사법경찰관은 이런 데에 관심을 갖지 않는지, 혹은 관심 없는 척 하는지 이상스럽게 생각될 정도였다. 수사는 경찰에서만 하는 게 아니고 검찰 수사도 있으니까 아마 서로 주장이 다른 부분은 검찰에서 수사하게 될 것이라며 위안을 삼는 수밖에 없었다.

경찰서 건물을 네 사람이 같이 걸어 나왔다. 송은영과 김이슬이 김성출에게 밝은 얼굴로 인사를 하더니 송은영이 몰고 온 승용차를 타고 경찰서를 빠져 나갔다. 하늘을 보니 잔뜩 흐려 있었다. 곧 눈이 올 듯한 분위기였다. 2009년 한 해도 이제 겨우 4일 정도밖에 남아 있지 않은 연말이었다. 김성출과 나란히 경찰서를 나오며 김성출이 좀 안됐다는 생각이 들었다. 죄는 미워하되 사람은 미워하지 말라는 말이 떠올랐다.

좀 이른 시간이지만 같이 식사나 하자고 했다. 경찰서 정문 앞에 있는 순댓국집에 들어갔다. 순대 국밥 두 개를 시켰다. 몸이 녹으니 마음도 녹는 것 같았다. 김성출은 부동산 경매 일을 하려고 준비 중이라고 했다. 그 일 하게 되면 제발 사기나 치지 말라고 말하고 싶었지만 꾹 참았다. 문득 일전에 김성출이 나에게 전화를 했던 일이 생각나서 물어보았다. 그때는 전화를 여유 있게 받을 상황이 아니어서 몇 마디 못 하고 전화를 끊었었다.

"그때 참 전화로 했던 이야기 좀 자세히 해봐."

"뭐, 별일 아니었습니다."

"무슨 일이 있긴 있었나 보군."

"네, 실은 그때 형사가 저에게 전화를 했었습니다."

"누가? 방금 우리 조사했던 사법경찰관이?"

"네."

"왜?"

"이사님이 고소하고 나서 황두현 부지점장이 김이슬을 데리고 경찰서에 찾아왔었다고 합니다."

"…."

"김이슬이 아직 나이도 어린데 그냥 놔둬서 검찰 넘어가고 재판받게 되면 골치 아파지지 않겠느냐, 그러니 손을 좀 써봐야 하지 않겠느냐, 뭐 이런 이야기를 했답니다."

"그것 참."

있을 수 있는 이야기다. 아니 당연한 이야기다. 고소를 당했는데 손 놓고 있다면 오히려 이상하다.

"이런저런 이야기를 하다가 형사가 저더러 이사님에게 이야기 좀 잘해서 김이슬 안 다치게 해보라고 넌지시 말하더군요. 젊은 여직원 죽여서야 되겠느냐면서요."

"사법경찰관이?"

"네."

"언제쯤 이야기야?"

"좀 됐습니다. 12월 초쯤 되었을 겁니다."

"그래서?"

"그때 제가 이사님께 물어봤잖아요. 혹시 합의하실 의향은 없으시냐고요."

그때 나는 5천만 원 원상복구 이외에는 달리 합의할 생각이 없다고 했었다. 김성출은 그 절반인 2천5백만 원에 합의하면 어떻겠느냐고 물었지만 난 그렇게는 못 한다고 했었다.

"그리고, 그 다음엔?"

"뭐, 그냥… 그 정도입니다."

김성출은 더 이상 이야기를 하려 하지 않았다. 뭔가 더 있는 것 같다는 느낌은 들었지만 김성출에게 사정까지 해가며 이야기를 듣고 싶은 생각은 없었다.

어쨌든 김성출의 이야기인즉슨 공공은행에서 사법경찰관에게 잘 봐달라고 부탁을 했고 사법경찰관은 김성출에게 잘 해결될 수 있도록 해보라는 이야기를 한 셈이었다. 그래서 김성출은 나에게 합의할 의향을 떠보았었다. 하지만 그게 다였을까? 아닐 것이라는 생각이 퍼뜩 들었다.

이번 사건의 경우 고소인은 나 혼자고 피의자는 세 명이다. 당시 상황을 입증할 증거는 많지 않다. 거의 대부분 네 사람의 진술에 의해 수사가 진행된다. 여기다 사법경찰관까지 김이슬을 구해주기 위해 피의자들 편에 선다면? 이건 내가 이길 수 있는 게임이 아니라는 생각이 들었다.

그때서야 그간의 몇 가지 의문이 조금씩 풀리기 시작하였다. 피의자 신분인 송은영과 김이슬이 피의자답지 않게 여유 있는 모습을 하고 있었던 점이나 김성출이 조사를 받으면서 기고만장했던 것이나, 지금 태평스러운 얼굴로 나를 마주하고 있는 것은 다 이유가 있는 것이었다. 어떤 확신을 가지고 있기 때문이다. 사법경찰관의 진술서가 이상한 방향으로 기울고 있다는 느낌을 받은 것도 우연이 아니었던 것이다.

김성출이 처음 작성한 진술서, 그리고 요전에 금융감독원에 낸 경위서에는 내 허락을 받았는지 안 받았는지 기억이 잘 나지 않는다고 되어 있었다. 그 후 '젊은 여직원을 살려줘야 한다'는 사법경찰관의 전화를 받고 나서 김성출은 힘을 얻었을 것이다. 그래서 오늘 진술을 하면서 내 허락을 받았다는 거짓말을 자신 있게 하였으리라.

이 사건이 사문서위조, 동 행사, 전자금융매체 위조 등을 다루는 것이라면 이에 대한 상세한 조사가 있어야 한다. 그런데 사법경찰관은 텔레뱅킹 신청서를 어떻게 작성했는지에 대해서만 간단히 물어보고 넘어 갔을 뿐이다. 신청서 뒷장에 붙인 본인 확인 서류에 내 주민등록증 복사본을 무단으로 첨부한 과정에 대해서는 전혀 언급조차 하지 않았다. 텔레뱅킹 비밀번호 카드를 발급해 준 과정에 대해서도 전혀 물어보지 않았다. 반면 송은영과의 합의 과정에 대해서는 필요 이상으로 많은 진술이 기재되어 있다. 내가 빚을 받는 조건으로 대포통장을 만들어 준 것처럼 진술서를 작성한 것도 어쩌면 사법경찰관의 계산에 의한 것인지도 모른다.

이제야 사법경찰관이 어떤 생각을 가지고 진술서를 정리해 나갔는지 감이 잡혔다. 그 생각이란 '젊은 여직원 살려주자'는, 나에게 매우 불리한 쪽의 생각이었다. 더 이상 경찰 수사에 기대를 할 수 없다는 생각이 들었다.

식사를 마치고 밖으로 나가 보니 하늘은 까맣고 도로에는 함박눈이 어느새 발목까지 쌓여있었다. 눈 때문이었을까, 한 걸음 한 걸음 떼기가 쉽지 않았다.

34

경찰이 조사를 마치면 조서를 꾸미고 경찰의 의견을 적어 검찰로 보낸다. 경찰의 의견은 기소를 하는 것이 좋겠다, 또는 안 하는 것(불기소)이 좋겠다, 이 두 가지 중 하나이다. 기소는 재판에 넘기는 것을 말한다. 범죄자에 대한 형량은 경찰이나 검찰이 정할 수 없다. 오직 법원에서 판사가 정한다. 기소를 할지 하지 않을지를 결정하는 것은 검찰이다. 이러한 결정에 가장 큰 영향을 미치는 것이 수사를 진행한 경찰의 의견이다.

경찰이 조사를 했는데 특별한 범죄 행위가 발견되지 않으면 혐의가 없다고 결론 내린다. 혐의가 없으면 당연히 불기소 의견이 붙는다. 많은 경우 검찰은 경찰의 의견에 따른다고 한다. 인터넷으로 이런 정보들을 찾아보면서 기운이 점점 빠졌다. 여러 가지 상황을 놓고 보았을 때 불기소 의견으로 검찰에 넘어갈 가능성이 크다.

2010년 1월 8일, 휴대전화로 문자메시지를 받았다.

'귀하의 고소사건을 불기소(혐의 없음) 의견으로 검찰에 송치하였습니다.'

예상은 했지만 순간적으로 숨이 탁 막히는 듯한 느낌이었다. 호

흡을 가다듬은 후 곧바로 안홍성 사법경찰관에게 전화를 하였다. 이름을 대며 내 사건이 '혐의 없음' 의견으로 결론이 난 이유를 물었다.

"어떻게 그 사람들이 혐의가 없다고 할 수 있습니까?"

"고객이 만들어 달라고 해서 만들어 준 거잖아요."

고객이라니? 만들어 달라고 한 것은 김성출이다. 김성출이 어떻게 고객이란 말인가?

"예금주 몰래 가서 만든 것인데 어떻게 고객이 만들어 달라고 했다는 겁니까?"

"…."

"도대체 누가 고객이란 거예요?"

"아, 지금 제가 좀 바쁘니까 나중에 다시 전화해 주세요."

"언제쯤 전화 드리면 될까요?"

"내일 다시 하세요."

고객이 부탁을 했으니 혐의가 없다는 이야기이다. 김성출이 고객이라는 사고방식도 문제지만 고객 부탁으로 사문서위조를 하면 범죄가 아니라는 사고방식은 더 이해하기 힘들었다. 청부살인이라는 것이 있다. 고객이 살인청부업자에게 살인을 부탁하면 살인청부업자가 살인을 하는 경우다. 사법경찰관의 주장대로라면 살인청부업자는 고객의 부탁을 받았으니 범죄가 아니라는 이야기다. 이해할 수 없는 주장이다.

다음 날 다시 전화를 하였다.

"어제 혐의 없다고 하셨는데 그 이유 좀 알 수 있을까요?"

"그 사건 검찰로 보냈으니 검찰에 가서 등사해 달라고 해서 보세요."

"검찰에 가서 보여 달라면 보여주나요?"

"그건 모르겠습니다. 검찰에다 문의해 보세요."

검찰이 보여 줄지 아닐지도 모르면서 막무가내로 검찰에 문의하라는 말을 들으니 이 사법경찰관에 대해 더욱 미심쩍은 생각이 든다.

"검찰에 가서 볼 수 있는지 없는지 모른다니까 물어보는 건데요, '혐의 없음' 이유를 대략 이야기해 주실 수 없나요?"

"사건이 끝났는데 기소 불기소 여부는 이야기해 줄 수는 있지만 그 이유까지 설명해 줄 입장이 아니잖아요, 그렇잖아요?"

"그건 제가 모르겠고, 불기소 이유를 저에게 설명해 줄 수 없다는 말씀인가요?"

"글쎄 그걸 검찰에 가서 문의해 보시는 게…."

"검찰에 가서 볼 수 있는지 없는지 모른다니까 지금 사법경찰관님께 물어보는 거 아닙니까? 사법경찰관님이 혐의 없음 의견으로 올렸는데 그 이유를 저한테 설명해 줄 수 없다는 말입니까?"

조금 강하게 어필을 하니 사법경찰관이 조금 수그러진다.

"그걸 세부적으로 보고해 줄 입장이 아니잖아요."

'~할 입장이 아니잖아요.'라는 표현에는 자기가 책임지지 않겠다는 의도가 숨어 있는 것 같다. 그런데 사법경찰관은 이 말을 즐겨 쓰나 보다.

"대충만 알면 됩니다. 저는 범죄행위라 생각하는데 아니라니 그 이유가 궁금해서 전화 드린 겁니다."

"그럼 잠깐 기다리세요."

할 수 없다는 듯 사법경찰관은 잠깐 기다리라고 했다. 서류를 찾아 펼치는 소리가 들려왔다. 1분쯤 시간이 흐른 것 같다.

"저는 수사만 했고 최종 판단은 검찰이 하는 겁니다."

사법경찰관은 계속 검찰 쪽으로 책임을 넘기려는 어투다. 하지만 검찰은 아직 손도 안 댄 일에 벌써부터 검찰 이야기를 할 필요는 없었다.

"에, 통장하고 비밀번호를 사용하라고 줬기 때문에 불기소 의견으로 보냈습니다."

"단지 그 이유 때문에 '혐의 없음' 의견을 내린 겁니까?"

"다른 정황도 있는데 일일이 다 말하기가 그러네요."

다른 정황은 뭘 말하는 걸까? 공공은행 황두현 부지점장이 찾아온 것도 그 정황 중에 들어갈까?

"크게 봐서 통장과 비밀번호를 사용하라고 줬으니 불기소란 이야긴데 다른 사건에도 이러한 기준이 적용될 수 있는 겁니까?"

"저한테 따질 사항이 아닙니다. 그리고 똑같은 사건이란 없습니다. 상황이 다 다릅니다."

그럼 누구한테 따지란 말인가? 자기가 수사하고 자기가 불기소 의견을 냈을 텐데 다른 누가 설명해 줄 수 있다는 말인가? 그리고 어디다 대고 함부로 따진다는 표현을 쓰는가? 나도 억양이 올라갔다.

"기준을 말하는 것 아닙니까? 통장하고 비밀번호만 가지고 있으면 은행이 아무한테나 뭘 해줘도 사문서위조에 해당하지 않는다고 본다는 거 아닙니까?"

"예, 맞습니다. 그렇게 생각하세요."

그렇다는 데야 더 이상 할 말이 없었다. 이런 이상한 사고방식을 가진 사법경찰관에게 우리의 치안을 맡겨도 되는지 걱정스러울 뿐이었다. 전화를 끊었다.

5장 · 검찰

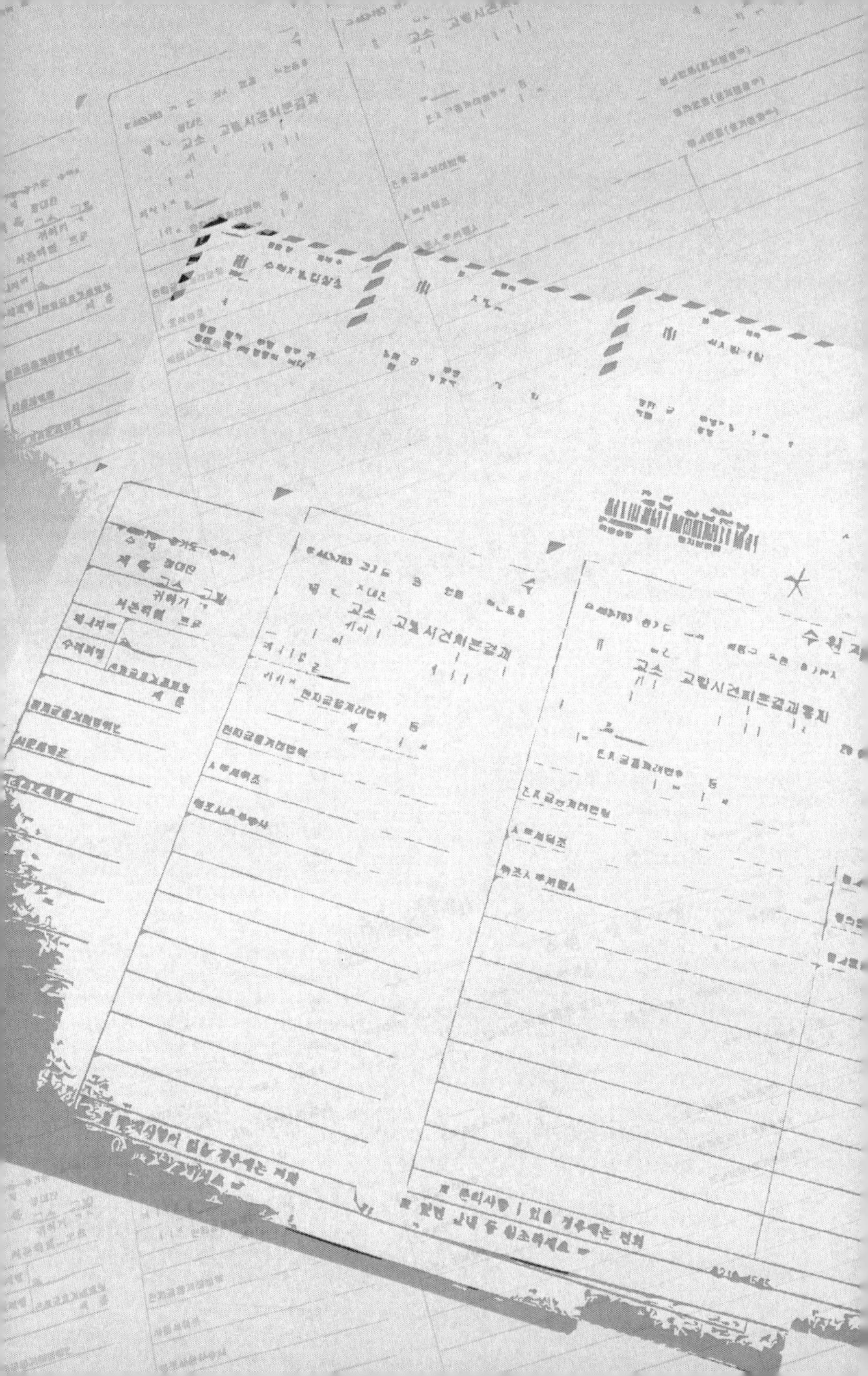

5장. 검찰

35

검사는 똑똑하다. 고등고시라고도 불리는 사법고시에 합격하고 사법연수원에 들어가 우수한 성적을 거두어야 판사나 검사가 된다. 판사나 검사는 아무나 되는 것이 아니다. 천재 소리깨나 듣던 사람이 판사나 검사가 된다. 판사나 검사가 되면 본인은 물론 집안의 영광이 된다. 새로운 명문 가문이 만들어지는 것이다. 당시 내가 검찰에 대하여 가졌던 생각이다.

사법경찰관은 편파적이고도 부실하게 조사를 진행한 후 혐의가 없다는 이해할 수 없는 의견을 붙여 내 고소 사건을 검찰로 보냈다. 그러나 똑똑한 검사는 사법경찰관의 조사가 잘못되었음을 명확히 밝혀줄 것이다. 그리고 내가 고소한 세 명을 기소할 것이다. 이런 확신을 가지고 나는 검찰에서 진행될 조사를 기다리고 있었다.

그러던 중 문득 경찰 조사 때 미처 이야기하지 못했던 내용을 잘 정리하여 검사에게 보내주면 검찰에서의 조사가 보다 효과적으로 진행될 것이라는 생각이 들었다. 그래서 검찰에 보낼 서류를 작성하기 시작하였다. 여섯 페이지를 작성하고 서류 이름은 탄원서라고 붙여 담당 검사에게 보냈다.

탄원서의 서두는 다음과 같이 썼다.

존경하는 이현구 검사님.

저는 사건번호 2010형제2866호의 고소인 정대진입니다.
새해를 맞이하여 검사님의 건강과 댁내 평안함을 축원합니다.

저는 지난 1월 8일 화성동부경찰서의 안흥성 수사관으로부터 상기 사건을 불기소(혐의 없음) 의견으로 송치하였다는 문자메시지를 받고서 억울하고 분한 마음 가눌 수 없어 본 탄원서를 올리게 되었습니다. 부디 본 사건에 대해 철저히 조사하시고 범죄행위를 엄정히 다스리셔서 법은 정의의 편임을 보여 주시기를 간청 드립니다.

그리고 경찰 조사에서 밝혀지지 않은 내용들에 대해 정리하였다. 제목만 열거하자면 다음과 같은 것들이다.

1. 피고소인들은 사문서를 위조하고, 이를 행사하였으며, 공문서를 부정 사용하였으며, 전자금융거래법을 위반하였습니다. 이들은 이에 상응하는 벌을 받아야 합니다.
2. 본 사건은 저에게 5천8백여만 원의 빚이 있는 채무자 김성출이 돈(채무)을 회수당하지 않으려고 은행원과 같이 저지른 범죄행위입니다.

3. 저는 제 통장에 텔레뱅킹을 등록하라고 승낙해준 적이 없으며 이를 알지도 못했습니다.
4. 텔레뱅킹 불법 등록에 대해 합의를 하였으므로 문제될 게 없다는 주장은 파렴치한 주장입니다.
5. 피고소인들은 '비록 합의가 무효화되었다 하더라도 이미 사후추인해 준 것이므로 은행 잘못은 없다' 는 주장을 하고 있으나 이는 억지 주장입니다.
6. 송은영은 자기의 잘못을 신입사원인 김이슬에게 뒤집어씌우고 빠져나가려 하고 있습니다.
7. 송은영은 또한 허위사실로 저를 매도하였습니다.
8. 김이슬은 이번 사건에 대해 저에게 사과한 적이 전혀 없으며 오히려 허위사실로 저에게 책임을 떠넘기려 하고 있습니다.
9. 은행은 갖은 허위사실로 저의 명예를 훼손하였습니다.
10. 피고소인들은 제가 김성출의 동업자라고 주장하지만 김성출은 저에게 나쁜 채무자일 뿐입니다.

물론 이러한 제목 하에 자세한 내용들을 적었다. 예컨대 3번 항의 텔레뱅킹 허락에 관한 항에는 다음과 같은 설명을 덧붙였다.

김성출은 텔레뱅킹 등록 신청을 하던 그 시간에 은행 직원 김이슬 앞에서 저에게 전화를 하여 텔레뱅킹 등록에 대한 저의 승낙을 받은 것 같다고 주장하고 있으나 이는 허위 주장입니다. 저는 텔레뱅킹에 대한 이야기를 김성출과 한 적이 없습니다. 피고소인 김이슬과 송은영도 김성출이 전화상으로 텔레뱅킹에 대한 저의 승낙을 받는 통화 내용을 들었다는 진술은 일절 한 적이 없습니다. 김이슬과 송은영 앞에서 텔레뱅킹 등록에 대한 통화를 하였다면 김이슬과 송은영이 통화내용을 들었을 것이고, 피고소인들에게 가장 도움이 될 이러한 내용을 이야기하지 않았을 리 없습니다.

그리고 문서 마지막은 다음과 같은 인사로 마무리하였다.

존경하는 이현구 검사님.

이번 사건은 나쁜 채무자인 김성출이 돈을 회수 당할지 모른다는 불안감에서 고소인 통장을 통해 입금 받은 돈을 고소인 몰래 빼내기 위해 은행원에게 텔레뱅킹 등록을 부탁하였고, 은행원들은 허위로 신청서를 만들고 제 주민등록증 카피를 무단으로 복사하여 첨부하는 등 불법적인 방법으로 텔레뱅킹 비밀카드를 발급해주었고, 김성출은 이를 이용하여 돈을 자신의 의도대로 인출(송금)한 사건입니다.

신뢰가 제일인 금융기관의 직원들이 예금주 몰래 이러한 불법행위를 한 것은 절대 용납해서는 안 되며, 신용사회 유지를 위해서도 일벌백계로 엄히 다스려야 한다고 생각합니다. 예금주 몰래 허위 신청서를 작성하고 예금주의 주민등록증 복사본을 자기들 마음대로 악용하는 이런 은행원들이 앞으로 어떤 범죄인들 저지르지 않겠습니까? 특히 자신들의 잘못에 대해 전혀 반성하지 않은 채 각종 허위사실로 피해자인 예금주를 매도하고 억지 주장으로 책임을 떠넘기려하는 이러한 자들이 세상을 활보하도록 놔둬서는 안 된다고 생각합니다.

부디 본 사건을 철저하게 조사하시어 불의한 자들이 결코 무사할 수 없음을 보여주시기를 머리 숙여 간청 드립니다. 부족한 탄원서 읽어 주심을 감사드리오며 검사님 뜻하신 모든 일이 성취되시기를 진심으로 축원합니다. 감사합니다.

탄원서를 발송하고 나서 1주일쯤 지난 후 수원지방검찰청으로부터 전화가 걸려 왔다. 좀 조사할 게 있으니 다음 날 나오라는 것이었다. 김성출도 같이 불렀다고 하였다. 검찰조사는 기대하던 바였지만 김성출과 같이 조사받는 것은 별로 마음에 들지 않았다. 그리고 왜 송은영과 김이슬은 부르지 않는지도 궁금했다. 사실을 명확히 가리기 위해서는 네 사람을 모두 모아놓고 물어봐야 할 터인데 왜 두 사람만 부르는 것인지 잘 이해가 가지 않았다.

36

다음날 수원지방검찰청 검사실로 올라갔다. 대기실에서 잠깐 기다리라는 말을 듣고 대기실로 가니 김성출이 벌써 와 있었다. 경험자라 그런지 아니면 다른 꿍꿍이가 있는지 전혀 긴장하지 않은 얼굴이었다. 잠시 앉아 있으려니 검사실로 들어오라는 연락이 왔다.

김성출과 같이 바삐 검사실로 들어갔다. 검사실에는 두 사람의 건장한 검찰 직원이 앉아 있었고, 안쪽에 검사 전용 방이 따로 있었다. 검사 방으로 들어가 인사를 하고 책상 앞에 놓인 의자에 앉았다. 검사는 30대 후반에서 40대 초반쯤 되어 보였다. 검사는 내 고소사건과 관련된 서류를 읽다가 내려놓으며 먼저 부드럽게 김성출에게 물었다.

"이전에도 학원을 경영한 적이 있으시네요?"

"아, 네, 서울 강남에서도 하고 인천, 동탄, 그리고 수원에서도 했습니다. 강남에서 했을 때는 도곡동에서 했는데 그때는 크게 했었습니다."

"아, 그러세요?"

"그때는 역삼동에 별관도 있을 정도였었죠."

"그런데 동탄에서는 어떻게 학원을 하게 되었습니까?"

"아, 제가 너무 학원을 크게 확장하다 보니 그만 자금이 달려서 다른 사람에게 넘겨주고 동탄으로 내려가서 재기를 하려고 했던 겁니다."

누가 들으면 김성출을 아주 건실한 사업가로 착각할 만한 감동적인 이야기가 들려지고 있었다. 분위기가 이상하게 돌아간다고 생각했다. 검사는 김성출을 범죄자로 보는 게 아니고 사업가로 보고 있는 것처럼 느껴졌다. 이외에도 검사는 김성출에게 몇 가지 더 물어보았지만 그 내용들은 별로 기억나지 않는다. 특별한 조사, 김성출을 거세게 몰아치는 그런 인상적인 조사가 행해지지 않았기 때문이다. 조사라기보다는 그냥 일상적인 대담에 가까운 이야기들이 화기애애하게 진행되었다.

그리고 새로운, 전혀 예상 밖의 스토리가 전개되기 시작했다. 검사가 내 이름을 부르며 나에게 물었다. 이제까지와는 전혀 다른 차가운 음성이었다.

"정대진 씨, 차명계좌를 만들면 형사처벌 받는 것 아시죠?"

가끔 신문이나 TV에서 차명계좌를 만들어준 사람이 처벌된다는 뉴스를 접한 적이 있다. 차명계좌를 만들면 처벌을 받겠지. 그러나 검사는 단순히 그런 사실을 아느냐 모르느냐를 묻는 것이 아니다. 하도 당황스러워 바로 답변을 할 수가 없었다.

"아, 예, 알고는 있습니다만…."

"바로 얼마 전에도 내가 차명계좌 만든 사람 300만 원 벌금에 처하게 한 적이 있어요."

"…."

검사의 이야기는 쉽게 말해 내가 차명계좌를 만들었으니 처벌을 받을 수도 있다는 거였다. 이런 극적인 반전이 있을까 싶다. 내가 그토록 믿었던 검찰이었다. 내가 그토록 기다렸던 검찰조사였다. 그런데 검사는 오히려 내가 처벌을 받아야 한다고 주장하고 있는 것이다. 세상 어디에 이런 법이 있을까 싶었다.

"어? 그런데 정대진 씨가 15만 원 입금한 적도 있네요?"

내가 한동안 숨소리도 제대로 못 내고 눈만 껌뻑거리고 앉아 있는데 검사가 내 공공은행 통장의 입출금내역을 유심히 살펴보더니 약간 맥이 빠진 듯한 억양으로 나에게 물었다. 통장을 만들고 나서 얼마 안 되었을 때 나는 혹시 나중에 필요하게 될지 몰라서 15만 원을 공공은행 계좌에 입금한 적이 있었다.

"예, 제가 입금한 적도 있고 또 출금한 적도 있습니다."

"…."

검사는 약간 허탈한 표정이었다. 내가 입금도 하고 출금도 한 기록이 있으니 차명계좌로 엮어 넣을 수는 없다는 판단에서 실망한 것일까? '차명계좌를 만들지 못해서 미안합니다.'라고 말해 주고 싶을 정도였다. 그런데 이 검사는 사문서위조나 접근매체 위조와 같은 나의 고소내용에 대해서는 전혀 관심이 없는 것 같았다. 오직 차명계좌를 만들어줬다는 구실로 나를 처벌하는 데만 관심이 있어 보였다.

"어쨌든 차명계좌는 지금 집중 단속 중입니다. 앞으로 다시는 이런 일 있으면 안 됩니다."

"네…."

검사는 나와 김성출을 번갈아 보면서 말했고 우리는 알겠다고 대답할 수밖에 없었다. 김성출은 자신 있는 목소리였고 나는 풀죽은 목소리였다. 뭔가 잘못 돌아가고 있다는 생각은 들었으나 달리 어떻게 해 볼 도리가 없다.

"에, 그렇게 하시고, 추가로 할 이야기 있으면 여기다 적으세요."

검사는 백지를 한 장씩 나와 김성출에게 주었다. 하릴없이 백지를 받아 들고 검사실을 나와 다시 대기실로 돌아왔다. 김성출은 뭐가 그리 신이 났는지 열심히 적기 시작한다. 이건 뭔가 크게 잘못된 것이다. 검찰조사는 처음부터 잘못된 것이다. 처음부터 다시 시작해야 한다. 이건 정말 아니다! 그렇다고 백지에 그렇게 적을 수는 없었다. 이제는 내 공공은행 통장이 차명계좌가 아니라는 것을 입증하는 게 급하게 생겼다. 잘못하다가는 300만 원 벌금 물게 생겼다. 도대체 이게 무슨 경우란 말인가? 이런 생각을 하며 뭐라고 적긴 적었는데 정확히 기억이 나지는 않는다. 오래 된 일이기도 하지만 너무 경황이 없었던 탓이다. 쇼크를 받았다고 하는 게 정확한 표현일 것이다. 대략 다음과 같이 적었던 것 같다.

> 저는 차명계좌를 만들지 않았습니다. 김성출과 학원을 같이 하기로 되어 있어서 제 명의의 통장을 만들었을 뿐입니다. 당시 뉴스에 차명계좌와 대포통장 이야기가 많이 나와 저는 오히려 이 통장을 김성출이 나쁜 용도로 쓸 것을 우려해서 일부러 체크카드만 만들고 텔레뱅킹은 안 만들었습니다. 체크카드는 하루 3천만 원까지 송금할 수 있지만 텔레뱅킹은 하루 5천만 원까지 송금할 수 있기 때문입니다.
> 당시 저는 집이 서초동이고 김성출은 동탄에 거주하고 있어서 통장은 김성출이 주로 관리하였으나 제가 동탄에 내려오는 날에는 제가 통장을 확인하였습니다. 그리고 제가 입금을 한 적도 있고 출금을 한 적도 있습니다.
> 그런데 김성출이 저 몰래 텔레뱅킹을 신청하여 공공은행에서 제 명의의 가입신청서와 본인확인표를 만들고 텔레뱅킹 비밀번호 카드를 만들어 준 것입니다. 이 부분에 대한 철저한 조사를 부탁드리는 바입니다.

차명계좌에 신경을 쓰다 보니 사문서위조나 접근매체 위조에 대한 이야기에 힘을 실을 수가 없었다. 검사의 편견을 깨기에는 역부족임을 느끼며 작성한 서류를 가지고 검사실로 들어갔다. 검사실에 있는 직원에게 서류를 건네주니 기다렸다는 듯 인주 통을 꺼내더니 지장을 찍으라고 하였다. 지장을 찍고 검사실을 나오는데 다리가 휘청거렸다.

살다 보면 좋은 일이건 나쁜 일이건 예기치 않은 일들을 만나게 된다. 나 역시 50년 넘는 세월을 그렇게 살아왔다. 하지만 이날 검사에게 당한 일만큼 내 예상과 180도 반대의 경우를 당해 본 적은 없다. 그야말로 믿었던 도끼에 발등 찍힌 꼴이었다. 그때의 비참함이랄까, 황당함을 생각할 때마다 나는 아직도 얼굴이, 심장이 벌겋게 달아오른다. 그야말로 땅을 치고 발을 굴러도 시원찮을 원통한 일이었다.

37

2010년 2월 초, 수원지방검찰청으로부터 '고소고발사건 처분결과 통지서'라는 우편물을 받았다. 보나마나 혐의가 없으니 불기소한다는 통지서겠지만 봉투를 뜯어 내용물을 펴보는 마지막 순간까지 나의 기대감은 남아 있었고 손은 가볍게 떨리기까지 하였다.

그러나 결과는 예상한 대로였다. 봉투 안에는 김성출, 송은영, 김이슬 3인에 대해 각각 처분결과를 알리는 3장의 통지서가 들어있었는데 모두 다음과 같이 혐의가 없다고 기재되어 있었다.

귀하가 고소하신 우리 청 2010년 형제 2866호 사건에 관하여 아래와 같이 처분하였음을 통지합니다.

피의자명 : 김성출

수리죄명 : 전자금융거래법위반 등

처분일자 : 2010. 1. 29.

전자금융거래법위반	혐의 없음(증거불충분)
사문서위조	혐의 없음(증거불충분)
위조사문서행사	혐의 없음(증거불충분)

통지서의 뒷면을 보니 '불기소처분에 대한 이의절차(항고, 재정신청)'라고 하여 항고 방법에 대한 안내가 되어 있었다. 안내문을 쭉 읽어 내려갔다. 항고는 이 통지서를 받은 날부터 30일 이내에 해야 한다고 되어 있고, '불기소이유는 우리 청 또는 가까운 검찰청 민원실을 방문하시거나 우편으로 불기소이유 통지 청구서를 제출하면 확인하실 수 있습니다.'라는 내용이 기재되어 있었다. 우선 불기소이유부터 알아봐야 했다. 항고 기간이 30일이므로 그다지 시간 여유는 없었다. 내일 당장 검찰청을 들러야겠다고 생각했다.

다음 날, 수원지방검찰청 민원실을 찾았다. 민원실 양식함에서 '불기소이유 통지 청구서'를 꺼내 작성하였다. 사건번호와 청구인 인적사항을 쓰고 도장을 찍어 창구에 내고 기다렸다. 30분쯤 기다리니 창구직원이 '불기소이유 통지서'라는 표지가 붙어 있는 서류를 내주었다. 뒤에는 검사가 작성한 불기소 결정서 복사본 2매와 사법경찰관이 작성한 수사기록 복사본 4매가 첨부되어 있었다. 가슴이 떨려 민원실에서는 차마 읽어볼 수가 없었다.

집에 돌아와 불기소 결정서와 수사기록을 읽었다. 불기소 결정서는 수사기록을 참고하여 작성하였을 것이므로 먼저 수사기록을 읽었다. 수사기록은 범죄사실, 수사결과, 그리고 경찰의 의견 순으로 작성되어 있었다. 범죄 사실은 내가 고소한 내용을 요약한 것이고, 수사결과는 네 명의 진술서를 요약한 것이었다.

수사결과는 다음과 같은 문장으로 시작되었다.

> 피의자들의 '가' 항의 행위(텔레뱅킹 신청서 작성)를 형법 제231조, '나' 항의 행위(접근매체 위조)를 같은 법 제234조, 전자금융거래법 제49조제1항제1호에 해당하는 범죄로 의율수사한 바

형법 제231조는 사문서위조에 관한 조항이고, 형법 제234조는 위조사문서의 행사에 관한 조항이다. 전자금융거래법 제49조 제1항 제1호는 접근매체 위조에 관한 조항으로 다음과 같이 되어 있다.

> 제49조(벌칙) ① 다음 각 호의 어느 하나에 해당하는 자는 7년 이하의 징역 또는 5천만 원 이하의 벌금에 처한다.
>
> 1. 접근매체를 위조하거나 변조한 자

내가 세 사람을 고소하면서 내 주민등록증 복사본을 무단으로 본인확인표에 붙인 것에 대해서도 공문서 부정 사용죄로 처벌해 달라고 하였는데 경찰은 수사를 하면서 이 부분은 그냥 빼버렸나 보

다. 고소한 내용을 고소인 동의 없이 이렇게 마음대로 변경해도 되는가? 상당히 불쾌하였다.

수사기록의 마지막 장에 경찰의 의견이 다음과 같이 기재되어 있었다.

위 사실을 종합하여 볼 때

- 피의자 정대진의 요구에 의하여 피의자 김이슬이 정대진 명의의 은행거래서를 작성하여 텔레뱅킹 신청을 한 것은 인정된다.
- 텔레뱅킹 신청 시 피의자 김성출은 전화 통화하여 텔레뱅킹 신청 승낙을 받았다 변명하고 고소인 정대진은 전화 통화하여 비밀번호를 가르쳐 주었으나 텔레뱅킹 신청에 승낙한 사실 없다 진술 상이하다.
- 피의자 김이슬이 정대진 명의의 은행거래서를 작성한 것은 피의자 김성출이 통장과 체크카드, 비밀번호 등을 소지하고 있고 차후에 보완된 문서를 제출하여 주겠다고 하여 고객의 요청에 고객을 믿고 작성하여 준 것으로 고의적으로 위조하였다 볼 수 없고, 피의자 김성출이 은행거래를 할 수 있도록 통장을 개설하여 달라고 하여 통장을 개설하여 사용토록 통장과 비밀번호 등을 주었다의 고소인 정대진 진술과 합의되어 은행거래서를 작성하여 준 점 등으로 보아 피의자들 범죄혐의 인정할 뚜렷한 증거 없어 모두 불기소(혐의 없음) 의견임.

화성동부경찰서

사법경찰관 경위 신석민

사법경찰관의 보고서를 보고 내가 놀란 것은 우선 '피의자 정대진의 요구에 의하여 피의자 김이슬이 정대진 명의의 은행거래서를 작성하여 텔레뱅킹 신청을 한 것은 인정된다.'고 기재되어 있다는 사실이었다. 나는 고소인이지 피의자가 아니다. 이 사건에서 '피의자 정대진'이란 존재하지 않는다.

만약 '피의자 정대진'이 '고소인 정대진'을 의미한다면 피의자들의 행위는 모두 무죄가 될 것이다. 내가 텔레뱅킹을 요구한 이상 나를 위해 위험을 무릅쓰고 텔레뱅킹을 등록시켜준 김성출, 김이슬, 송은영에게 오히려 내가 감사를 해야 마땅하다.

그러나 '피의자 정대진'이 '고소인 정대진'이 아닌 '피의자 김성출'을 의미한다면 피의자들의 행위가 무죄라고 할 수 없게 된다. 따라서 본 기재내용이 어떤 내용을 말하는 것인지, 또 검사는 이 내용을 어떤 내용으로 이해했는지 등에 대해 조사를 해보아야 하며, 아울러 본 사건에 대한 재수사 및 의견서의 재작성이 이루어져야 할 것이다.

그런데 이런 오타가 왜 나온 것일까? 사법경찰관이 나와 김성출의 이름을 혼동하진 않았을 텐데 말이다. 미심쩍은 구석이 있다. 혹시 사법경찰관이 피의자들을 봐주기 위해 고의로 이런 오타를 만들어 낸 것은 아닐까? '피의자 정대진'이라 기재되어 있으면 검사가 '고소인 정대진'으로 받아들일 확률이 높다. 그러면 검사는 당연히 피의자들이 범죄행위를 하지 않은 것으로 판단할 것이고 피의자들은 간단히 혐의를 모두 벗게 된다. 설사 검사에게 들켜서 문제가 되더라도 오타가 났다고 둘러대면 그만이다. '고소인 정대진'이라 기재하는 것만큼의 효과를 기대할 수 있고, 들켰을 경우 위험도 그리 크지 않은 좋은 작전이 될 수 있다.

이런 생각에 서류를 유심히 살펴보았다. '피의자 정대진'이란 구절에 대해 검사가 만약 이상하다는 생각이 들었으면 서류 어딘가에 메모라든가 하다못해 밑줄이나 체크 표시라도 해 놓았을 것이다. 그러나 서류 어디에서도 그런 흔적을 찾아볼 수 없었다.

사법경찰관의 보고서를 보면 두 번째 의견이 '텔레뱅킹 신청 시 피의자 김성출은 전화 통화를 하여 텔레뱅킹 신청 승낙을 받았다 변명하고 고소인 정대진은 전화 통화를 하여 비밀번호를 가르쳐 주었으나 텔레뱅킹 신청에 승낙한 사실 없다 진술 일부 상이하다.'로 되어 있다.

그러나 김성출의 진술은 허위사실이 분명하다. 그 첫 번째 증거로서 진술서를 보면, 김성출은 김이슬 앞에서 나와 전화 통화를 하였다고 진술했는데, 만약 이때 김성출이 비밀번호도 불러 받고 텔레뱅킹 신청 승낙을 받았다면 당시 앞에 앉아 있었던 김이슬이 이를 들었을 것이 분명하다. 그러나 김이슬은 '김성출이 정대진과 통화하여 비밀번호를 확인시켜 주었다'고만 진술하고 '전화로 승낙을 받았다'는 진술은 하지 않았다.

두 번째 증거로서 진술서를 보면, 김성출은 당시 김이슬 옆에 송은영이 있었다고 진술한 바 있는데 송은영도 '김성출이 정대진에게 통화하여 비밀번호를 알려주었다'고만 진술하고 '전화로 승낙을 받았다'는 진술은 하지 않았다.

내가 허락을 했는지 안 했는지는 이 사건의 핵심사항이다. 사법경찰관이 조금만 노력했다면 이는 충분히 밝혀낼 수 있었다. 그런데 사법경찰관은 아무런 노력도 하지 않고 나와 김성출이 서로 다른 말을 하고 있다고만 적고 있다. 마치 노력은 했지만 밝힐 수 없었다는 인상을 풍기며 말이다.

사법경찰관은 '정대진은 전화 통화하여 비밀번호를 가르쳐 주었으나'라고 기재하고 있는데 이 역시 편파적인 내용이다. 통화하여 비밀번호를 가르쳐주었다는 것은 텔레뱅킹을 허락했다는 이야기나 마찬가지이다. 뒤에 나오는 '진술 일부 상이하다'라는 문장도 결국은 '승낙을 하긴 하였지만 김성출은 직접적으로 승낙을 받았다고 주장하고 정대진은 간접적으로 승낙을 하였다고 주장한다'는 의미를 암시하려고 쓴 듯하다.

내가 김성출과 통화한 것은 맞다. 그러나 비밀번호를 가르쳐 준 것은 아니다. 가르쳐 준다는 것은 남이 모르고 있는 것을 처음으로 알려준다는 의미이다. 김성출은 비밀번호를 이미 알고 있었고 또 이를 이용하여 은행거래도 한 적도 있었다. 내가 가르쳐줄 필요가 없다. 김성출은 교활하게 나로 하여금 비밀번호를 말하도록 하기 위해 '알려준 비밀번호가 틀리다'고 이야기했고 이에 내가 놀라서 비밀번호를 말해줬을 뿐이다. 이는 김이슬이나 송은영에게 물어봐도 알 수 있는 내용이다. 김이슬과 송선경은 비밀번호를 불러준 것과 관련하여 경찰조사 때 '김종열이 통화하면서 비밀번호가 맞는지 확인하였다'고 진술한 적이 있다. 맞는지 확인하였다는 말은 김종열과 내가 비밀번호가 틀리다는 내용의 통화를 하였다는 이야기다. 사법경찰관의 조사를 받을 때 나는 이런 이야기를 충분히 했다. 그런데도 사법경찰관은 '비밀번호가 틀리다고 하여 비밀번호를 말해 주었다'고 적지 않고 단지 '비밀번호를 가르쳐 주었다'고만 적어 내가 승낙을 한 것처럼 보이도록 유도하고 있는 것이다.

이처럼 사법경찰관의 수사보고서는 매우 편파적이라 하지 않을 수 없다. 수사보고서가 편파적이라는 것은 좋게 말하면 수사가 부실하였던 것이고 나쁘게 말하면 피의자들을 비호하려는 의도가 있었다고 할 것이다.

38

사법경찰관의 첫 번째 결론은 '피의자 김이슬이 정대진 명의의 은행거래서를 작성한 것은 피의자 김성출이 통장과 체크카드, 비밀번호 등을 소지하고 있고 차후에 보완된 문서를 제출하여 주겠다고 하여 고객의 요청에 의해 고객을 믿고 작성하여 준 것으로 고의적으로 위조하였다 볼 수 없다.'고 되어 있다.

죄가 되는지 안 되는지를 가리는 데 있어서 고의인지 아니지는 매우 중요하다. 사람을 죽인 경우에 고의성이 있으면 살인죄가 되어 중벌을 받는다. 그러나 고의성이 없으면, 즉 과실로 죽인 경우라면 과실치사가 되어 비교적 가벼운 벌을 받는다.

고의가 인정되기 위해서는 어떤 행동이 어떤 결과를 가져올지 알고 있어야 하고, 또 그럴 의도가 있어야 한다. 예컨대 차를 몰고 가는데 앞에 원수 같은 인간이 있는 것을 보고 액셀러레이터를 밟고 그냥 돌진하여 치어 죽인 경우를 보자. 이 사람은 차를 몰고 돌진하면 사람이 죽는다는 것을 알고 있었으며 또 그럴 의도로 액셀러레이터를 밟은 것이다. 따라서 살인죄가 된다. 이와 달리 차를 몰고 가는데 갑자기 어떤 사람이 도로로 튀어나와 차에 부딪혀 죽었다고 하자. 이 사람은 차를 몰고 가면서 사람이 튀어나와 차에 부딪혀 죽을 것이란 것을 전혀 몰랐다. 또 그럴 의도로 차를 운전했던 것도 아니다. 따라서 이 사람은 살인죄가 아닌 과실치사죄 또는 무죄가 되는 것이다.

이번에는 어떤 사람이 초등학교 앞에서 과속으로 차를 모는데 어린이가 튀어나와 차에 부딪혀 죽었다고 하자. 이 경우에도 물론 어린이를 죽일 의사는 없었다. 그러나 학교 앞 도로인 만큼 어린이가 튀어나올 수 있다는 것은 충분히 예상이 된다. 이 운전자는 그럴 경우 어린이가 치어죽어도 어쩔 수 없다는 생각을 가지고 과속을 한 것으로 보아야 한다. 따라서 이 운전자는 고의가 있다고 볼 수도 없지만 고의가 없다고 보기도 힘들다. 이런 경우 미필적 고의가 있었다 하고 비교적 무거운 처벌을 받게 된다.

사법경찰관은 여러 가지 이유를 들어 피의자 김이슬이 고의적으로 문서를 위조한 것이 아니라고 주장하고 있는데 과연 고의가 아닐까? 사문서위조란 남의 이름의 문서를 무단으로 작성하는 것이다. 김이슬은 텔레뱅킹을 가입시켜 달라는 김성출의 요구를 처음엔 거절했다. 왜냐하면 본인이 와서 신청서를 작성해야 한다는 것을 알고 있었기 때문이다. 즉, 타인이 정대진 명의의 텔레뱅킹 신청서를 쓰면 안 된다, 그렇게 하면 사문서위조가 된다는 것을 알고 있었다는 이야기다. 그런데도 김이슬은 내 명의의 텔레뱅킹 가입신청서를 작성하였다.

김이슬이 내 명의의 가입신청서를 작성하면서 내가 작성한 서류처럼 보이도록 하였다는 것은 의심의 여지가 없다. 김이슬이 작성한 가입신청서는 송은영이 결재를 하였다. 송은영은 경찰 진술에서 '김이슬에게 정대진 명의의 가입신청서를 작성하도록 지시한 사실이 없다.'고 답변했다. 송은영은 또 '가입신청서를 결재할 때 김이슬로부터 김성출의 부탁을 받고 가입신청서를 작성해 주었다는 이야기를 듣지 못했다.'고 진술했다. 김이슬은 가입신청서를 내가 작성한 것처럼 하여 몰래 넘어갔고, 송은영은 이 가입신청서를 내가 작성한 것으로 판단하고 결재를 하였다는 이야기다. 따라서 김이슬에게 고의가 있었음은 당연하다.

사법경찰관 주장처럼 고의가 아니었다면 과실에 의해 사문서위조를 하였다는 말인데 그렇다면 김이슬은 텔레뱅킹 신청서를 작성하면 내 명의의 서류가 작성되어진다는 것을 몰랐단 말인가? 또 내 명의의 서류를 작성할 의도가 없었는데 저절로 손과 펜이 움직이더니 내 텔레뱅킹 신청서가 만들어졌다는 말인가?

사법경찰관은 김이슬이 '고객의 요청에 고객을 믿고' 신청서를 작성해 주었다고 무슨 선행이라도 한 듯이 적고 있다. 김성출이 어떻게 고객이 될 수가 있는가? 또 김성출을 믿는다는 것은 어떤 의미인가? 김성출은 경찰 조사에서 송은영과 김이슬을 그날 처음 보았다고 하였다. 돈을 다루는 금융기관에서 처음 본 사람을 어떻게 고객이라며 믿을 수가 있는가? 모두 김성출과 김이슬을 감싸주기 위해 동원한 미사여구다. 이 사건은 '김성출의 사주에 의해 김이슬이 신청서를 위조한 것' 이외에 그 어느 것도 아니다.

사법경찰관의 보고서를 보면 두 번째 결론은 '피의자 김성출이 은행 거래를 할 수 있도록 통장을 개설하여 달라고 하여 통장을 개설하여 사용토록 통장과 비밀번호 등을 주었다의 고소인 정대진 진술과 합의되어 은행거래서를 작성하여 주었다'고 되어 있다.

무슨 내용인지 알아듣기 힘든 문장이다. 무슨 내용인지 알 필요 없으니 그냥 불기소의견으로 처리하라고 검사에게 말하는 것 같다. 이런 난해한 문장 읽느라 검사들이 고생깨나 하지 않을까 걱정이다.

내가 김성출에게 통장과 비밀번호를 주었다고 (은행 직원에게) 진술하여 (은행 직원이 김성출에게) 은행거래서를 작성해 주었다는 뜻인가? 설마 이런 뚱딴지같은 주장은 아니겠지? 이게 아니라면 도대체 무슨 뜻인가? 내 독해 능력으로 해석하기에는 무리가 있는 고난도 문장이다.

내가 통장과 비밀번호를 김성출에게 준 적은 있다. 그러나 은행에 내가 그런 말을 한 적은 없다. 나는 통장을 만들 때 한 번 공공은행에 갔을 뿐 그 이후에는 공공은행에 가본 적이 없다. 통화도 한 적 없다. 통장을 만들며 내 통장이 학원용이며 김성출과 같이 쓸 것이라는 말도 한 적이 없다. 김성출도 경찰 진술에서 "김이슬과 송은영을 그날 처음 봤다."고 진술하였다. 김이슬과 송은영은 처음 보는, 전혀 모르는 사람인 김성출의 말을 듣고 내 명의의 예금계좌에 텔레뱅킹을 등록해 준 것일 뿐이다.

경찰 수사기록을 읽으며 세 사람 무혐의로 만들기 위해 없는 머리 짜내느라 경찰이 고생 많았겠다는 생각이 들었다. 그러나 좀 더 그럴 듯한 핑계를 대야 하지 않을까? '경찰 수준이 그러면 그렇지'라는 생각이 들 정도로 유치한 논리라면 곤란한 것 아닐까?

39

경찰의 수사기록을 읽고 나서 검사의 불기소결정서를 읽어 보았다. 피의자 이름과 고소된 죄명이 적혀져 있고 이어 주문과 불기소 이유가 나온다.

주문

피의자들은 증거 불충분하여 혐의 없다.

피의사실과 불기소 이유

본건 피의사실의 요지 및 불기소 이유는 사법경찰관 작성의 의견서 기재와 같다[덧붙여, 사문서위조죄는 그 명의자가 진정으로 작성한 문서로 볼 수 있을 정도의 형식과 외관을 갖추어 일반인이 진정한 사문서로 오신할 정도에 이르러야 하나(대법원 2007도 1674, 2008도 443 등), 고소인이 위조되었다고 주장하는 본건 은행거래신청서는 신청자란에 '신청자의 성명', 신청자서명란에 '신청자의 인영이나 서명' 이 모두 누락되어 있어 고소인이 작성한 문서로 볼 수 있을 정도의 형식과 외관을 갖추었다고 인정하기에 부족함].

무고판단

본건 고소는 사실오인 및 법리오해에 기인한 것으로 고소인에 대한 무고혐의 인정키 어려움.

검사의 의견은 경찰의 의견과 동일하다는 말이다. 고개를 갸우뚱하게 하는 말이다. 검사는 똑똑하다. 천재다. 그런 검사가 오타에, 해석도 안 되는 문장에, 말도 안 되는 억지 논리로 범벅이 된 사법경찰관 의견과 이하동문이라니. 어떻게 그럴 수가 있을까, 라는 생각이 들었다. 해박한 법 지식, 예리한 판단력, 노련한 경험 등을 바탕으로 사법경찰관의 잘못을 지적하고 누구나 수긍할 수 있는 멋진 논리로 완벽한 판단을 내려주길 기대했던 나에게 이것은 또 하나의 실망이었다.

검사의 주장에서 수긍하기 어려운 또 다른 내용은 신청자란에 신청자의 성명이 누락되어 있다는 것이었다. 신청서에는 이름 쓰는 난이 2개가 있다. 위쪽에 가로 60mm, 세로 15mm쯤 되는 큼지막한 난이 하나 있고 아래쪽에 가로 50mm, 세로 6mm쯤 되는 자그마한 난이 하나 있다. 김이슬은 위쪽 큰 난에만 큼지막하게 내 이름을 적었고 아래쪽 작은 난에는 이름을 적지 않았다. 검사는 이것을 트집잡아 신청자 이름이 없으니 내가 작성한 문서로 볼 수 없다는 주장을 하는 것이다. 수긍하기 어려운 주장이다.

내가 처음에 화성동부경찰서에 고소를 하러 갔을 때 증거물로 가지고 갔었던 것은 텔레뱅킹 가입신청서와 본인확인표였다. 이 서류를 사법경찰관에게 보여 주니 그는 "이 정도면 사문서위조 및 동 행사, 접근매체 위조의 증거로 충분하다."며 고소장을 작성해 주었다. 그런데 검사는 사문서위조죄에 해당되지도 않을 서류라고 간단히 치부해 버리고 마는 것이다. 사법경찰관이 무식해서 그 정도도 모르고 나에게 헛소리를 한 것인가? 아니면 사법경찰관이 그때 눈이 삐었었다는 이야기인가?

그래도 검사는 검사인지라 대법원 판례를 인용하여 판단을 한 것은 멋있어 보였다. 최소한 이 정도의 근거는 가지고 판단을 해야 판단의 타당성이 입증되는 것이리라. 호기심에, 그리고 뭔가 새로운 경험을 해본다는 설렘을 가지고 검사가 인용한 대법원의 판례를 찾아보았다. 태어나서 처음으로 해보는 판례검색이었다. 마치 법대생이나 된 듯한 기분이었다.

[대법원 2007도 1674 판결]

사문서위조죄는 그 명의자가 진정으로 작성한 문서로 볼 수 있을 정도의 형식과 외관을 갖추어 일반인이 명의자의 진정한 사문서로 오신하기에 충분한 정도이면 성립하는 것이고, 반드시 그 작성명의자의 서명이나 날인이 있어야 하는 것은 아니다(대법원 1989. 8. 8. 선고 88도2209 판결, 1997. 12. 26. 선고 95도2221 판결 등 참조).

판례를 읽으면서 뭔가 이상했다. 검사 주장은 신청자의 성명, 신청자의 인영이나 서명이 누락되어 내가 작성한 문서로 볼 수 없으므로 사문서위조죄라 할 수 없다는 것이다. 그러나 검사가 그 근거로 제시한 이 판례는 서명이나 날인이 없어도 사문서위조죄에 해당한다는 내용이다. 그리고 이 판례는 사문서위조죄에 해당한다며 피고에게 유죄판결을 내린 판례다. 상식적으로 봤을 때 사문서위조죄에 해당하지 않는다는 결정을 내리면서 그 근거로 판례를 인용하려면 적어도 사문서위조죄에 대해 무죄를 선고한 판결을 판례로 들어야 자연스럽다. 그러나 검사는 유죄 판결을 받은 판례를 제시한 것이다. 검사가 제시한 두 번째 판례를 보았다.

[대법원 2008도 443 판결]

사문서위조죄는 그 명의자가 진정으로 작성한 문서로 볼 수 있을 정도의 형식과 외관을 갖추어 일반인이 명의자의 진정한 사문서로 오신하기에 충분한 정도이면 성립하므로 반드시 그 작성명의자의 서명이나 날인이 있어야 하는 것은 아니나, 일반인이 명의자의 진정한 사문서로 오신하기에 충분한 정도인지 여부는 문서의 형식과 외관은 물론 문서의 작성경위, 종류, 내용 및 거래에 있어서 그 문서가 가지는 기능 등 여러 가지 사정을 종합하여 판단하여야 한다(대법원 1997. 12. 26. 선고 95도2221 판결, 대법원 2006. 9. 14. 선고 2005도2518 판결 등 참조).

앞의 판례와 동일한 내용이다. 그리고 이 판례도 유죄를 인정한 판결에서 나온 판례다. 결국 이들 대법원 판례는 '반드시 작성명의자의 서명이나 날인이 있어야 사문서위조죄가 성립하는 것은 아니다'라는 취지인데 담당검사는 '신청자란에 신청자의 성명, 신청자서명란에 신청자의 인영이나 서명이 모두 누락되어 있어 고소인이 작성한 문서로 볼 수 있을 정도의 형식과 외관을 갖추었다고 인정하기에 부족하다'는, 판례와 다소 어긋난 주장을 하고 있는 것이다. 내친김에 다른 판례도 찾아보았다.

[대법원 1989.8.8. 선고 88도2209 판결]

사문서의 작성명의자의 인장이 압날되지 아니하고 주민등록번호가 기재되지 않았더라도, 일반인으로 하여금 그 작성명의자가 진정하게 작성한 사문서로 믿기에 충분할 정도의 형식과 외관을 갖추었으면 사문서위조죄 및 동행사죄의 객체가 되는 사문서라고 보아야 한다.

이들 대법원 판례를 모두 종합해 보면 사문서위조죄를 판단하는 데 있어서 중요한 것은 단순히 어떤 것이 기재되어 있는지가 중요한 게 아니라 전체적으로 그 문서의 형식과 외관, 문서의 작성경위, 종류, 내용 및 거래에 있어서 그 문서가 가지는 기능 등 여러 가지 사정을 종합하여 판단해야 한다는 것이다. 그런데 검사는 단순히 몇 가지 기재가 빠졌다는 것을 트집 잡아 사문서위조죄가 아니라고 주장하는 것이다.

텔레뱅킹 가입신청서로 쓰인 은행거래신청서 양식은 은행 거래를 처음 개시할 때뿐만 아니라 기존 고객이 다른 기능을 추가하거나 변경할 때도 사용되는 여러 가지 용도로 쓰이는 신청서다. 그 양식을 보면 기재하는 공란이 앞면에 40여 개, 뒷면에 30여 개로 총 70여 개나 있다. 그러나 이 모든 기재란을 다 채워야 하는 것은 아니고 이 중 필요한 최소한의 기재란만 채우면 그것으로 원하는 은행 업무를 처리할 수 있게 되어 있다.

한편 전자금융거래법 제6조(접근매체의 선정과 사용 및 관리) 2항을 보면 '금융기관 또는 전자금융업자가 접근매체를 발급할 때에는 이용자의 신청이 있는 경우에 한하여 본인임을 확인한 후에 발급하여야 한다.'라고 되어 있다. 즉 텔레뱅킹 신청을 위해서는 ① 어떤 서비스를 신청하는지, ② 누가 신청하는지, ③ 그리고 신청자 본인이 맞는지의 세 가지를 확인할 수 있으면 법적 요건을 구비하는 것이며, 따라서 은행거래신청서에 ① 텔레뱅킹을 신청한다는 표시가 되어 있고, ② 신청자 이름이 기재되어 있으며, ③ 여기에 신청자 신분증 카피본이 첨부되어 있으면 텔레뱅킹 신청에 필요한 필수 요소가 모두 구비되었다고 볼 수 있다.

최근 은행 업무의 대부분이 전산화되어 있어서 서류작성은 근거가 되는 최소한의 기재만으로 끝내려는 경향이 강하고, 특히 기존 고객의 경우 본인 확인만 되면 신청서의 많은 부분을 생략하고 업무 처리에 필수적인 항목의 기재만을 요구하는 관행을 감안할 때 본건의 은행거래신청서가 형식과 외관 면에서 부족하다고 단정 지을 수는 없는 것이다.

김이슬이 작성한 은행거래신청서는, 첫째, 작성된 은행거래신청서가 은행에서 현재 사용되어지고 있는 신청서 양식이고, 둘째, 업무

처리에 필요한 필수정보 즉, 텔레뱅킹 신청 표시, 신청자 이름 기재, 실명확인을 하였다는 피의자 김이슬의 명판 및 날인 등이 모두 구비되어 있고, 셋째, 은행거래신청서에 명의자의 주민등록증 복사본이 첨부되어 있어 본인이 직접 작성했음을 보여주고 있고, 넷째, 이 문서를 근거로 하여 김이슬은 김성출에게 텔레뱅킹 비밀번호 카드를 발급해 주었고, 다섯째, 은행 책임자인 송은영이 이 은행거래신청서의 결재란에 도장을 찍었고, 여섯째, 이 은행거래신청서가 본점으로 이송되어 문서보관 컴퓨터시스템에 아무 이상 없이 현재까지 등재되어 있다. 따라서 이 은행거래신청서의 형식과 외관, 문서의 작성경위, 종류, 내용 및 거래에 있어서 그 문서가 가지는 기능 등 여러 가지 사정을 종합하여 볼 때 사문서위조라고 판단하기에 충분한 것이다.

텔레뱅킹 가입신청서에는 또한 권유자를 기재하는 난이 있다. 은행에서는 전자금융을 활성화시키기 위해 직원들의 권유 실적도 관리를 하나 보다. 나의 가입신청서를 보면 김이슬이 권유자란에 자기 사원번호와 이름이 새겨진 명판을 버젓이 찍어 놓았다. 김이슬은 이렇게 하여 자기 권유 실적까지 올렸을 터였다.

텔레뱅킹 가입신청서 뒤에 본인확인표가 첨부되어 있는 것을 검사가 의도적으로 묵살하고 있다는 생각도 들었다. 내 이름을 쓰고 사인을 하는 것은 결국 내가 실제로 신청을 하였다는 증거로서 필요한 요식행위다. 그런데 만약 내 주민등록증이 첨부되어 있다면 이는 내가 실제로 신청하였다는 증거로서 충분하다. 더군다나 가입신청서에는 실명확인란이 있는데 이 확인란에는 김이슬의 명판과 도장이 찍혀져 있다. 즉 나에 대한 실명확인을 하였다는 증거까지 만들어 놓은 것이다. 이 정도면 성명과 사인을 대체하는 수단이 완벽하게 만들어졌다고 보아야 할 것이다.

한편 본인확인표를 보면 내 주민등록증을 무단으로 복사하여 붙이고 내 주민등록증에 '2008. 10. 27.'이라는 날짜 도장까지 찍어 놓았다. 누가 봐도 당일 내가 주민등록증을 제출하였다고 생각할만한 조치를 해놓은 것이다.

이와 같이 텔레뱅킹 신청서는 그 소기의 목적을 달성하였고, 그 과정에서 은행 직원들은 이 신청서를 결재도 하고 스캐닝을 떠서 전산시스템에 보관도 하였다. 은행원들이 이 신청서를 내가 작성한 문서로 오신하였다는 증거이다. 은행 직원들이 내가 작성한 문서로 오신하였다면 당연히 일반인들도 그렇게 오신할 수 있다고 보아야 한다. 검사가 주장하는, '일반인이 보기에 고소인이 작성한 문서로 볼 수 있을 정도의 형식과 외관을 갖추었다고 인정하기에 부족하다'는 주장에 내가 동의할 수 없는 이유이다.

검사가 인용한 판례가 유죄판결을 받은 판례임을 감안할 때 검사의 논리는 '날인(사인)이 없고 성명란에 이름이 기재된 경우 유죄판결을 받았으니, 날인(사인)이 없고 성명란 두 곳 중 한 곳만 이름이 기재된 경우에는 무죄다.'라는 논리다. 이 논리는 '60점 받은 경우 불합격(유죄)이니 70점 받은 경우 합격(무죄)이다.'라는 논리와 같은 형태이다. 60점이 불합격이란 이야기는 합격점이 60점 이상이란 이야기일 뿐이다. 합격점이 80점일 수도 있고 61점일 수도 있다. 그런데 검사는 자기 마음대로 70점은 합격이라고 주장하고 있는 것이다.

아주 기초적인 논리상의 오류이다.

천재 소리 들을 정도로 똑똑하다는 검사가 이런 오류를 모를 리 없다. 불기소(혐의 없음) 결정을 하며 유죄 판결을 받은 판례를 인용하는 것도 상식에 어긋난다. 왜 똑똑하다는 검사가 이런 어리석은 행동을 했을까?

이런 생각을 해보았다. 검사는 당시 세 명에 대해 '혐의 없음' 결정을 내리고 싶었을 것이다. 만약 사법경찰관이 제시한 여러 이유들이 '혐의 없음' 결정을 내리기에 충분한 이유가 되었다면 검사는 '사법경찰관 의견과 같다.'고 한마디만 적고 '혐의 없음' 결정을 내리면 되었을 것이다. 그런데 사법경찰관의 이유가 뭔가 어설프고 부족하다. 그 이유들만 놓고 보면 '혐의 있음' 결정을 내려야 될 정도다. '혐의 없음' 결정을 내리기 위해서는 다른 이유를 더 갖다 붙여야 할 필요가 있다. 그래서 다른 이유를 찾기 위해 판례를 뒤져 보았으나 마땅한 판례가 없다. 궁여지책으로 비록 유죄판결을 받았지만 내 사건에 뭔가 관련이 있음직한 판례로서 위 두 가지 판례를 인용하여 토를 달은 것이다. 내용상으로는 오히려 이상해졌지만 외관상으로는 '혐의 없음' 결정을 내려도 될 정도로 그럴 듯해 보이니까 말이다.

이와 달리 이런 생각도 해 보았다. 당시 검사는 세 명을 기소하려고 했다. 그래서 날인이 없어도 사문서위조죄에 해당하는지를 확인하기 위해 판례를 찾아봤다. 그런 판례가 있다. 그런데 어떤 이유로 불기소 쪽으로 방향을 바꾸게 되었다. 그런데 실수로 이 판례들을 그만 표기하고 말았다.

어떤 가정이 맞는지는 모르겠다. 하지만 사법경찰관이 내세운 이유만으로는 '혐의 없음' 결론을 내리기 부족하여 토를 달은 것은 확실할 것이다. 달리 말하면 이 사건은 세 명을 기소해도 전혀 문제가 없는 사건이었다. 검사가 왜 처음부터 아니면 도중에 마음이 바뀌어 '혐의 없음' 결론을 내리기로 하고 무리한 토를 달았는지는 알 수가 없다. 뭔가 말 못할 이유가 있을 거라고 생각했다.

40

검사의 불기소 결정에 있어서 또 하나 의심스러운 부분이 무고죄에 관한 내용이다. 무고죄란 고소당한 사람이 무죄로 밝혀질 경우 고소한 사람을 처벌하는 것이다. 죄 없는 사람을 고소하여 괴롭혔으니 벌을 받는 것이 당연하다. 그래서 불기소 결정이 되면 반드시 고소인에 대해 무고죄 여부를 판단하여 무고죄에 해당할 경우 고소인을 처벌하게 되어있다.

나의 사건에 대해 검사는 '본건 고소는 사실오인 및 법리오해에 기인한 것으로 고소인에 대한 무고혐의 인정키 어려움.'이라 적었다. 오인이란 잘못 보거나, 잘못 생각하거나, 잘못 인정하는 것이다. 그렇다면 내가 오인한 사실이란 무엇일까? 두말할 나위도 없이 김성출이 내 허락을 받았다는 내용이다. 그 이외에는 나와 피의자들 간에 이견이 없다. 아니 김이슬과 송은영은 김성출이 허락을 받았다는 이야기를 전혀 한 적이 없으니 나와 김성출만 서로 다른 말을 하고 있는 셈이다.

검사는 내가 사실오인을 했다고 적었는데 그렇다면 검사는 내 말이 틀리고 김성출 말이 맞다는 주장이다. 즉, 내가 허락을 했다는 주장이다. 이 사건의 조사를 맡았던 사법경찰관은 조사를 얼렁뚱땅 끝낸 후 허락을 받았는지 아닌지에 대해 나와 김성출이 서로 다른 이야기를 하고 있다고 수사보고서를 작성하였다. 검사는 '본건 피의사실의 요지 및 불기소 이유는 사법경찰관 작성의 의견서 기재와 같다.'고 하였다. 허락을 했는지 안 했는지에 대해 모른다는 사법경찰관의 의견에 동의한 셈이다. 그런데 검사는 갑자기 내가 사실오인을 했다, 즉 내가 허락을 했는데 이러한 사실을 오인했다는 어처구니없는 주장을 하고 나선 것이다.

내가 허락을 한 것이라고 검사가 주장을 하려면 적어도 그에 관해 조금이라도 조사를 해보고 난 후, 그리고 증거를 한 가지라도 제시할 수 있어야 한다. 그런데 검사는 아무런 조사도 하지 않고 아무런 증거도 제시하지 못하고 내가 허락을 했다는 주장을 하는 것이다. 검사가 똑똑한 것은 나도 안다. 하지만 검사는 전지전능한 신이 아니다. 모든 것을 알 수는 없다. 검사가 족집게 점쟁이라 내가 허락하였다는 것을 척 보고 바로 알 수 있었다면 할 말 없다. 그러나 만약 그렇다면 당장 검사 그만두고 다른 직업을 찾아보라고 권하고 싶다. 검사의 직무는 족집게 점쟁이 능력만으로 되는 것이 아니기 때문이다. 검사는 자기주장이나 판단에 대해 납득할 만한 증거와 논리도 아울러 제시해야 하기 때문이다.

검사의 주장대로 내가 사실오인을 했다고 가정해 보자. 김성출이 말한 대로 2008년 10월 27일에 은행창구 앞에서 김성출이 나에게 텔레뱅킹 가입을 하겠다고 전화를 하고 내가 그러라고 허락했다고 치자. 그런데 그로부터 4일이 지난 2008년 10월 31일, 나는 텔레뱅킹이 내 허락 없이 무단으로 등록되었다고 은행에 가서 난리를 쳤다. 그렇다면 내가 4일 전에 통화한 내용을 완전히 잊어버리고 은행에 가서 떼를 썼다는 이야기다. 어떻게 하면 4일 전에 통화한 내용을 완전히 잊어버릴 수 있을까? 내가 치매 환자인가? 내가 머리가 나빠도 너무 나쁘다는 이야기인가?

더 웃기는 이야기는 2008년 10월 31일에 공공은행 직원들이 김성출을 불러 텔레뱅킹 가입 경위를 자세히 파악하였는데, 이때 김성출은 내 허락은 받지 않았다고 대답했다는 것이다. 그래서 이후에 공공은행은 나에게 '동업자에게는 허락 없이 텔레뱅킹을 등록해 줘도 괜찮다.'라는 말만 되풀이하였던 것이다. 검사 주장대로라면 김성출도 불과 4일 전에 나에게 허락을 받았는데 이를 잊어버리고 허락을 받지 않았다고 은행 직원들에게 말했다는 이야기다. 김성출도 치매 환자인가?

검사의 말대로 내가 사실오인을 했다고 치자. 그렇다면 나는 텔레뱅킹 가입을 허락해주고 김성출과 은행 직원들을 고소한 셈이다. 죄 없는 사람들, 아니 나를 위해 사문서위조, 동 행사, 전자금융거래법 위반 등의 위험을 감수해준 고마운 사람들을 고소한 셈이다. 세상에 이런 배은망덕한 나쁜 인간이 어디 있는가? 그런데 검사는 이런 나에게 무고죄 혐의가 없다고 하고 있는 것이다. 내가 물론 정신

이상자라면 이렇게 죄 없는 사람들을 고소해도 처벌받지 않는다. 대신 정신 감정을 받고 정신병원에 입원을 하든지 치료를 받아야 할 것이다. 그런데 검사는 단지 사실오인이므로 무고죄 혐의가 없다고 주장한다.

사실오인이 무고죄 혐의를 벗겨주는 경우도 물론 있다. 우리 집에 들어와서 돈을 훔쳐갔다고 내가 이웃집 사람을 고소했는데 나중에 진짜 도둑을 잡고 보니 이웃집 사람과 닮은 다른 사람이었다면 이는 사실오인이 되고 무고죄로 처벌받지 않을 것이다.

그러나 나의 경우에 있어서의 사실오인이란 내가 잘못 보거나 들었다는 이야기가 아니라 내가 전화로 말한 내용을 잘못 기억하고 있다는 말이다. 만약 자기가 말한 것에 대해 기억하지 못한다 하여 무고죄로 처벌하지 않는다면 무고죄로 처벌받을 사람이 누가 있겠는가? 따라서 사실오인이라며 나를 무고죄로 처벌하지 않는 것은 검사의 직무유기에 해당하는 것이다.

결국 검사가 나를 무고죄로 처벌하지 못한 이유는 한가지 밖에 없다. 내가 사실오인을 하지 않았다는 이야기다. 즉 내가 허락을 하지 않았다는 것을 검사도 알고 있었다는 이야기다.

만에 하나, 검사가 사실오인을 주장한 이유가 혹시 사법경찰관이 잘못 기재한 '피의자 정대진의 요구에 의해 (중략) 텔레뱅킹 신청을 한 것은 인정된다.'라는 글을 읽고 '아하, 정대진이 텔레뱅킹 신청을 하라고 했었구나.'라고 생각을 했기 때문이라면 이는 전혀 다른 문제가 된다. 검사가 이 문장을 그런 뜻으로 받아들였다면 검사야말로 '사실오인'을 한 것이다. 이 경우 검사와 사법경찰관은 나에게 공식적으로 사과하고 이 사건을 경찰 조사부터 다시 진행해야 할 것이다.

검사는 사실오인 이외에 법리오해를 무고죄가 안 되는 이유로 들고 있다. 검사는 피의자들이 고의성도 없었고 또 일반인이 오신할 정도의 사문서도 아니므로 범죄가 안 된다고 했다. 김이슬이 내 명의의 신청서를 고의로 작성하려 하지 않았는데 어떻게 하다 보니 내 이름이 쓰이고 김이슬의 명판, 도장, 그리고 송은영 도장 등이 여러 번 찍혀져 신청서가 만들어졌고, 또 그 문서는 애들 장난하듯 조잡하게 만들어진 서류라 죄가 안 된다는 것이다. 결국 나는 천진난만한 은행원들이 내 명의의 신청서와 주민등록증을 가지고 유치하게 장난치며 놀고 있는 것을 범죄행위라고 고소하였다는 것인데 이야말로 무고죄로 처벌해야 하는 경우가 아닌가?

고의성이 없다거나 일반인이 오신할 정도의 문서가 아니라는 주장은 다 납득할 수 없는 주장이다. 검사는 혹시 이런 주장을 하는 것이 낯간지러워서 나를 무고죄로 처벌하지 못한 것이 아닐까?

41

사법경찰관의 편파적이고도 부실한 수사, 그리고 무슨 뜻인지 알 수도 없는 문장에 오타까지 겹친 수사보고서, 또 엉터리 이유를 갖다 붙인 불기소 의견은 받아들일 수 없었다. 검사가 덧붙인 이유도 오류가 있어 받아들일 수 없었다. 그래서 항고를 하기로 하였다.

항고 이유는 이렇게 적었다.

> 검사의 불기소 이유를 보면 '사법 경찰관 작성의 의견서 기재와 같다' 고 되어 있는데, 사법경찰관이 작성한 의견서는 매우 중대한 오류가 있으며 명백한 허위사실을 인용하고 있으며 아무 근거 없는 주장을 하는 등 그 신뢰성이 극히 낮아 이를 근거로 불기소 처분한 것은 부당하다 아니할 수 없으며, 또한 검사가 대법원 판례를 인용하여 주장하는 의견도 본건에 해당한다고 볼 수 없는바 재수사를 명하여 주시기 바랍니다.

이어서 구체적인 항고 사유로서 첫째, 사법경찰관이 작성한 의견서는 고소인과 피의자를 혼동하는 등 매우 중대한 오류가 있다, 둘째, 사법경찰관은 텔레뱅킹 가입 신청에 대한 고소인의 허락이 없었음이 분명한데도 이에 대해 수사도 제대로 하지 않은 채 서로 주장이 다르다고만 하고 있다, 셋째, 사법경찰관은 아무 근거 없이 피의자들의 행위가 고의가 아니라고 주장하고 있다, 넷째, 사법경찰관은 마치 고소인이 통장을 피의자 김성출에게 양도한 것처럼 주장하고 있으나 이는 사실이 아니다, 다섯째, 담당 검사의 대법원 판례를 인용한 의견은 본 사건에 부합되지 않는다, 등 다섯 가지 사유를 적었다.

그리고 당초 내가 제출한 고소장에는 피의자들이 내 주민등록증 복사본을 무단 사용한 것에 대하여 공문서 부정 사용죄로 고소한 내용도 있는데 이에 대한 수사기록 및 검사의 처분이 없다는 내용도 기재하였다.

2010년 3월 5일, 항고장을 작성하여 서울고등검찰청에 발송하였다. 비록 무식한 경찰과 수준 낮은 수원지방검찰청에서는 제대로 사건을 판단하지 못하였지만 고등검찰청쯤 되면 진실이 무엇인지, 어떤 결정이 올바른 것인지 그야말로 추상같은 판단을 내려 줄 것이었다.

항고장을 발송하고 두 달 정도 지난 2010년 5월 초, 서울고등검찰청으로부터 형사사건처분통지를 받았다. 내용은 지극히 간단했고 또 지극히 실망스러웠다.

형사사건처분통지

김이슬 외 2명에 대한 항고사건에 관하여 아래와 같이 처분하였으므로 통지해 드립니다.

처분결과

결정주문 : 항고기각

이　　유 : 불기소처분 검사의 불기소 결정은 부당하다고 인정할 자료 없음.

항고기각이란 내 항고를 받아들이지 않겠다는 의미이다. 그 이유로서 불기소 결정이 부당하다고 인정할 자료가 없다고 하였다. 나는 항고장을 내면서 고등검찰청에서 최소한 내 주장의 어디가 맞고 어디가 잘못되었다는 반박을 해 올 줄 알았다. 그런데 아무런 반박도 없고 그저 자료가 없다는 내용이었다. 불기소 결정이 정당하다는 말도 없다. 고등검찰청의 말은 결국 '불기소 결정이 정당한지 아닌지는 모르지만 불기소 결정이 부당하다고 인정할 자료가 없으니 정당하다고 보아야 한다.'는 의미인 것 같다. 답답한 처분통지였다. 그때 용기를 내어 고등검찰청 검사에게 기각 이유가 구체적으로 뭐냐고 물어봤어야 했다는 생각이 든다. 그러나 그때는 겁이 났다. 아직까지도 검찰은 좀 무섭다. 고등검찰은 더 무섭다.

나는 지금도 사법경찰관과 검사들이 어떻게 일을 하고 있는지 궁금하다. 피의자가 젊은 여자일 때 이 여자를 살리기 위해 노력하는지. 고소인과 피의자 이름을 슬쩍 바꿔 적고 있는지. 다른 사람이 부탁해서 사문서를 위조하면 고의성이 없는 것이라고 주장하는지. 대질 조사하면 금방 밝혀질 내용을 그냥 서로 다른 주장을 하고 있다고만 기록하고 마는지. '혐의 없음' 결정을 하면서 그 근거로 유죄 판결 받은 판례를 들이밀고 있지는 않는지. 이런 부당한 사실들을 아무리 많이 제시해도 불기소 결정이 부당하다고 인정할 자료가 없다며 항고를 기각하고 있는지.

6장 · 대통령실

문서번호 고객행복부 621
시행일자 2010 4 11
수 신 성대전 고객님
주 소 경기도 성남시 분당구 판교동 513 현대아파트 1110동 1402호
제 목 민원에 대한 회신

1 댁내의 평안과 행복을 기원합니다

2 고객님께서 10.2.9 감사원에 신청한 민원에 대한 회신입니다

3 고객님께서는 '08.10.27 당행 동탄중앙지점에서 제3자(김___)에게 고객님 명의 예금계좌에 텔레뱅킹을 가입시켜주어 총 5회에 걸쳐 50백만원이 무단 이체되는 피해를 보았다며 이에 대한 조사를 요구하셨습니다

4 당행은 고객님께서 신청한 동일한 내용의 민원 관련으로 금융감독원에 3차례에 걸쳐 회신을 하여 금융감독원에서 민원관련 당사자 3자 대면을 실시하고 고객님께 민원처리 결과를 송부한 것으로 알고 있습니다

또한, 고객님께서 '09.11.2 당행 직원(과장 송___, 계장 김___)과 타인경영 동업자(김___)를 화성동부경찰서(사건번호 2009년 제 20882호)에 전자금융거래법 위반, 사문서 위조, 위조 사문서 행사의 죄명으로 고소한 피의사건이 '09.12.29 수원지방 검찰청(사건번호 2010년 제 2866호)에 송치되었으나, 수원지방 검찰청으로부터 10.2.3자로 3건 모두 증거 불충분으로 '혐의 없음'(처분 일자 10.1.29)으로 판정되었습니다

따라서 당행에서는 본건 민원내용에 대해 더 이상의 조치할 내용이 없음을 알려드리니 이점 양해해 주시기 바랍니다 끝

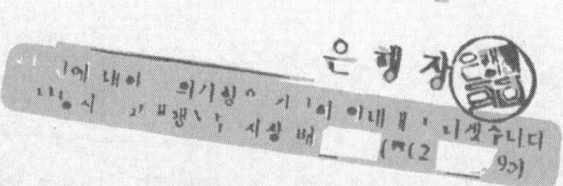

은행장

[illegible] 습니다 (2 [illegible] 9)

6장. 대통령실

42

2010년 3월은 내 고소사건이 불기소처분을 받은 것에 항의해 고등검찰청에 항고장을 제출한 달이었다. 또한 감사원에서 내 민원을 더 이상 처리해줄 수 없다며 민원을 종료하겠다는 최후 공문을 보낸 달이기도 했다. 그때 감사원은 뜬금없이 공공은행으로 하여금 내 사건을 조사, 처리하고 그 결과를 나에게 회신하도록 하였었다. 이에 따라 공공은행은 2010년 4월 19일자로 나에게 다음과 같은 내용의 회신을 보내왔다.

1. 댁내의 평안과 행복을 기원합니다.
2. 고객님께서 '10.2.9. 감사원에 신청한 민원에 대한 회신입니다.
3. 고객님께서는 '08.10.27. 당행 동탄공원지점에서 제3자(김성출)에게 고객님 명의 예금계좌에 텔레뱅킹을 가입시켜주어 총 5회에 걸쳐 50백만 원이 무단 이체되는 피해를 보았다며, 이에 대한 조사를 요구하셨습니다.
4. 당행은 고객님께서 신청한 동일한 내용의 민원 관련으로 금융감독원

에 3차례에 걸쳐 회신을 하여 금융감독원에서 민원관련 당사자 3자 대면을 실시하고 고객님께 민원처리결과를 송부한 것으로 알고 있습니다.

또한, 고객님께서 '09.11.2. 당행 직원(과장 송은영, 계장 김이슬)과 학원경영 동업자(김성출)를 화성동부경찰서(사건번호 2009년 제20882호)에 전자금융거래법 위반, 사문서위조, 위조사문서 행사의 죄명으로 고소한 피의사건이 ' 09.12.29. 수원지방검찰청(사건번호 2010년 제2866호)에 송치되었으나, 수원지방검찰청으로부터 '10.2.3.자로 3건 모두 증거 불충분으로 "혐의 없음" (처분일자 ' 10.1.29.)으로 판정되었습니다.

따라서 당행에서는 본건 민원내용에 대해 더 이상의 조치할 내용이 없음을 알려드리오니 이 점 양해해 주시기 바랍니다. 끝.

공공은행장

인간이 인간이기 위해서 기본적으로 지켜야 할 윤리라는 것이 있듯이 기업에게도 기업윤리라는 것이 있다. 기업을 영위하며 고객에게 신뢰를 받기 위해서, 그리고 결국 그 기업이 망하지 않고 존재하기 위해서 고객에게 할 수 있는 일과 하지 말아야 할 일을 구분해야 한다.

자기들만 살겠다고 금융감독원엔 허위사실과 고객을 매도하는 내용으로 도배된 보고서를 제출하고, 경찰과는 '젊은 여직원 구하기' 작전을 펼치고, 그리하여 금융감독원 직원과 사법경찰관을 현혹시켰던 공공은행. 이런 편법을 동원하여 자기네에게 유리한 판정을 받고나서는 뻔뻔스럽게도 자기네들은 아무 잘못도 저지른 게 없으니 더 이상 조치할 내용이 없다고 주장하는 이런 파렴치한 은행이 버젓이 영업을 하고 있다는 사실이 나를 슬프게 한다.

이 회신을 읽으면서 우선 나는 경찰에 세 사람을 고소한 것을 후회하였다. 경찰에 고소함으로써 결과적으로 공공은행에 면죄부를 준 꼴이 되고 말았기 때문이다. 하지만 나는 이 회신을 읽으면서 어떠한 일이 있든지 반드시 은행이 자신들의 잘못을 인정하게 만들겠다는 각오를 하였다. 공공은행의 회신은 사그라져가는 나의 전의를 불태우는 계기가 되었던 것이다.

이때 만약 공공은행이 나에게 진심으로 사과하는 내용의 회신을 보냈다면 아마 나도 더 이상 은행을 상대로 싸우기가 힘들었을 것이다. 5천만 원이 작은 돈은 아니지만 죽기 살기로 싸울 만큼 가치 있는 돈도 아니다. 그러나 은행은 뻔뻔스럽게도 자신들은 잘못이 없다는 주장을 하고 나왔고 이는 나에 대한 또 다른 도발, 곧 선전포고라 아니할 수 없었다.

많은 싸움이 처음에는 그 싸움의 대상이 되는 목적물의 가치 때문에 일어난다. 하지만 싸움이 진행되면서 점차 감정의 골이 깊어져 나중에는 상대방에 대한 미움이 싸움을 이끌어가게 된다. 결국 그 목적물 자체보다도 상대방에 대한 보복으로 싸움의 목적이 변질된다. 공공은행의 이 회신은 은행에 대한 나의 전의를 한껏 북돋아준 셈이다.

공공은행의 잘못을 밝혀줘야 할 이유는 여러 가지 있었다. 돈을 원상복구 받기 위해서, 그리고 내가 받은 상처를 아물게 하기 위해서, 또한 은행과 금융감독원이 더럽힌 나의 명예를 회복하기 위해서도 필요하다. 그러나 무엇보다도 공공은행을 위해서 필요하다. 은행의 이 회신 주장대로라면 나는 아무 잘못 없는 공공은행을 괴롭힌 셈이다. 특히 송은영과 김이슬은 아무 잘못도 없는데 금융감독원과 경찰서에 불려 다니고, 은행 내부에서도 윗사람에게 혼나고 경위서를 쓰고 어쩌면 징계를 받았을지도 모른다. 진실로 이들이 잘못이 없는데도 이런 고통을 받았다면 나는 이들에게 큰 죄를 지은 셈이다. 이들은 결백한데도 억울한 일을 당한 셈이다. 이들의 억울함을 풀어주기 위해서라도 반드시 이들의 잘못을 밝혀줘야 할 필요가 있었다. 아니, 더 정확히 말하면 공공은행의 억울함을 풀어주기 위해서라고 해야 할 것이다. 송은영과 김이슬은 이미 자기들의 잘못을 인정하고 나와 합의까지 한 적이 있으니까 말이다.

내가 은행의 이 회신을 보면서 경찰과 검찰, 그리고 공공은행에 대해 더욱 분개한 것은 전자금융거래법에 대한 무혐의 결정 때문이었다. 이 사건과 관련한 전자금융거래법 조항은 두 개다. 하나는 접근매체 위조에 관한 조항이고 다른 하나는 대리인에게 텔레뱅킹을 등록해주면 안 된다는 조항이다.

먼저 접근매체 위조에 대한 조항은 전자금융거래법 제49조에 나와 있다.

> 제49조(벌칙) ① 다음 각 호의 어느 하나에 해당하는 자는 7년 이하의 징역 또는 5천만 원 이하의 벌금에 처한다.

1. 접근매체를 위조하거나 변조한 자

대리인에 의한 텔레뱅킹 등록에 대해서는 전자금융거래법 제6조 제2항, 제43조, 제46조에 나와 있다.

제6조(접근매체의 선정과 사용 및 관리) ② 금융기관 또는 전자금융업자가 접근매체를 발급할 때에는 이용자의 신청이 있는 경우에 한하여 본인임을 확인한 후에 발급하여야 한다.

제43조(허가와 등록의 취소 등) ② 금융위원회는 금융기관 또는 전자금융업자가 다음 각 호의 어느 하나에 해당하는 때에는 6월의 범위 안에서 기간을 정하여 관련 업무의 전부 또는 일부의 정지를 명할 수 있다.
1. 제6조제1항·제2항, 제8조제2항·제3항, 제16조제1항 내지 제4항, 제19조제1항, 제35조, 제36조 또는 제38조제3항·제4항의 규정을 위반한 때

제46조(과징금) ① 금융위원회는 금융기관 또는 전자금융업자가 제43조제2항 각 호의 어느 하나에 해당하게 된 때에는 대통령령이 정하는 바에 따라 업무정지명령에 갈음하여 5천만 원 이하의 과징금을 부과할 수 있다.

경찰과 검찰은 이들 3사람의 행위가 전자금융거래법 제49조에 나오는 접근매체 위조에 해당하는지에 대한 수사를 하였을 뿐이다. 경

찰의 수사기록에도 '피의자들의 행위를 형법 제231조, 제234조, 전자금융거래법 제49조 제1항 제1호에 해당하는 범죄로 의율 수사한 바'라고 기재하여 접근매체 위조에 대해서만 수사했음을 명확히 하고 있다.

경찰이 전자금융거래법 제6조 제2항에 대해서 수사하지 않은 것은 이 조항의 위반에 대해서는 경찰과 검찰이 수사할 필요도 없고 수사를 해서도 안 되기 때문이다. 전자금융거래법 제6조 제2항을 위반하면 뒤의 제43조, 제46조에 규정된 행정처분을 받게 된다. 행정처분을 하는 것은 물론 금융위원회 또는 금융감독원이다. 따라서 경찰과 검찰이 이 조항에 대해 어떠한 수사를 한다든가 조치를 취하려 한다면 이는 월권행위가 될 뿐이다.

공공은행이 전자금융거래법 제6조 제2항을 위반한 것은 명명백백한 사실이다. 당시 김이슬이 임의로 작성한 가입신청서, 내 주민등록증 복사본을 무단으로 붙여 만든 본인확인표가 그 증거이다. 또한 김이슬은 그간 경위서와 수사기록 등을 통해 자기가 대리인에게 텔레뱅킹을 등록해 준 것을 모두 시인했다. 공공은행도 이러한 사실을 금융감독원 조사에서 모두 인정했다. 다만 이런 행위가 표현대리에 해당한다는 억지 주장을 폈고, 금융감독원도 처음에는 덩달아 이런 주장에 동조하다가 나중에 표현대리가 아니라고 번복한 적이 있다.

그런데 공공은행은 경찰과 검찰이 전자금융거래법 위반에 대한 무혐의처분을 내리자 이를 빌미로 자기네들이 제6조 제2항도 위반한 것이 아니라는 주장을 하고 나선 것이다. 이러한 공공은행의 주장은 나중에 금융위원회 요청에 의한 금융감독원의 조사 때도 똑같이 반복되었다. 그야말로 손바닥으로 태양을 가리는 행위가 아닐 수 없다.

43

공공은행의 잘못을 밝혀주기는 해야 할 텐데 문제는 그 수단이 이제 거의 남아 있지 않다는 것이었다. 물론 소송도 어느 정도는 각오하고 있지만 한 번도 해보지 않았던 소송은 왠지 겁이 났다. 소송하다 집안이 망한다는 말도 있지 않은가? 어쩔 수 없이 소송을 하게 되면 해야겠지만 조금이라도 그 시기는 늦추고 싶었다. 어린 시절 숙제가 하기 싫어서 TV 보고 하자, 저녁 먹고 하자, 한숨 자고 하자, 이런 식으로 핑계를 대며 미루는 식이다. 그렇다면 소송 전에 무엇을 더 해볼 수가 있을까?

금융감독원, 감사원을 거치고 나서도 해결이 안 된다면 이제 감사원 위에 있는 조직을 움직여야 한다. 그런데 감사원은 대통령 직속이다. 대통령을 움직여야 한다는 이야기다. 대통령을 움직일 수 있는 공식적은 방법은 현실적으로 없다. 비공식적으로는 탄원서를 올리는 방법이 있다. 대통령에게 전달될 가능성은 거의 제로일 것이다. 하지만 이제는 그 방법도 마다할 수 없는 입장이 되었다.

대통령에게 보내는 탄원서를 작성하기로 하였다. 대통령에게 직접 전달되지 않을 경우를 생각하여 대통령실장에게도 같이 보내는 형식으로 작성하였다. 바쁘신 분들이니 될 수 있는 대로 짧게 쓰는 것이 좋을 듯하여 내용을 최대한 압축하였다. 그간 공공은행, 금융감독원, 감사원과 주고받은 서류들은 모두 관련 자료로 뒤에 첨부하였다. 이들 서류만도 50페이지가 넘었다. 그리고 2010년 8월 10일 대통령실로 발송하였다.

내용은 다음과 같았다.

존경하는 대통령님, 그리고 대통령실장님

국가발전을 위해 노력하시는 대통령님과 실장님, 그리고 직원 여러분의 노고에 머리 숙여 깊은 감사 말씀 올립니다.
평범한 시민의 한사람에 불과한 제가 감히 이렇게 글을 올리게 된 것은 금융감독원 및 감사원의 업무 처리에 많은 문제점이 있어 이를 그대로 방치해서는 금융기관 및 국가공무원의 감시감독이 제대로 이루어질 수 없다는 우려 때문입니다.
간단히 저의 경험을 말씀드리고자 하오니 잠시 들어주시고 잘못된 업무관행이 발본색원되도록 힘써 주실 것을 간곡히 앙청드립니다.

약 20개월 전, 저는 공공은행에 제 명의의 실명통장을 만들고 이를 잠시 지인에게 맡겼었는데 이 사람은 저 몰래 제 통장에 텔레뱅킹을 신청하였고 공공은행은 저의 승낙을 받지 않고 텔레뱅킹 비밀카드를 이 사람에게 발급해 주어 텔레뱅킹을 사용토록 하였습니다. 저는 이러한 내용을 금융감독원에 고발하였습니다.
그런데 금융감독원은 공공은행의 일방적 주장을 받아들여 다수의 허위사실이 기재된, 공공은행을 비호하는 성격의 보고서를 작성하여 저에게 보내왔습니다. 이에 저는 금융감독원에 이 보고서의 부당함을 지적하는 서류를 작성하여 보냈으나 금융감독원은 이를 전혀 받아들이지 않았습니다.

이에 저는 금융감독원 업무의 부당함과 이의 시정을 요구하는 진정서를 감사원에 제출하였습니다. 그러나 감사원은 어처구니없게도 저의 진정서를 금융감독원 담당자(피진정인)에게 보내 진정서를 처리하도록 하였습니다. 이에 제가 2번째 진정서를 제출하니 감사원은 금융감독원 자문위원 관리부서에서 진정서를 처리하도록 하더니, 이에 제가 세 번째 진정서를 제출하니 금융감독원 감찰부서에서 처리하도록 하였으나 그 내용은 전혀 엉뚱한 내용이었습니다.

이에 제가 네 번째 진정서를 제출하니 감사원은 '이미 세 번 처리했으므로 더 이상 처리할 수 없다' 고 하였고, 이에 제가 '그렇다면 금융감독원이 허위로 공문을 작성한 것은 조사해 보았느냐?' 는 질문을 포함한 세 가지 질문을 기재한 질의서를 제출하였으나 아무런 답변서도 보내주지 않았습니다.

이에 저는 부득이 행정심판을 제기하기에 이르렀으나 감사원 행정심판위원회는 본 건이 행정심판의 대상이 되지 않는다는 회신을 보내왔습니다.

존경하는 대통령님, 그리고 대통령실장님

저는 이번 일을 통하여 우리나라 감독기관이 자기의 잘못과 남의 잘못을 덮어주기 위해 노력하고 있으며, 이러한 일을 위해 국민의 귀한 세금을 사용하고 있다는 생각에 분노하지 않을 수 없습니다.

부디 이번 일을 살펴주시어 감독기관의 썩은 부분을 도려내고 위상을 바로 세워 주시기를 머리 숙여 간청드립니다.

국가대사를 경영하시는 데 다망하신 대통령님과 실장님께 이런 사소한 일로 번거롭게 해드려 죄송하오나, 감독기관을 바로 세우시는데 일조가 될까 하여 감히 글을 드립니다.

대통령님과 실장님의 건강과 가정의 행복을 축원드립니다.

감사합니다.

2010년 8월 10일

정대진 드림

44

탄원서를 부친 후 열흘쯤 지나서 신문고 담당 조사관으로부터 전화를 받았다. 신문고는 국민의 고충을 듣고 해결해 주기 위하여 설치된 기구이다. 겉으로는 청와대 신문고라는 명칭을 사용하고 있지만, 국무총리실 산하에 있는 국민권익위원회 소속의 조직이다. 조사관은 대통령실로부터 내 탄원서를 전달받았으며 내용에 대해서도 알아보았다고 하였다. 그리고 아무 문제도 없는데 왜 민원을 내느냐는 식으로 이야기했다.

"행정심판까지 이미 다 마치신 거네요?"

"과정이 중요한 게 아니고 그 내용을 보셔야 합니다."

"하지만 행정적인 부분은 다 하신 것 같습니다. 행정심판에 대해 이의가 있으시면 행정소송으로, 공공은행과는 민사소송을 하시면 됩니다."

"민사소송은 할 겁니다. 제가 탄원서를 낸 이유는, 금융감독원이 사실 확인을 마친 거라며 허위사실을 마치 사실인 양 기재하고 이를 기반으로 제 민원을 처리했다는 것이고, 또 이에 대해 감사원에 조사해 달라고 했는데 아무런 조사도 안 했으니 이걸 확인해 달라는 것입니다."

"그래서 감사원에서 조치를 취하지 않았습니까?"

"감사원에서는 세 번 금융감독원으로 패스만 했습니다. 금융감독원은 이 핑계 저 핑계 대면서 조사를 안 했고요. 감독기관이 허위사실을 기반으로 분쟁조정업무를 하면 되겠습니까? 썩은 공무원들이죠. 이런 일들을 바로잡아 달라는 겁니다."

"그래서 감사원 행정심판을 하신 것 아닙니까?"

"행정심판에서는 이 건이 처분에 해당되지 않아 행정심판 대상 자체가 안 되고, 또 동일사안이 3회 반복되어 종료한 경우에 해당하므로 잘못 없다는 판단입니다."

"무슨 말씀인지 이해는 합니다."

"이해한다면 금융감독원이나 감사원의 잘못임을 느끼신다는 말씀인가요?"

"그런 뜻은 아닙니다."

"그럼 한 가지 물어보겠습니다. 저는 금융감독원이 허위사실을 기반으로 업무를 처리했다고 했습니다. 그러면 허위사실인지 아닌지 누군가가 확인해봐야 하지 않겠습니까?"

"분쟁조정을 할 때 양쪽 주장이 서로 틀리잖아요. 그러면…."

"틀린 게 아니고 일방적으로 은행 이야기만 들은 겁니다. 은행 이야기 들은 다음 내 얘기도 들어야 하는데 안 듣고 그냥 조정의견을 낸 겁니다. 대리권 받았다, 김성출 책임추궁 안 했다, 이런 이야기는 다 거짓이고 나에게 손해가 있다는 것도 금융감독원 담당자가 나중에 전화로 다 확인했습니다."

"은행 이야기가 맞을 수도 있고 신청인 이야기가 맞을 수도 있는 것 아닙니까? 금융감독원은 양쪽 이야기를 듣고 나름대로 판단을 하는 것이잖아요."

"양쪽 이야기를 다 들은 게 아니라니까요."

"선생님은 그렇게 주장할 수 있습니다. 그래서 선생님이 안 받아들이게 되면 행정소송이나 민사소송을 하시면 되는 겁니다."

예전에 감사원 담당자와 통화한 기억이 났다. 그때도 아무런 성과 없이 1시간 가까운 통화를 하였었다. 왜 공무원들은 민원인이 하는 이야기를 제대로 알아듣지 못하는 걸까? 이해 능력이 떨어지는 걸까? 아니면 딴 생각을 하며 이야기를 듣는 걸까?

"조사관님이 핵심을 파악 못하고 있는 것 같습니다. 보고서 상당 부분이 허위사실이라는 것을 공공은행도 인정을 했습니다. 금융감독원은 허위사실을 기반으로 조정의견을 낸 겁니다."

"하지만 금융감독원 조정이 최종적인 것은 아닙니다. 소송…."

"일단 허위사실을 기반으로 조정의견 낸 것은 잘못 아닙니까? 잘못된 것은 바로잡아야 하지 않습니까? 이런 일이 소송한다고 바뀌는 것은 아니지 않습니까?"

"만약 선생님이 은행의 부당한 행위에 의해 손해를 입었다면…."

"그게 아닙니다. 내가 요구하는 것은 은행의 부당한 행위가 아니라 금융감독원의 부당한 행위를 바로잡아 달라는 겁니다."

"그건 감사원에 민원 다 낸 것 아닙니까?"

"감사원은 패스만 했습니다. 손 안 대고 코만 풀려 했다고요."

"감사원이 공공은행에게 처리하라고 공문도 보냈지 않았습니까?"

"공공은행은 관계가 없습니다. 은행은 감사 대상도 아닙니다. 감사원이 은행을 걸고 넘어간 것뿐입니다. 좀 물어보겠습니다. 공무원이 허위사실을 문서에 기재하고 이를 근거로 판단을 했다면 어떻게 하면 됩니까?"

"공문서위조로 고소하면 되지 않을까요?"

"공문서위조에는 해당이 안 되는 수준이고 사실 확인 업무를 태만히 한 것에 가까운 것입니다."

"그래서 선생님이 어떤 손해를 봤다면 민사소송으로…."

"민사는 별도로 할 겁니다. 내가 하고 싶은 이야기는 허위사실을 기반으로 공문서를 작성하고 있는 공무원이 있으니…."

"그걸 감사원에 민원 냈던 것 아닙니까?"

"하지만 감사원이 그걸 조사도 안 했어요."

"감사원이 행정적으로 할 수 있는 것은 다 했습니다."

그야말로 같은 이야기, 의미 없는 이야기가 끝없이 반복되고 있는 셈이다. 조사관이 나에 대한 최소한의 예의만 있어도, 최소한의 성의만 있어도, 최소한의 공감능력만 있어도 이렇게까지 나를 힘들게 하지는 않을 것이다. 드디어 내가 폭발하고 말았다.

"이것 보세요, 조사관님! 감사원이 뭘 했다고 주장하는 거예요? 감사원이 뭘 했어요? 감사원이 한 것이 뭐 있는지 말해 보세요!"

"…."

목소리가 커지니 조사관이 당황한 모양이다.

"감사원이 한 것은 패스 세 번 한 것밖에 없다고 몇 번을 이야기하지 않았습니까? 왜 서류도 제대로 읽어보지 않고 이야기를 합니까? 감사원은 아무런 일도 안 했고, 행정심판을 제기하니 심판 대상이 안 된다고 묵살한 겁니다. 감사원이 안 하면 누가 하도록 해야 합니까? 감독기관 공무원들이 이렇게 썩으면 공무원에 대한 조사, 감독, 통솔이 제대로 되겠습니까? 대통령께서 이런 일을 아셔야 하지 않겠습니까? 그래서 내가 이 탄원서를 쓴 겁니다. 그런데 감사원이 뭘 했다고 자꾸 엉뚱한 이야기를 합니까? 감사원은 세 번 패스만 했고 그래서 행정심판 청구했더니 심판 대상 아니라며 '약 오르지 메롱' 하고 있는 겁니다."

"…."

"이를 바로잡을 수 있는 다른 정상적인 방법이 있다면 대통령께 올리지도 않았습니다. 관료사회가 이렇게 썩으면 통치행위가 제대로 될 수가 없습니다. 그래서 대통령께서도 보셔야 한다고 올린 겁니다. 감독기관, 사정기관이 이 모양이라면 다른 공무원들은 더 말할 것도 없을 겁니다. 이래서 행정 후진국 소리가 나오는 것 아닙니까? 나는 이거 대통령, 아니면 실장님께서 꼭 보셔야 한다고 생각합니다. 그래서 나중에 이들 기관을 관리하시는 데 참고가 되도록 말입니다. 내가 일 없어서 이걸 썼겠습니까? 다 그런 충정의 발로입니다. 조사관님도 '이 이야기는 참고해야겠다. 기회가 있으면 말씀드려야겠다. 그래서 국가 발전에 기여가 되도록 해야겠다.' 이런 취지에서 탄원서를 좀 읽어야 하지 않겠습니까?"

"그런 내용을 감사원 행정심판위원회에서 처리한 것 아닙니까?"

"그런 처리 안 했습니다."

"결정문에 그런 내용들이 있지 않습니까?"

"결정문의 주 내용은 그런 게 아닙니다."

"결정문에는 선생님이 전화로 은행에 텔레뱅킹을 신청한 것으로…."

"공공은행, 금융감독원에서도 그런 이야기는 한 적이 없는데 행정심판위원회에서 오히려 허위사실을 지어 낸 겁니다. 그게 사실이라면 내가 텔레뱅킹을 신청하고 내가 민원을 제기했다는 이야기입니다. 만약 그렇다면 내가 감옥 가겠습니다. 그러니 조사해 달라는 이야기입니다. 그런 엉터리가 어디 있습니까?"

"…."

"행정심판 결정문의 골자는 심판 대상 아니다, 동일 민원 세 번 했다, 이겁니다."

"그래도 감사원에서는 은행과 나름대로 조정을 하려 한 것 아닙니까?"

"나는 조정 문제를 가지고 이야기하는 것이 아닙니다. 금융감독원에서도 허위를 일부 인정했습니다. 이런 내용 정리한 서류를 대통령실에 다 보내주지 않았습니까? 이런 내용 조사해서 조치해달라고 감사원에 민원 냈는데 안 한 겁니다."

"감사원에서 꼭 직접 조사해야 하는 것은 아닙니다. 감사원에서도 사정이 있어 금융감독원에 이첩을 한 겁니다. 그리고 금융감독원에서 세 번 답변하도록 했습니다."

"감사원에서 이첩을 할 수도 있겠죠. 그러나 그걸로 끝내면 안 됩니다. 민원 취지에 맞게 올바른 조치가 이루어졌는지 확인은 해봐야 합니다. 어떤 민원을 냈는데 그와 관련 없는 엉뚱한 조치를 했다면 원래 민원을 다뤄달라고 해야 할 것 아닙니까? 내가 질의서 보낸 내용이 그겁니다. 내가 민원 낸 것은 전혀 다뤄지지 않았습니다."

"행정심판에서 그런 것 다루지 않았습니까?"

"행정심판에서 내린 결론은 두 가지입니다. 행정심판 대상 아니다, 민원처리 세 번 다 했다."

"그러면 행정소송하면 되지 않습니까?"

"조사관이 그렇게 이야기하면 나한테 실례가 되는 겁니다. 행정심판, 행정소송의 대상은 처분입니다. 그런데 이 건은 처분에 해당하지 않는다는 것이 행정심판의 결론입니다. 그런데 행정소송 가면 이겨지겠습니까? 내 민원은 행정소송 대상이 안 된다고 감사원에서 장난치는 겁니다. 법을 악용하고 있는 겁니다. 법이 어려운 사람 도와줘야 하는 것인데 이 사람들은 자기네 잘못을 감추기 위해 법을 악용하고 있는 겁니다. 그래서 썩었다는 겁니다. 이런 점을 대통령께서 아셔야 하지 않겠습니까? 그래서 탄원서를 쓴 겁니다."

한참을 이야기하자 조사관이 겨우 알아들었는지 아니면 귀찮아서인지 조금 태도가 달라졌다.

"제가 다시 한 번 읽어보고 대통령실에 이야기해 보겠습니다."

"화낸 것은 미안합니다. 그렇지만 잘 읽어보시면 금융감독원, 감사원이 잘못되었다는 것을 아실 수 있을 겁니다. 잘 부탁드립니다."

45

전화를 끊고 나니 우울해졌다. 우선 대통령실에 보낸 탄원서가 신문고로 이첩된 것부터 마음에 안 들었다. 감사원은 대통령 직속기관이다. 감사원이 잘못한 것은 대통령만이 조치할 수 있다. 신문고는 국무총리실 산하기관이다. 감사원의 잘못을 조사하고 조치할 수 있는 위치가 아니다.

신문고 담당 조사관은 보나마다 대통령실로부터 억지로 탄원서를 넘겨받았을 것이다. 그러나 조사관이 할 수 있는 일이 무엇이 있겠는가? 조직체계상 감사원에 큰소리를 칠 입장이 못 된다. 금융감독원에야 큰소리를 칠 수 있겠지만 이미 감사원에서 다 조사하고 처리한 것이라고 반박해 온다면 할 말이 궁색해진다. 나중에 감사원에서 항의라도 해오면 더욱 곤란해질 수도 있다. 기껏 할 수 있는 일이 나를 설득해 보는 정도이다. 그만하면 금융감독원이나 감사원에서 많이 노력한 것 아니냐는 식으로.

그러나 조사관은 번지수를 잘못 잡았다. 나는 금융감독원이나 감사원이 일을 많이 하지 않았다고 클레임을 제기하는 것이 아니다. 그들은 여러 번에 걸쳐 많은 일을 했다. 그러나 정작 내가 요청한 일은 안 하고 쓸데없는 일만 잔뜩 해댄 것이다. 이런 잘못을 바로잡아 달라는 것인데 조사관은 일의 양을 가지고 나를 설득하려 한 것이다. 그러다 보니 같은 말이 자꾸 반복되고 결국 서로 짜증나고 피곤해지는 것이다.

그로부터 사오 일쯤 지나서 대통령실 비서관으로부터 전화를 받았다. 신문고 담당자로부터 탄원서를 돌려받았다고 했다. 순간적으로 내 탄원서가 주인을 못 만나고 이리저리 방황하고 있는 것 같아서 서글펐다. 비서관은 조사관으로부터 충분히 설명을 들었다고 했다.

"사정은 충분히 알겠습니다만 저희가 처리할 수 있는 사안이 아니라서 신문고로 이첩을 했던 것입니다."

"신문고에서 처리할 만한 사항이면 제가 그쪽으로 먼저 접수시켰을 겁니다. 하지만 감사원과 행정심판까지 거쳤는데도 해결이 되지 않아 대통령님께 탄원서를 내게 된 겁니다."

"도와드리고 싶습니다만 저희 대통령실에는 그런 기능이 없습니다."

"예? 기능이 없다고요? 예전에는 민정수석 밑엔가 어디서 민정사찰인가 뭐도 하고 잘못한 공무원들을 징계도 하고 뭐 그랬던 것으로 알고 있습니다만…."

나도 이런 쪽으로는 별 지식이 없어 그저 주워들었던 말들을 자신 없이 몇 마디 하는 정도였다.

"지금은 예전하고 조직이 많이 달라졌고 기능도 많이 변했습니다. 지금 대통령실에는 그런 기능이 없습니다."

"…."

이것은 내가 전혀 생각지 못했던 일이었다. 대통령실에 당연히 그런 기능이 있을 줄 알았는데 그게 아닌가 보다.

"그래서 말인데요, 선생님 탄원서를 돌려드릴까요, 아니면 제가 가지고 있다가 혹시라도 윗분들께 보여드릴 기회가 생기면 보여드리도록 할까요?"

이런 경우 돌려 달라고 할 사람은 아무도 없을 것이다. 돌려받아 봐야 이제 폐지에 불과하고 또 마음만 쓰릴 뿐이다. 또 '혹시'라는 기회가 실제로 오지 말라는 법도 없지 않겠는가?

대통령 탄원은 이렇게 허무하게 끝났다. 불쌍한 내 탄원서는 그 후 어떻게 되었을까? 대통령도 바뀌고 대통령실 조직도 다 바뀌었으니 다른 탄원서들과 함께 어디에 쌓여 있거나 폐지로 실려 나갔거나 소각되었을 것이다.

무모한 시도였다. 하지만 나름대로 소득도 있었다.

우리나라에는 100만 명 정도의 공무원이 있다고 한다. 그중 국회와 법원을 제외한 행정부 소속 공무원이 90만 명 정도라고 한다. 대통령 산하에 공무원이 90만 명 있다는 말이다. 대통령은 한 사람이다. 대통령이 직접 관리할 수 있는 공무원은 아무리 많아 봐야 몇천 명 정도일 것이다. 나머지는 어떤 관리시스템을 통해 관리해야 할 것이다. 그중 가장 강력한 수단이 감독시스템일 것이다. 감사원은 이 감독시스템의 핵심이다. 만약 감사원의 감독 기능에 문제가 있다면 공무원을 관리하는 데 문제가 생길 수 있다는 이야기고, 이는 또한 우리나라 행정기능에 문제가 생길 수 있다는 이야기이며, 결국 대통령의 통치에 문제가 생길 수도 있다는 이야기다.

나는 공공은행의 부당한 행위로부터 구제를 받기 위해 금융감독원, 감사원을 거쳐 대통령실에 탄원서를 냈다. 하지만 대통령에게 탄원서를 보내다 보니 대통령의 입장에 대해 잠시나마 생각해 볼 수 있었다. 대통령에게 있어서 감사원은 얼마나 든든하고 중요한 조직일까? 그런데 감사원의 감사기능은 잘 발휘되고 있는 것일까?

내가 대통령실에 탄원서를 보낸 지 6개월 정도 지난 2011년 2월 부산저축은행사건이 터졌다. 이로 인해 정부가, 대통령이 스타일을 많이 구겼다. 그런데 부산저축은행의 부실에 대해서는 아마 오래전부터 금융감독원에 많은 민원이 제기 되었을 것이다. 금융감독원은 부산저축은행으로부터 허위 보고를 받고 이를 눈감아 주었을 것이다. 실제로 그 일로 인해 금융감독원 국장과 조사역 등 직원 몇 명은 나중에 구속당하기까지 하였다. 여기까지가 금융감독원 이야기이다.

이제 감사원에 대해 생각해 보자. 금융감독원이 허위사실을 근거로 부산저축은행을 봐준다고 감사원에 민원이 들어왔을 것이다. 감사원은 이 민원을 금융감독원에게 패스했을 것이다. 세 번까지. 그리고 금융감독원은 이 핑계 저 핑계 대며 별일 아니라고 했을 것이고 감사원은 부산저축은행에 공문 한 장 달랑 보내고는 민원인에게 '이제 세 번 다 처리했으니 당신의 민원은 종료한다. 부산저축은행에게는 당신 민원 처리하라고 공문을 보냈다.'라며 손을 떼었을 것이다. 그리고 어쩌면 이일이 행정심판으로 이어지고, 감사원 행정심판 위원회는 '행정심판 대상이 아니고 또 3회 동일민원에 해당하므로 기각한다.'는 결정문을 작성했을지도 모르는 일이다.

그러는 사이 부산저축은행은 곪고 곪아 결국 터지게 되었을 것이다. 부산저축은행 사고로 인해 발생한 피해는 1차적으로 부산저축은행 경영자들이 책임을 져야 한다. 그러나 그게 다는 아니니다. 은행 감독을 부실하게 한 금융감독원도 책임을 져야 한다. 금융감독원 감독을 부실하게 하였다면 감사원도 책임을 져야 한다.

그리고 이런 탄원서가 수도 없이 올라왔을 텐데 이를 신문고에 패스나 하고, 되돌아오면 그냥 사무실 한 구석빼기에 처박아 두기만 하였다면 대통령실도 책임을 져야 한다. 이런 탄원서를 읽기 싫다며 외면하기만 하였다면 대통령과 대통령실장에게도 책임이 없다고 할 수 없을 것이다.

7장 · 금융위원회

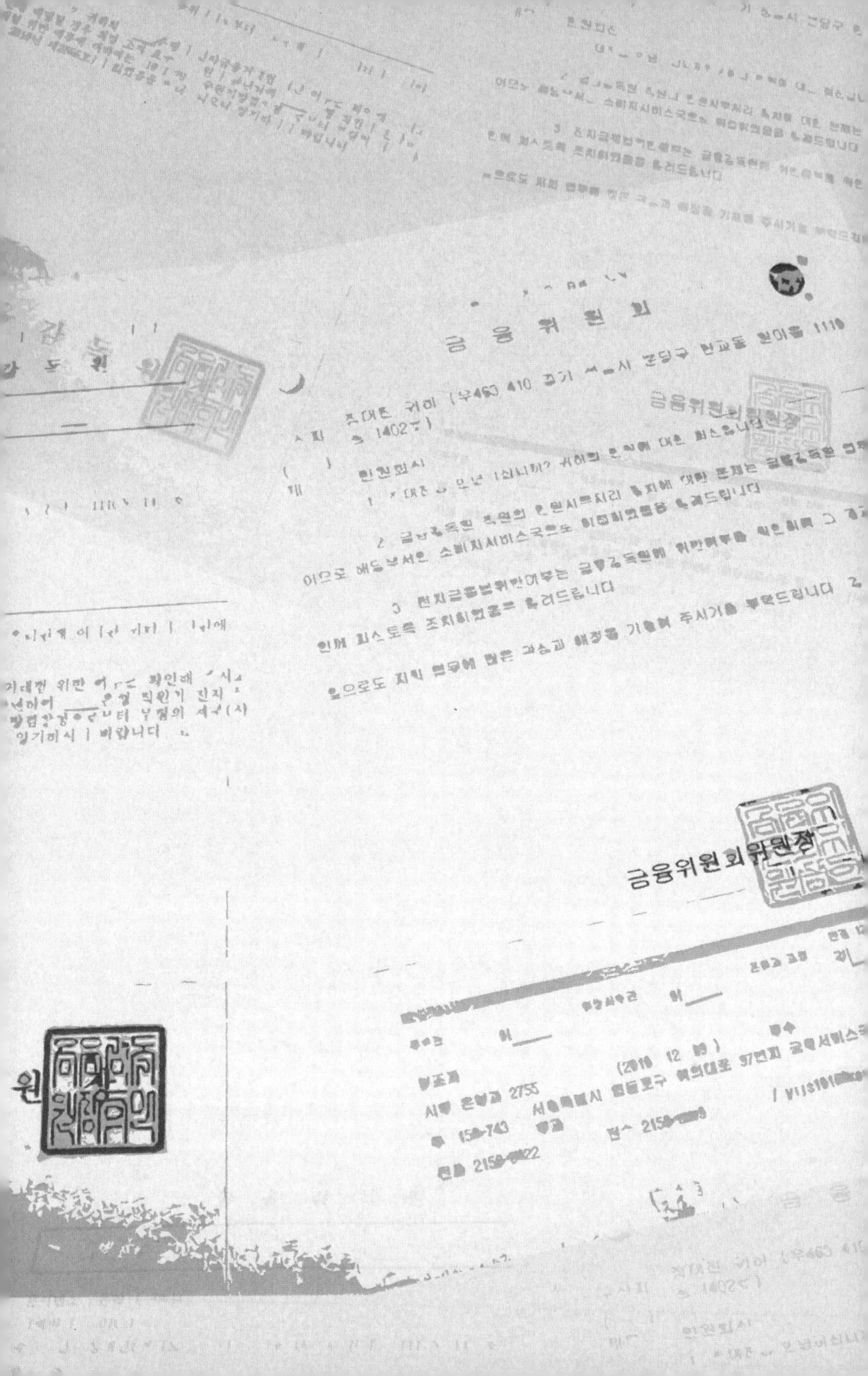
금 융 위 원 회
금융위원회위원장
금융위원회위원장

7장. 금융위원회

46

대통령 탄원은 무위로 끝났지만 한 가지 고민은 해소가 되었다. 나는 이제까지 민사소송을 할까 말까 망설여왔다. 그러던 중 이번에 신문고 담당 조사관과 통화하면서 나는 민사소송을 할 것이라고 이야기했다. 물론 조사관에게 소송을 하겠다고 말했다고 해서 내게 어떤 의무가 생긴 것은 아니다. 그러나 그렇게 말한 이후 내 마음은 나도 모르게 소송을 하는 것을 기정사실로 받아들이게 된 것이다.

하지만 소송은 글쎄 뭐랄까, 두려운 미지의 세계라고나 할까? 피할 수 있다면 피하고 싶은 마음이 여전하였다. 소송을 피하기 위해서는 뭔가 행정적으로 해결이 되어야 한다. 행정적인 돌파구가 없다면 소송을 할 수밖에 없다. 이제 어떤 행정적 수단이 남아 있을까?

마지막으로 내가 찾아낸 수단은 금융위원회에 민원을 제기해 보는 것이었다. 전자금융거래법을 읽어보다가 금융감독원은 금융위원회의 지시를 받아 움직인다는 것을 알았다. 또 '금융위원회의 설치 등에 관한 법률'을 통하여 금융위원회는 금융감독원의 업무를 지휘·감독하는 권한을 가지고 있음을 알 수 있었다. 금융감독원은 엄밀히 말해 정부기관이 아니고 그 직원도 공무원이 아니다. 금융위원회는 정부기관이고 그 직원은 공무원이다. 민원을 통해 금융감독원의 잘못을 금융위원회에 알리면 아마도 정확한 판단과 엄중한 조치를 취해 줄 것이다.

2010년 10월 12일, 금융위원회 홈페이지의 민원신청시스템을 이용하여 민원을 입력하였다. 앞부분에는 이제까지 있었던 일들을 간단히 적었고 뒷부분에는 민원 내용을 세 가지로 나누어 적었다.

금융위원회 귀중

민원인(정대진)은 '통장 개설 후 잠시 타인(김성출)에게 통장을 맡겼었는데 김성출이 민원인 몰래 은행에 텔레뱅킹 신청을 하자 은행은 민원인 명의의 텔레뱅킹 가입 신청 서류를 허위로 만들고 주민등록증 카피본도 민원인이 통장 개설 시 제출한 것을 도용하여 첨부하는 등 불법적으로 텔레뱅킹 등록을 해주었으며 이후 김성출은 텔레뱅킹을 이용하여 예금 5천만 원을 무단 인출하였다' 는 내용의 민원을 2009년 2월 10일 금융감독원에 제기한 바 있습니다(금융감독원 접수번호 20093508호).

이에 대해 금융감독원은 동년 4월 15일에 회신을 보내 왔으나, 이 회신은 허위사실을 토대로 작성되었으며 또한 사실관계 조사도 전혀 하지 않았으면서 사실관계 조사를 하였다고 허위로 기재하는 등 도저히 받아들일 수 없는 것이었습니다(금융감독원 소분은 03365호).

이에 민원인은 동년 4월 24일 이에 대한 시정을 요구하는 문서를 보냈으나 금융감독원은 이를 받아들이지 않았습니다(금융감독원 소분은 04319호). 이에 민원인은 타 기관(감사원)을 통해 금융감독원에 이의 시정을 재차 요구했으나 금융감독원은 이 또한 받아들이지 않았습니다(금융감독원 소분은 05935호, 감총감 00441호, 감사찰 00008호).

이에 진정인은 금융위원회에 다음과 같이 민원을 제기합니다.

다 음

1. 금융감독원이 작성한 소분은 03365호와 관련하여 민원인이 2009년 4월 24일자 서류상에 제기한 허위사실 여부 및 잘못된 논리 여부를 조사해 주시고, 책임자에 대한 적절한 조치를 취해 주시기 바랍니다.

2. 해당 은행의 전자금융거래법 및 기타 법률 위반 여부를 조사해 주시고, 위반에 대한 적절한 조치(처벌)를 취해주시기 바랍니다.

3. 본 건에 대한 분쟁조정이 다시 제대로 이루어지도록 하여 주시기 바랍니다. 끝.

민원을 제기한 후 2주쯤 지난 10월 말, 금융위원회로부터 전화를 받았다. 이태영 주무관이라고 했다.

“제출하신 민원은 저희가 금융감독원에 이첩을 했습니다. 그런데 금융감독원에서는 유사한 민원이 벌써 세 번 이상 처리되었기 때문에 그냥 종결처리 하겠다고 저희에게 알려 왔습니다.”

“저는 민원을 금융위원회에 냈는데 왜 그걸 금융감독원에 이첩을 합니까? 금융감독원에 민원을 냈는데 해결이 안 되니까 금융위원회에 낸 것 아닙니까?”

“저희는 이 민원을 금융감독원에서 처리하는 게 더 좋을 거라는 판단을 했습니다. 그래서….”

“금융감독원은 제 민원을 해결할 의지도 없고 그럴만한 능력도 없습니다. 그래서 금융감독원 감독기관인 금융위원회에 민원을 낸 겁니다.”

“하지만 동일한 민원이 이미 금융감독원과 감사원에서 다섯 번에 걸쳐 처리가 되지 않았습니까? 저희가 판단해도 똑같은 민원을 반복해서 처리할 필요는 없다고 봅니다.”

“횟수가 중요한 게 아니고 민원 내용이 제대로 처리가 되었는지가 중요합니다. 제 민원은 전혀 해결이 안 되고 있는 실정입니다.”

“감사원까지 이미 다섯 번이나 처리가 되었는데 해결이 안 되었다고 하시면…. 저로서는 이해가 안 됩니다.”

“주무관님은 제 민원 내용을 읽어 보셨습니까?”

“물론 읽어 보았습니다. 공공은행이 전자금융거래법을 위반하였다는 내용 말입니다.”

“제가 제기한 두 번째 민원이 그겁니다. 그런데 금융감독원은 아무런 회답을 주지 않았습니다.”

“금융감독원 말로는 이미 수원지방 검찰청에서 무혐의처분을 내렸다고 하던데요.”

“검찰이 무혐의처분을 내린 것은 사문서위조, 동 행사, 접근매체위조 부분입니다. 제가 금융감독원에 민원을 낸 것은 대리인에게 텔레뱅킹 등록을 해주면 안 된다는 전자금융거래법 제6조2항입니다. 이 부분은 검찰 수사대상도 아니고 또 검찰이 수사도 하지 않았습니다. 그런데 금융감독원은 엉뚱한 검찰 핑계를 대면서 조사도 안한 채 위반이 아니라고 주장하고 있는 겁니다. 주무관님은 이 내용에 대해 조사를 해보셨습니까?”

“조사는 금융감독원에서 했습니다. 저희는 안 했습니다.”

“그럼 주무관님은 자세한 내용을 모르시겠네요?”

“하지만 대략적인 이야기는 들었습니다.”

“공공은행은 전자금융거래법 제6조2항을 위반했다는 것을 사실상 인정했습니다. 담당자에게는 별도 조치하겠다고 금융감독원에 보고하기까지 했습니다. 그런데도 위반이 아니라면 그 말을 믿으면 안 되지요.”

“제가 구체적인 내용까지는 알아보지 못했습니다. 한번 다시 알아보도록 하겠습니다.”

“그런데 그보다도 더 큰 문제는 금융감독원 담당자가 허위사실을 기반으로 분쟁조정업무를 했다는 겁니다. 하지도 않은 사실관계 조사도 했다고 거짓말을 하면서 말입니다. 이러다간 정말 큰일 한번 날 겁니다.”

“그 부분은 감사원 조사까지 다 마쳤다고 하던데요.”

"감사원은 금융감독원에서 자체적으로 해결하라고 패스만 해줬고 금융감독원은 이에 대해 전혀 손도 안 대고 있습니다."

"어떤 허위사실이 있었다는 말씀입니까?"

"금융감독원에서 그 자료 못 받아 보셨습니까?"

"아직…."

"그렇다면 제가 정리한 자료를 다시 보내 드리겠습니다. 읽어보시고 조치를 취해주시면 감사하겠습니다."

"제가 그 자료를 받아보고 다시 검토해 보겠습니다."

"바로 보내 드리겠습니다. 잘 부탁드립니다."

47

금융위원회 주무관과의 통화는 매우 실망스러웠다. 나는 금융위원회에 민원을 제기하면서 그간 금융감독원과 감사원에 민원을 넣었지만 해결되지 않았다고 분명히 알려 주었다. 그런데도 동일한 민원을 몇 차례 반복했다는 말만 되풀이하는 것은 나에 대한 예의가 아니다. 민원 내용이 무엇이고 어디까지 해결이 되었는지 정도는 최소한도 알아봐야 할 것 아닌가? 내용도 모르면서 금융감독원이나 감사원 핑계를 대며 어떻게 하면 빨리 마무리를 지을 수 있을까, 방도나 찾는 것은 책임 있는 자세가 아니다.

허위사실과 관련해서는 내가 금융감독원에 보낸 서류를 참조하라는 말까지 민원서류에 적었는데 이 서류도 받아보지 않았다는 식으로 이야기한다면 이는 업무유기 내지는 업무태만이다. 전자금융거래법과 관련해서도 마찬가지다. 검찰이 무혐의처분을 내렸다는 말만 그대로 되풀이해서는 안 된다. 텔레뱅킹 가입 당시 어떤 일이 일어났으며 전자금융거래법은 이에 대해 어떻게 규정하고 있는지, 그리고 자기네들 판단에는 법규에 위반된 것으로 보아야 하는지 아닌지, 최소한 이 정도는 알아보고 나와 통화를 해야 한다. 그런데 이 주무관은 이런 일에 관심이 없는 듯하다.

나는 과거 직장생활을 할 때 내가 담당하는 업무에 대해 잘 모르는 것을 매우 수치스러운 일로 생각했다. 상사가 나에게 어떤 일에 대해 물어보았을 때 내가 제대로 답변을 못 하는 일이 생기면 창피해서 며칠간 잠도 설쳤었다. 내가 상사가 되었을 때는 부하에게 자기 일에 대해서는 가장 잘 알고 있어야 한다는 말을 항상 강조하곤 했다. 내가 물어보는 것에 대해 부하가 잘 몰라 제대로 답변을 못하면 이렇게 호통을 치곤 했다.

"우리 회사에서는 자네가 이 일에 대해 가장 잘 알고 있어야 하네. 우리 회사가 이 일에 대해 잘 모르고 있다면 그건 우리 회사가 엉터리 회사란 이야기네. 자네 때문에 우리 회사가 엉터리 회사가 되어서야 쓰겠는가?"

많은 사람들이 회사를 평생직장으로 생각하지 않는다. 그러나 많은 사람들이 회사에 다니는 동안에는 최소한 자기 담당 업무에 대해 최고의 지식, 정보 그리고 관심을 가지고 있어야 한다고 말한다. 일반 사기업체가 이런데 하물며 공무원은 그 이상의 각오가 되어 있어야 하는 것 아닌가? 그런데 공무원은 자기가 맡은 일을 잘 모른다.

알아보려고 들지도 않는다. 그저 남 이야기만 한다. 어떻게 하면 그 일을 자기 손에서 빨리 털어 버릴 수 있을까만 생각하는 것 같다.

통화 내용은 실망스러웠지만 자료를 보내 달라는 말에 희망을 가지기로 하였다. 이제까지 여러 기관에 민원을 냈었지만 자료를 추가로 보내 달라는 말은 들은 적이 없다. 그들은 자료를 더 받아봐야 귀찮아질 뿐이라는 생각을 하고 있었는지 모른다. 그런데 자료를 보내 달란다. 뭔가 좋은 일이 일어나지 않겠는가?

허위사실 내용을 다시 간단히 정리하였다. 혹시 몰라서 내가 민원을 제기한 세 가지 사항에 대해 공문 앞부분에 다시 기재를 하였다. 이번에는 그냥 대충 넘어가지 않을 거라는 기대를 하면서.

수신 : 금융위원장

참조 : 이태영 주무관

제목 : 민원 관련 요청 자료 송부

귀 위원회의 일익 번창함을 기원합니다.

본인이 귀 위원회에 접수한 민원(1AA-1010-024729)과 관련하여 귀 위원회의 요청에 의거 별첨과 같이 자료를 송부하오니 참조 바랍니다.

아울러 본인의 민원 내용을 다음과 같이 다시 알려 드리오니 조속한 처리 바랍니다.

- 다 음 -

1. 금융감독원 담당자가 작성한 공문에 다수의 허위사실이 들어 있는 바 이에 대해 확인해 주시기 바랍니다.
2. 1항과 관련하여 허위사실로 판정될 경우 금융감독원 담당자에 대한 조치 및 분쟁조정을 해 주시기 바랍니다.
3. 공공은행의 전자금융거래법 위반 여부를 확인해 주시고 위반에 해당될 경우 의법 조치해 주시기 바랍니다.

별첨 1. 금융감독원 작성 공문

2. 금융감독원이 작성한 공문 중 허위사실

민원인 정 대 진

별첨으로 붙인 '금융감독원이 작성한 공문 중 허위사실'이라는 서류에는 열네 가지 사항에 대해 상세히 기재하였다. 대략적인 내용은 다음과 같은 것들이다. 그리고 2010년 11월 1일, 등기우편으로 금융위원회로 발송했다.

첫째, '사실관계 조사 결과' 라고 했으나 사실관계 조사는 전혀 하지 않았으며 공공은행이 제출한 보고서 내용을 그대로 인용하였음.

둘째, '2008.10.27. 귀하가 대표로 있는 대한학원의 김성출이' 라고 했으나 김성출이 나의 통장에 텔레뱅킹을 무단으로 등록한 '08년 10월 27일 당시는 학원 인수를 추진 중이던 때로, 대한학원은 존재하지도 않았음.

셋째, '(김성출이) 귀하와 통화를 통해 통장 비밀번호를 은행 직원에게 확인시켜 주고 이체비밀번호를 지정하는 등 업무 처리를 독촉함에 따라' 라고 했으나 나는 전화로 김성출과 텔레뱅킹에 대해 이야기한 적이 전혀 없음.

넷째, '서류는 추후 보완키로 하고' 라고 했으나 내가 은행을 항의 방문했을 때 은행 직원이 이러한 사실을 나에게 설명하지 않은 것으로 보아 이는 허위사실임.

다섯째, '또한 귀하는 본건과 관련하여 실제 출금 행위자인 김성출에게 책임을 물은 적도 없었으며' 라고 했으나 나는 김성출에게도 책임을 분명히 물었고 공공은행 직원이 있는 데서도 책임을 물은 적이 있음.

여섯째, '또한 김성출은 귀하의 통장과 체크카드(1일 인출한도 3천만 원)를 소지하고 있는 관리자로 텔레뱅킹이 아니더라도 통장 입금액을 이체·인출할 수 있었는바' 라고 했으나, 당일 김성출은 5천만 원 이상을 출금해야 했음. 5천만 원을 출금하기 위해 인출한도가 5천만 원인 텔레뱅킹을 불법적으로 만든 것에 불과함.

일곱째, '민법 제126조에서 정한 표현대리로 볼 수 있으며' 라고 했으나 나중에 금융감독원은 본 건의 경우 표현대리에 해당하지 않는다고 수정하였음.

여덟째, '그리고 2008.12.17. 12.30. 2009.1.20. 비록 일방적으로 (합의) 철회통보를 하였으나' 고 했으나, 합의금이 당초 이야기된 금액에 부족하여 합의취소를 요구하였는데 송은영은 이를 인정하고 죄송하다며 돈을 받아 갔으며 부지점장은 돈을 돌려주고 합의를 무효로 한 것은 잘한 일이라고 이야기한 만큼, 공공은행이 합의사항을 지키지 않아 합의가 깨진 것이며, 또한 공공은행도 합의 무효를 받아들였으므로 일방적 철회통보가 아님.

아홉째, '2008.11.25. 귀하는 은행 직원(과장 송은영)과의 개별접촉을 통해 현금 보상을 요구하여 차후 본건에 대해 이의제기 하지 않는다는 조건으로 4백만 원을 수령하고' 라고 했으나 나는 한시적 원상복구를 요구했으나 송은영이 나의 아파트를 담보로 하여 1년간 대출을 받으면 그 비용을 은행이 부담하겠다고 하여 그렇게 하자고 하였던 것임. 내가 현금 보상을 요구한 것이 아니라 송은영이 현금 보상을 제안한 것임.

열 번째, '본건과 관련하여 은행의 텔레뱅킹 신청접수 업무를 본인 확인 없이 소홀히 한 점(은행에서는 업무를 소홀히 한 직원에 대해서는 별도 조치를 한다고 함)은 있었으나' 고 했으나 예금주 몰래 텔레뱅킹 신청서를 작성하고, 주민등록증 복사본을 무단으로 첨부하고, 전자금융거래법을 위반하는 등 명백한 불법 행위를 한 것임.

열두 번째, '귀하가 텔레뱅킹 등록을 위해 김성출에게 대리권을 수여하였는지에 대해 양 당사자의 주장이 상이하고 달리 이를 확인할 수 없으며' 라고 했으나 공공은행은 내가 김성출에게 텔레뱅킹 신청에 대한 대리권을 주었다고 주장한 바가 없으며, 김성출이 나의 허락을 받지 않았다는 것을 인정하고 합의까지 하였었음.

열세 번째, '귀하가 대표로 있는 학원의 임차보증금으로 지급된 점 등을 감안할 때 이로 인해 귀하가 경제적으로 손실을 보았다고 단정하기 어려울 뿐 아니라' 라고 했으나 사고 당시 학원은 아직 존재하지도 않았으며 더더욱 나는 대표로 있지도 않았으며 당시 공공은행이 텔레뱅킹을 만들어주지 않았다면 나는 꿔준 돈 5,800여만 원을 당시에 모두 회수할 수 있었음.

열네 번째, '귀하가 동 텔레뱅킹 등록을 추인한 것으로 볼 수 있는 사정도 있으므로' 라고 했으나 무권대리 행위가 추인되었다고 주장하는 2008년 11월 25일 이전인 2008년 10월 31일 나는 은행을 방문하여 은행으로 하여금 책임을 지라고 항의하는 것으로써 거절권을 행사하였으며, 은행 부지점장은 은행 직원에게 나의 텔레뱅킹을 당장 해지하라고 지시함으로써 철회권을 행사하였음. 따라서 텔레뱅킹 등록은 이때 이미 무효화되었으며 추인이 성립될 여지가 없었음.

48

이후 금융위원회에서 진행된 사항을 당시에 나로서는 알 수 없었다. 나중에 내가 금융위원회를 중앙행정심판위원회에 제소하니 금융위원회는 답변서를 보내왔는데 이를 통해 진행된 내용을 알 수 있었다. 답변서 내용은 다음과 같았다.

신청인(정대진)은 2010.11.1. 금융위원회에 제6차 민원에 따른 추가자료를 금융위원회의 요청으로 제출하였는데, 금융위원회는 이 서류를 검토한 후 금융감독원의 각 소관부서인 분쟁조정국(2010.12.1. 이첩) 및 특수은행서비스국(2010.12.7. 이첩)으로 이첩하고, 청구인에게는 2010.12.9. "(1)금융감독원 직원의 민원사무처리 절차에 대한 문제는 금융감독원 업무소관이므로 해당부서로 이첩하였고, (2)전자금융거래법 위반 여부는 금융감독원에 위반여부를 확인하여 그 결과를 민원인께 회신토록 조치하였다" 는 취지의 회신을 하였습니다.

금융위원회가 많은 일을 한 것처럼 여러 가지 사항을 복잡하게 기재하였지만 한 마디로 말하면 내 민원과 서류를 모조리 금융감독원에 넘겼다는 내용이다. 그러고 나서 금융위원회가 '민원 회신'이란 제목으로 나에게 보낸 공문을 2010년 12월 중순에 받게 되었다. 내용은 다음과 같았다.

1. 정대진 님 안녕하십니까? 귀하의 민원에 대한 회신입니다.
2. 금융감독원 직원의 민원사무처리 절차에 대한 문제는 금융감독원 업무소관이므로 해당부서인 소비자서비스국으로 이첩하였음을 알려드립니다.
3. 전자금융법 위반여부는 금융감독원에 위반여부를 확인하여 그 결과를 민원인께 회신토록 조치하였음을 알려드립니다.

앞으로도 저희 업무에 많은 관심과 애정을 기울여 주시기를 부탁드립니다.
감사합니다.

금융위원회 위원장

참 감동적인 회신이었다. 이 회신을 보내며 금융위원회 관계자들은 "이제 확실히 손을 털 수가 있게 되었군."이라고 말하며 하이파이브라도 했을까? 이태영 주무관이 자료를 보내주면 검토하겠다는 말에 얼마나 기대를 걸었던가. 그런데 결국 그 자료까지 금융감독원에 갖다 바치고 손을 떼려 하다니 이런 배신이 어디 있는가. 그야말로 내 눈에서 불꽃이 일 정도로 분노를 자아내는 공문이었다.

다시 세상이 연말연시 분위기로 고조되던 12월 말, 금융감독원도 이에 못지않은 감동적인 회신을 나에게 보내왔다. '민원에 대한 회신'이란 제목의 공문은 다음과 같은 내용이었다.

1. 2010.12.7.자로 금융위원회로부터 우리 원에 이첩된 귀하의 민원에 대한 회신입니다.
2. 귀하의 "공공은행의 전자금융거래법 위반 여부를 확인해 주시고 위반에 해당될 경우 의법 조치 요구" 민원과 관련하여, 공공은행 직원의 전자금융거래법 위반 여부에 대하여는 2010.1.29. 수원지방검찰청으로부터 무혐의처분이 있었음을 알려드리오니 양지하시기 바랍니다. 끝.

금융감독원장

금융감독원 회신을 보며 과연 금융감독원 조직은 어떤 조직인가라는 궁금증이 문득 생겼다. 금융감독원은 전자금융거래법을 나보다 상세히 알 것이다. 내가 보내 준, 당시 김이슬이 작성했던 신청서도 보았을 것이다. 그때 무단으로 내 주민등록증을 복사하여 첨부한 본인확인표도 보았을 것이다. 김이슬이 작성한 경위서도 보았을 것이다. 그런데도 공공은행이 전자금융거래법 제6조2항을 위반했는지 여부를 모를까? 절대로 모를 리가 없다. 그렇다면 어떻게 전자금융거래법 위반이 아니라고 주장할 수 있을까?

금융감독원 담당자는 위반임을 알고 있었을 것이다. 그런데 어떤 사정으로 위반이 아니라고 하고 싶었을 것이다. 그런데 마침 수원지방검찰청으로부터 받은 무혐의처분 통지서가 있다. 이것을 이용하여 위반이 아니라는 작품을 만들 구상을 한다. 하지만 관문이 있다. 상사에게 결재를 받아야 하는데 어떻게 설명을 하면 되나? 이 담당자와 상사 간에 다음과 같은 대화가 오가지 않았을까 한다.

"공공은행 전자금융거래법 위반 건은 조사해 보았는가?"

"예, 조사했습니다."

"내가 보기엔 6조2항을 위반한 게 확실한 것 같은데 자네가 보기에도 그렇지?"

"예. 하지만 피해나갈 방법도 있습니다."

"피해나갈 수 있다고? 어떻게?"

"그 건 관련해서 수원지방검찰청에서 무혐의처분을 내린 게 있습니다."

"수원지방검찰청에서 전자금융거래법 무혐의처분을? 그건 우리가 조사하게 되어 있는데 왜 검찰이 처분을 해?"

"검찰에서는 6조2항에 대해 수사한 게 아니라 접근매체위조에 대해 수사를 했습니다. 그것은 검찰 관할이거든요."

"그렇지. 위조는 형사처벌 대상이지. 그게 몇 조에 나오지?"

"전자금융거래법 제49조입니다. 그런데 검찰이 접근매체위조에 대해 무혐의처분을 하면서 49조 위반이라고 명기를 안하고 그냥 전자금융거래법 위반이라고만 기재하고 무혐의처분을 내렸거든요. 이것을 이용하여 제6조2항을 위반한 게 아니라고 둘러대면 될 것 같습니다."

"그래? 하지만 그건 너무 빤한 거짓말 아닐까? 금융위원회에서도 금방 알아차릴걸."

"금융위원회 담당자는 제가 잘 구슬려 보겠습니다. 그쪽에서도 이렇게 마무리 지어주면 좋아할 겁니다. 괜히 일 복잡하게 만들면 자기들도 귀찮아지거든요."

"금융위원회야 그렇다 치고 민원인이 항의하지 않을까?"

"민원인이 잘 모를 수도 있고 또 검찰이 무혐의처분 내렸다는데 뭐, 강하게 항의는 못 할 겁니다."

"그래도 잘못되면 시끄러워질 수가 있어."

"그래서 말인데요, '전자금융거래법 위반이 아니다'라고 확실히 이야기하는 대신에 '검찰의 무혐의처분이 있었다'고만 기재하면 어떨까 합니다."

"아, 그거 베리 굿 아이디어네. 그렇게 하면 우리가 거짓말을 한 것도 아니고 공공은행 위반도 두루뭉실 넘어갈 수 있고 말이야. 역시 자네는 대단해."

"하하. 과찬이십니다. 제가 뭐 이런 일 하루 이틀 합니까?"

"좌우간 검찰의 실수로 공공은행은 땡 잡았네."

"예, 공공은행 횡재했죠. 제가 언제 근사한 자리 한번 만들어 보겠습니다."

"그래. 수고 좀 해주게."

너무 지나친 공상인가? 하지만 나는 이외에 다른 상상은 도저히 할 수가 없다.

금융위원회와 금융감독원의 회신을 읽으며 여러 속담들이 생각났다. 바위에 계란 던지기. 쇠귀에 경 읽기. 그리고 철밥통이란 용어도 생각났다. 아무리 두드려도 쇳덩어리처럼 끄떡없이 버텨내는 늠름한 공무원. 남에게 미루어 제 손만 떠나면 일이 끝난다고 생각하는 밥통. 그래서 철밥통인가?

8장 · 행정심판

2011 7 5
중앙행정심판위원회
<안내말씀>
3/5

8장. 행정심판

49

때리는 시어머니보다 말리는 시누이가 더 밉다. 자주 듣던 속담이다. 그런데 그 속을 알고 보면 기막힌 속담이다. 금지옥엽 자라서 시집을 갔는데 시어머니에게 맞다니…. 참으로 억울하고 분하기 이를 데 없었을 것이다. 시어머니가 얼마나 미웠으랴. 그러나 며느리는 때리는 시어머니보다 말리는 시누이가 더 밉단다. 말리는 척하며 결국 할 말 다 하며 시어머니를 감싸고, 혹시 나중에 기회가 되면 그때 말려줬다며 며느리에게 공치사를 늘어놓는 시누이가 말이다.

잘못한 금융감독원보다 감싸는 금융위원회가 더 밉다. 당시의 내 심정이었다. 금융감독원과 금융위원회는 여러 가지로 다르다. 금융감독원 직원은 공무원이 아니다. 미래가 보장된 것도 아니다. 금융감독원에 있는 동안 금융기관과 좋은 관계를 유지하다가 적당한 기회에 자리를 옮겨야 한다. 그러다 보면 본 것을 못 보았다고 해야 할 때도 있고 알면서도 모르는 척 딴소리를 해야 할 때도 있을 것이다.

그러나 금융위원회는 국가기관이고 직원들은 공무원이다. 공무원으로서 지켜야 할 것이 있다. 책임감도 있어야 하고 정의감도 있어야 하고 공복정신도 있어야 한다. 한마디로 명예를 지켜야 한다. 중앙공무원의 경우 더욱 그렇다. 이런 사명감보다 눈앞의 이익이나 편안함을 원한다면 일찌감치 다른 기업으로 옮기든지 아니면 나와서 사업을 하든지 해야 한다.

금융감독원에서 받은 상처보다 금융위원회에서 받은 상처가 더 컸다. 금융감독원은 일을 잘못한 것일 뿐이다. 금융위원회는 나를 배신한 것이나 다름없다. 금융감독원의 잘못에 대해 충분히 설명을 했다. 금융감독원이 이 문제를 스스로 해결할 수 없다는 이야기도 했다. 이야기를 듣고 주무관은 나에게 보충자료까지 요구했다. 그렇게 자료까지 받아놓고서는 내 민원을 금융감독원에 넘겼다는 회신을 하고 손을 터는 것이다. 공무원이 이래도 되는지 궁금하다.

금융위원회는 금융감독원의 잘못을 몰랐을까? 알았을 것이다. 금융위원회 위원장 명의의 공문이 아무렇게나 보내지는 것은 아닐 것이다. 주무관, 행정사무관, 과장까지 이어지는 결재라인을 거치려면 내 민원에 관련한 모든 정보는 이미 다 입수되었을 것이고, 다 보고가 되었을 것이다. 일이 처음부터 잘못되었고 지금은 일이 너무 커져 금융감독원은 '우리는 잘못 없다'며 버티고 있는 것이며, 금융감독원 스스로 해결하기 어렵게 되었다는 것도 다 알고 있었을 것이다. 그렇다면 금융감독원의 감독기관인 금융위원회가 나서서 해결해야 하는 것은 너무나 당연하다.

그런데 금융위원회는 다시 금융감독원으로 민원을 이첩한 것이다. 물론 그럴만한 사정이 있었을 것이다. 금융위원회에서 겉으로 내세우는 이첩 사유는 그저 말장난 수준이고 말하지 못할 사연이 따로 있었을 것이다. 내가 알지 못하는 속사정이 있어 금융위원회는 금융감독원을 봐주는 것이다. 배신감을 느끼지 않을 수 없다.

금융감독원의 행태를 용서할 수 없어 여기까지 왔다. 그런데 지금은 금융감독원보다 금융위원회의 행태를 더 용서할 수 없다. 분노의 대상이 금융감독원에서 갑자기 금융위원회로 바뀐 셈이다. 어떻게든 금융위원회가 나에게 잘못을 사과하고 금융감독원의 잘못을 바로잡을 수 있도록 해야 한다. 방법은? 행정심판에 제소하면 될 것이다. 이미 한 번 경험도 했다. 이제 겁날 것도 없고 거칠 것도 없다.

또 한 해가 가고 새해가 밝았다. 2011년이 된 것이다. 1월 31일, 행정심판 청구서를 제출했다. 행정심판은 국무총리 산하 국민권익위원회 소속 중앙행정심판위원회에서 담당한다. 국민권익위원회에는 중앙행정심판위원회와 함께 청와대 신문고가 소속되어 있다. 신문고 담당자와 통화한 일이 생각나 그다지 유쾌한 기분은 아니었다.

청구취지에 재결을 구하는 세 가지 사항을 다음과 같이 적었다.

금융위원회는 청구인이 제기한 민원과 관련하여

1. 금융감독원이 작성한 소분은 03365호와 관련하여 민원인이 제기한 허위사실 여부 및 잘못된 논리 여부를 조사하고, 책임자에 대한 적절한 조치를 취하고,
2. 해당 은행의 전자금융거래법 및 기타 법률 위반 여부를 조사하고, 위반에 대한 적절한 조치(처벌)를 취하고

3. 본 건에 대한 분쟁조정이 다시 제대로 이루어지도록 조치하라는 재결을 구합니다.

소송을 하게 된 이유로서 먼저 금융위원회는 법률(금융위원회의 설치 등에 관한 법률)에 의해 금융감독원의 업무·운영·관리에 대한 지도·감독을 하게 되어 있고, 또 대통령령(금융위원회와 그 소속기관 직제)에 의해 금융위원회는 금융감독원의 업무에 대한 지도·감독을 하게 되어 있는바, 금융감독원이 허위사실을 근거로 분쟁조정을 한 것에 대해 조사하고 조치할 의무가 있다는 점을 들었다.

또한 공공은행이 위반한 전자금융거래법 제6조제2항에 관해서는 금융위원회가 업무정지 또는 과징금을 부과하도록 되어 있는바, 금융감독원이나 검찰은 이에 대한 권한이 없는데도 불구하고 이들 기관에게 미루는 것은 부당하다는 점을 들었다.

그리고 다음과 같은 말로 결론을 맺었다.

금융감독원이 허위사실을 근거로 분쟁조정을 하고 있다면 이는 묵과할 수 없는 큰 잘못입니다. 금융감독원의 업무·운영·관리에 대한 지도·감독을 하게 되어있는 금융위원회는 청구인의 민원에 대해 철저히 조사하여 잘못 여부를 가려내고 적절한 조치를 취해야 할 것입니다. 또한 전자금융거래법 제6조 제2항 위반에 관해서 업무정지 또는 과징금을 부과할 수 있도록 되어 있는 금융위원회는 청구인의 민원과 관련하여 법률위반 여부를 확인하고 적절한 조치를 취해야 할 것입니다.

50

2011년 3월 말, 중앙행정심판위원회에서 금융위원회가 작성한 답변서를 보내왔다.

청구취지에 대한 답변

주위적으로 청구인의 청구를 각하한다.

예비적으로 청구인의 청구를 기각한다.

라는 재결을 구합니다.

이 답변의 뜻은 우선 내가 청구한 심판이 형식적인 면에서 문제가 있으니 그 내용은 볼 것도 없이 퇴짜를 놓아달라는 것이고, 다음으로 형식적인 면에 문제가 없다 해도 내용적인 면에 문제가 있으니 퇴짜를 놓아 달라는 것이다. 예전에 감사원에 대한 행정심판을 청구했을 때와 똑같은 답변이다.

이제 심판이 본격적으로 시작되었다. 행정심판은 법원에서 하는 일반 소송과 달리 당사자들이 법정에 나가는 일은 없다. 자신들의 주장을 서류로 작성하여 제출하는 것으로 대신한다. 이 행정심판은 내가 행정심판 청구서를 제출하고, 금융위원회가 답변서를 제출하고, 내가 이를 반박하는 첫 번째 보충서면을 제출하고, 금융위원회가 이를 반박하는 보충서면을 제출하고, 내가 다시 이를 반박하는 두 번째 보충서면을 제출하는 것으로 진행되었다. 중앙행정심판위원회는 이러한 서류들을 검토한 후 최종적으로 재결(판정)을 하였다.

금융위원회는 답변서에서 내가 제기한 행정심판이 의무이행심판이라고 하였다. 의무이행심판이란 행정청의 위법 또는 부당한 거부처분이나 부작위(하게 되어 있는 일을 하지 않는 행위)에 대하여 어떤 처분을 해달라고 하는 심판을 말한다. 그리고 다음과 같이 형식적인 면에 문제가 있다고 주장하였다.

> 의무이행심판의 대상인 행정청의 거부나 부작위가 있다고 하기 위해서는 먼저 청구인에게 공권력 행사를 신청할 수 있는 법규상 또는 조리상의 신청권이 있어야 할 것입니다. 그런데 대법원 판례(95누12460판결)에 의하면 일반 국민에게 이러한 신청권이 있는지 없는지는 관계법규의 해석에 의해 추상적으로 결정됩니다.
>
> 금융위원회는 (1) 금융감독원의 분쟁조정업무, 동 업무에 따른 민원회신 업무에 대하여 일반적인 지도·감독 등의 권한이 있으며, (2) 금융기관의 전자금융거래법 위반행위에 대하여 과징금 및 영업정지 처분 등을 부과할 수 있는 권한을 가지고 있습니다.
>
> 그러나 이러한 관련 규정들이 일반 국민인 청구인이 금융위원회에게 (1) 금융감독원의 분쟁조정업무 처리에 대한 조사·조치, 은행의 전자금융거래법 위반행위에 대한 조사·조치 등을 요구할 수 있다거나, (2) 금융위원회가 스스로 금융분쟁조정업무를 수행할 것 내지는 금융위원회가 금융감독원으로 하여금 재차 분쟁조정절차를 거치도록 조치할 것을 요구할 수 있는 법규상 또는 조리상의 구체적인 신청권을 부여한 것이라고 볼 수 없다고 할 것입니다.
>
> 따라서 청구인이 금융위원회에 제출한 민원은 직권발동을 촉구하는

> 신청에 불과하지, 공권력 행사의 신청이라 할 수 없고, 직권발동을 촉구하는 신청에 대하여 금융위원회가 거부 또는 부작위를 하더라도 그와 같은 거부 또는 부작위는 청구인의 권리나 법적 이익에 영향을 미치는 것이 아니어서, 결국 의무이행심판의 대상인 공권력 행사의 신청에 대한 거부 또는 부작위가 있다고 볼 수 없습니다.
> 그러므로 본 행정심판은 행정심판의 대상이 되지 않는 것을 대상으로 제기한 행정심판이므로 부적법한 심판청구라 할 것입니다.

금융위원회는 자기네들이 금융감독원에 대한 지도·감독을 하게 되어 있으며 전자금융거래법 위반 행위에 대한 행정처분을 하게 되어 있음을 인정하였다. 그러나 금융감독원의 잘못에 대해 일반 국민이 금융위원회에게 이를 시정해달라고 요구할 권한은 없으며, 또한 전자금융거래법 위반행위에 대해 일반 국민이 금융위원회에 이를 조사하고 처벌해 달라고 요구할 권한도 없다는 것이다.

한마디로 금융위원회는 권한만 있고 의무나 책임은 없다는 것이다. 금융감독원이 잘못을 하든 말든 어느 은행이 전자금융거래법을 위반하든 말든 금융위원회가 조치를 취하고 싶으면 취하고 아니면 그만이라는 주장이다.

이러한 금융위원회의 주장에 대하여 나는 첫 번째 보충서면을 통하여 다음과 같이 반박하였다.

> 금융위원회는 금융감독원에 대한 감독권한을 가진 행정기관이나, 청구인의 '금융감독원의 허위사실 기재에 대한 감독권을 행사해 달라'

는 신청을 정당한 이유 없이 거부하고 있습니다.

또한 금융위원회는 전자금융거래법 6조2항 위반에 대해 금융감독원에게 조사 지시를 하고 조사결과를 보고 받고 처분을 하는 행정기관이나, 청구인의 '공공은행 위법 행위에 대해 처분을 내려달라' 는 신청을 정당한 이유 없이 거부하고 있습니다.

위와 같은 금융위원회의 행위는 행정심판법 제2조1항("처분" 이란 행정청이 행하는 구체적 사실에 관한 법집행으로서의 공권력의 행사 또는 그 거부, 그 밖에 이에 준하는 행정작용을 말한다.) 및 5조3항(의무이행심판 : 당사자의 신청에 대한 행정청의 위법 또는 부당한 거부처분이나 부작위에 대하여 일정한 처분을 하도록 하는 행정심판)에 의거, 의무이행심판의 대상이 아니라 할 수 없습니다.

또한 본 건의 경우 심판의 대상이 위법행위 내지는 범죄행위에 준하는 건으로서 이에 대한 처분 내지는 이에 준하는 행정작용을 취해줄 것을 신청할 수 있는 권리는 헌법이나 기타 법률 및 조리 등에 의해 광범위하게 인정되는 국민의 기본 권리로서 이를 제한할 수 없다고 볼 것입니다.

한편 청구인의 2009. 2. 10. 분쟁조정신청에 대해 금융감독원은 공공은행의 전자금융거래법 위반 행위에 대해서는 언급도 하지 않은 채 각종 허위사실을 근거로 분쟁조정을 거절한 바 있습니다. 따라서 공공은행의 법 위반에 대한 처분과 금융감독원의 허위사실 기재에 대한 감독(조사 및 조치)은 청구인의 분쟁조정의 재개를 결정하는 조건이 되는 등, 청구인은 행정심판법에 정한 '행정청의 거부처분 또는 부작위에 대하여 일정한 처분을 구할 법률상 이익이 있는 자' 라 볼 수 있을 것입니다.

이러한 나의 반박에 대해 금융위원회는 보충서면을 통해 내가 청구인적격이 인정되어야 하는데 이에 해당하지 않는다고 주장하였다. 청구인적격이란 행정심판을 청구할 자격이 있는 사람이라는 의미이다. 금융위원회는 다음과 같은 이유로 내가 행정심판을 청구할 자격이 없다고 주장하였다.

청구인적격이 인정되기 위해서는 금융위원회가 어떤 처분을 내렸을 때 청구인에게 어떤 이익이 있어야 합니다. 청구인에게 이익이 있는지 없는지를 확인해 보기 위해서는 그 처분에 관한 법률을 살펴보아야 합니다. 법률이 금융위원회에 어떤 처분의무를 부여한 취지가 특정 개인의 이익을 보호하고자 한 것일 경우 청구인에게 그 처분을 통한 이익이 있다고 할 것입니다.
그런데 대법원 판례(2005두9736)에 의하면 개인의 이익은 공익보호의 결과 국민일반이 가지는 추상적·평균적·일반적인 이익이거나 반사적인 이익과 같이 간접적이거나 사실적·경제적 이익까지 포함되는 것은 아니라고 할 것입니다.
청구인이 청구한 금융감독원의 잘못된 금융업무 처리 및 공공은행의 전자금융거래법 위반에 대한 조치에 대하여 청구인적격이 인정되기 위해서는 이에 대한 법률이 특정 개개인의 이익도 보호하고 있는 것인지 살펴보아야 합니다.
먼저 '금융위원회의 설치 등에 관한 법률' 에 규정된 금융위원회의 금융감독원에 대한 감독권은 금융산업의 선진화와 금융시장의 안정을 도모하고 건전한 신용질서와 공정한 금융거래관행을 확립하며 예금자 및 투자자 등 금융수요자를 보호함으로써 국민경제의 발전에 기여하기 위하는 등 공익전반을 위한 것으로 보아야 할 것이고, 청구인과 같은 개개인 금융관련 민원에 대한 만족적인 처분을 받을 개별적이고 구체적인 이익까지 보호하고자 하는 것이라 볼 수 없습니다.

다음으로 전자금융거래법이 금융위원회 및 금융감독원에 금융기관의 법 위반 행위에 대한 검사 또는 제재권을 부여한 취지는 전자금융거래의 안정성과 신뢰성을 확보함과 동시에 전자금융업의 건전한 발전을 위한 기반을 조성함으로써 국민의 금융편의를 꾀하는 등 공익을 위한 측면에 있을 뿐이고, 청구인과 같이 개개인의 금융관련 민원에 대한 만족적인 처분을 받을 개별적이고 구체적인 이익까지 도출된다고 보기 어렵습니다.

따라서, 청구인에게는 금융위원회의 조치를 구할 개별적이고 구체적인 법률상 이익이 있다고 보기 어려우므로 의무이행심판의 청구인적격이 인정된다고 볼 수 없습니다.

이러한 주장에 대해 나는 긴장하지 않을 수 없었다. 특히 대법원 판례는 나를 위축시켰다. 판례에 의하면 나는 금융위원회의 처분에 따른 어떤 법률적 이익이 있어야 하는데 그 법률적 이익이란 간단한 것이 아니었다. 공익보호의 결과 국민 일반이 가지는 추상적·평균적·일반적인 이익이어서는 안 되고, 반사적인 이익과 같이 간접적이거나 사실적·경제적 이익까지 포함되는 것도 아니라고 하였다. 그런데 사실적·경제적 이익도 아니라면 과연 어떤 이익이 있어야 법률상 이익이 있다고 할 수 있는 것일까?

두근거리는 마음으로 판례를 검색해 보았다. 판례를 보고나서야 나는 금융위원회가 자기네들 주장에 유리하도록 판례를 교묘하게 변조하고 있음을 알 수 있었다.

대법원 판례(2005두9736)는 다음과 같이 되어 있었다.

> 여기서 말하는 법률상의 이익은 당해 처분의 근거 법률에 의하여 보호되는 직접적이고 구체적인 이익이 있는 경우를 말하고, 다만 공익보호의 결과로 국민 일반이 공통적으로 가지는 추상적, 평균적, 일반적인 이익과 같이 간접적이거나 사실적, 경제적 이해관계를 가지는 데 불과한 경우는 여기에 포함되지 않는다.

금융위원회가 나의 민원을 받아들여 금융감독원의 잘못을 바로잡아 제대로 된 분쟁조정을 하게 되면 나에게는 '직접적이고 구체적인 이익'이 발생한다. 공공은행이 전자금융거래법을 위반하였다고 판정할 경우 분쟁조정은 나에게 더욱 유리하게 나올 것이다.

내가 제기한 민원이 나에게 있어서 '직접적이고 구체적인 이익'이 있으며 결국 내가 법률상 이익이 있는 청구인적격이 된다는 것을 알고 있는 금융위원회는 술수를 부린다. 나의 이익은 '직접적이고 구체적인 이익'이기도 하면서 또한 '사실적·경제적 이익'이다. 판례는 '간접적이거나 사실적, 경제적 이해관계를 가지는 데 불과한 경우는 여기에 포함되지 않는다.'고 되어 있다. 이 판례에서 이야기하는 것은 직접적이고 구체적인 이익이 아닌, 그저 사실적, 경제적 '이해관계'만을 가지는 경우에는 법률적 이익이 없다는 내용이다.

그러나 금융위원회는 '직접적이고 구체적인 이익'이란 말은 빼고, '사실적, 경제적 이해관계를 가지는 데 불과한 경우는 여기에 포함되지 않는다'라는 구절을 '사실적, 경제적 이익을 포함하지 않는다.'라고 고쳤다. 그런데 '직접적이고도 구체적인 이익'이란 결국 '사실적이고 경제적인 이익'이라 할 수 있다.

금융위원회의 '개인의 이익은 공익보호의 결과 국민 일반이 가지는 추상적·평균적·일반적인 이익이거나 반사적인 이익과 같이 간접적이거나 사실적·경제적 이익까지 포함되는 것은 아니다'라는 주장은 결국 '개인의 이익이라 할 수 있는 이익은 아무것도 없다'는 이야기다. 금융위원회는 대법원 판례를 이렇게 교묘하게 조작하여 나에게 법률적 이익이 없는 것처럼 보이도록 한 것이다.

이러한 금융위원회의 술수에 맞서 나는 두 번째 보충서면을 통해 다음과 같이 주장하였다.

> 금융위원회는 대법원 판례(대법원 2007.6.15. 선고 2005두9736 판결)를 인용하여 '청구인에게는 의무이행심판의 청구인적격이 인정된다고 볼 수 없다' 는 주장을 하고 있습니다.
> 금융위원회가 인용한 대법원 판례에 대해 살펴보겠습니다. 대법원의 2005두9736 판결은 토사채취 허가지의 인근 주민들에게 토사 채취 허가의 취소를 구할 법률상 이익이 있는지 여부 등을 다투는 판결로, 원고는 인근 주민 및 사찰이었고 피고는 밀양市長이었으며, 피고의 상고를 기각하고 원고적격을 인정한 판결입니다. 판결 내용 중 원고적격

에 대한 부분을 보면,

'행정처분의 직접 상대방이 아닌 제3자라도 당해 행정처분의 취소를 구할 법률상의 이익이 있는 경우에는 원고적격이 인정되는데, 여기서 말하는 법률상의 이익은 당해 처분의 근거 법률에 의하여 보호되는 직접적이고 구체적인 이익이 있는 경우를 말하고, 다만 공익보호의 결과로 국민 일반이 공통적으로 가지는 추상적, 평균적, 일반적인 이익과 같이 간접적이거나 사실적, 경제적, 이해관계를 가지는 데 불과한 경우는 여기에 포함되지 않는다. 구 산림법 및 그 시행령, 시행규칙들의 규정 취지는 산림의 보호·육성, 임업생산력의 향상 및 산림의 공익기능의 증진을 도모함으로써 그와 관련된 공익을 보호하려는 데에 그치는 것이 아니라 그로 인하여 직접적이고 중대한 생활환경의 피해를 입으리라고 예상되는 토사채취 허가 등 인근 지역의 주민들이 주거·생활환경을 유지할 수 있는 개별적 이익까지도 보호하고 있다고 할 것이므로, 인근 주민들이 토사 채취 허가와 관련하여 가지게 되는 이익은 위와 같은 추상적, 평균적, 일반적인 이익에 그치는 것이 아니라 처분의 근거법규 등에 의하여 보호되는 직접적·구체적인 법률상 이익이라고 할 것이다(대법원 1995. 9. 26. 선고 94누14544 판결, 대법원 2003. 4. 25. 선고 2003두1240 판결 등 참조).
위 법리 및 기록에 비추어 보면, 원심이 이 사건 토사 채취 허가지의 인근 주민들 및 사찰인 원고들에게 이 사건 처분의 취소를 구할 법률상의 이익이 있다고 판단한 조치는 정당하고, 거기에 상고이유 주장과 같은 채증법칙 위반 및 법리오해 등의 위법이 없다.'

로 되어 있습니다. 한편 산림법의 제1조(목적)를 보면

제1조(목적) 이 법은 산림자원의 증식과 임업에 관한 기본적 사항을 정하여 산림의 보호·육성, 임업생산력의 향상 및 산림의 공익기능의 증진을 도모함으로써 국토의 보전과 국민경제의 건전한 발전에 이바지함을 목적으로 한다.

로 되어 있습니다. 위 대법원판례의 취지는 비록 어떤 법의 규정취지가 공익을 위한 것으로만 되어 있다 하더라도 그 법의 규정 취지는 공익뿐만 아니라 그와 관련된 주민(개개인)의 개별적인 이익까지 보호하고 있다고 보아야 한다는 취지의 판결입니다.

그런데 금융위원회는 이 판례를 인용하여
'금융위원회의 설치 등에 관한 법률의 규정 취지는 금융산업의 선진화와 금융시장의 안정을 도모하고 건전한 신용질서와 공정한 금융거래관행을 확립하며 예금자 및 투자자 및 금융수요자를 보호함으로써 국민경제의 발전에 기여하기 위하는 등 공익 전반을 위한 것이라 보아야 할 것이고, 청구인과 같은 개개인의 금융관련 민원에 대해 만족적인 처분을 받을 구체적인 이익까지 보호하고자 하는 것이라고 볼 수 없습니다.'
라고 하였는데, 금융위원회의 이러한 주장은 '법률의 목적이 공익을 위한 것이므로 개개인의 법률상 이익은 보호 대상이 아니다' 라는 주장으로, 이는 대법원 판결 취지와 반대가 되는 주장입니다.

특히 산림법의 경우 개개인에 대한 언급이 전혀 없는데도 대법원은 산림법이 주민 개개인의 개별적 이익까지 보호하는 것으로 보았는데, 금융위원회 설치법에는 '예금자 및 금융수요자를 보호함으로써…' 라고 되어 있는바, 예금자의 개별적 이익을 보호하고 있다고 보아야 할 것임은 두말할 나위가 없습니다.

따라서 금융위원회가 금융위원회 설치법 및 전자금융거래법에 대해 '개개인의 이익을 보호하고자 하는 취지가 아니다' 라는 주장은 잘못된 것이며 '청구인적격이 인정되지 않는다' 라는 주장 역시 잘못된 주장이라 할 것입니다.

금융위원회는 이러한 나의 반박에 대해 이후 아무런 서면도 제출하지 않았다. 내 반박이 답변할 가치가 없어서인지, 아니면 자기네들의 술수가 들통 난 데 대한 창피함 때문에 더 이상 이 부분에 대해 언급하기 싫어서였는지, 아니면 다른 이유가 있었는지는 알 수 없다.

51

내가 금융위원회를 행정심판에 제소한 취지 중 하나는 '금융감독원이 작성한 소분은 03365호 문서와 관련하여 민원인이 제기한 허위사실 여부 및 잘못된 논리 여부를 조사하고, 책임자에 대한 적절한 조치를 취하라'는 것이었다. 이에 대하여 금융위원회는 답변서를 통해 다음과 같이 주장하였다.

> 청구인이 금융위원회에 대하여 제6차 민원 및 그에 대한 추가 자료를 제출하자, 금융위원회는 이를 금융감독원의 소관부서인 분쟁조정국에 이첩하였는데, 금융분쟁조정에 관한 업무는 '금융위원회의 설치 등에 관한 법률' 등에 의하여 본래 금융감독원 고유의 소관 업무이므로 이와 같은 이첩은 적법하다 할 것입니다.
> 나아가, 금융위원회의 담당사무관은 청구인의 민원을 이첩하기에 앞서, 동 민원서류 및 금융감독원 분쟁조정국의 담당 직원으로부터 청구인의 과거 민원 경위를 파악하고 관련 자료를 제출받아 검토를 거치고, 본건 관련된 금융감독원 직원의 그 이첩에 따른 업무 처리 내용을 확인하는 등 공공기관으로서 민원인의 권리규제에 만전을 기하였습니다.

금융위원회는 내가 제기한 민원이 금융분쟁조정에 관한 업무라고 슬쩍 비켜나가고 있다. 형식적인 면에서 그 말이 맞을 수도 있다. 그러나 내가 금융위원회에 제기한 민원의 본질은 금융감독원 직원이 허위사실을 기반으로 분쟁조정업무를 하였고, 허위사실을 마치 사실관계 조사를 마친 것처럼 위장하였다는 것이다. 즉 금융감독원 직원의 비리에 관한 문제이다. 이 문제는 금융감독원이 그간 다섯 차례에 걸친 민원에도 불구하고 나에게 아무런 답변도 주지 않고 있는 문제이다.

금융위원회는 관련 자료를 제출받아 검토를 거쳤다고 답변서에 적고 있다. 이런 사정에 대해 이미 상세하게 다 알고 있다는 이야기이다. 그렇다면 금융위원회가 나에게 해주어야 하는 답변은 금융감독원이 작성한 서류에 있는 내용들이 사실인지 아닌지 밝혀주는 것이다. 그런데 이를 밝힐 생각은 안 하고 엉뚱한 변명을 늘어놓은 것이다.

금융위원회는 답변서에서 '공공기관으로서 민원인의 권리 규제에 만전을 기하였습니다'라고 적고 있는데 그야말로 웃음이 나오는 대목이었다. 금융위원회가 나의 민원을 접수받고 한 일이 무엇이었는가? 금융감독원에 공문 한 장 쓰고 민원을 이첩한 것이 전부이다. 내가 금융위원회 주무관이란 자와 싸우다시피 통화하여 관련 자료를 제출하면 검토하겠다는 답변을 겨우 받고 관련 자료를 제출하니 금융위원회는 그 자료를 잽싸게 금융감독원에 넘겼을 뿐이다. 그러고선 '공공기관으로서 민원인의 권리 규제에 만전을 기하였습니다.' 라고? 지나가는 소가 웃을 일이다. 공공기관 아니라 구멍가게도 그렇게는 안 한다.

이러한 금융위원회의 변명에 대하여 나는 첫 번째 보충서면을 통해 다음과 같이 반박하였다.

> 피청구인은 답변서에서 '금융분쟁조정에 관한 업무는 금융위원회의 설치 등에 관한 법률 등에 의하여 본래 금융감독원(장) 고유의 소관 업무이므로 이와 같은 이첩은 적법하다' 라며, 마치 청구인이 피청구인에게 금융분쟁조정을 해 달라고 한 것처럼 주장하고 있습니다.
> 그러나 청구인은 금융감독원이 허위사실투성이의 문서를 작성하였으므로 금융감독원의 감독기관인 금융위원회가 이에 대해 조사해 달라

고 한 것입니다. 즉 '금융분쟁조정' 이 아닌 '허위사실 기재에 대한 조사 내지는 감독' 을 요구한 것입니다.

두말할 것도 없이 금융분쟁 업무는 사실에 입각하여 공정하게 이루어져야 합니다. 만약 이 업무가 허위사실에 근거하여 일방적으로 은행에게 유리하게 이루어진다면 이는 범죄행위나 다름없습니다.

특히 금융감독원 직원은 적당한 시기에 은행으로 자리를 옮기는 일이 비일비재하여 은행과의 관계에 대해 많은 의혹을 받아왔던 기관임을 감안할 때 이에 대한 철저한 조사가 이루어져야 할 것입니다.

이에 대해 금융위원회는 보충서면 중 '나. 금융감독원 업무 처리의 적법성에 관한 조사권 발동 관련'이라는 항목에서 다음과 같이 주장하였다.

청구인은 금융위원회가 금융감독원 직원의 업무 처리의 위법성에 대해 조치를 취해야 한다고 주장하고 있으나, 동 사안과 관련하여 금융위원회는 이미 금융감독원에 '청구인이 제기한 민원과 관련 해당은행의 전자금융거래법 위반 여부를 확인하고 그 결과를 민원인 및 금융위원회에게 알려 주시기 바랍니다.' 라는 취지의 조치를 한 바 있습니다.

이에 따라 금융감독원은 '2010.8.23~9.17. 기간 중 공공은행에 대한 종합검사 시 동 민원에 대한 은행의 전자금융거래법 위반 여부에 대해 검사하였으나 위규사항이 발견되지 않아 지적하지 아니하였다.' 라는 검사 결과를 금융위원회에게 송부하였습니다.

동건의 경우 금융감독원 업무처리과정에서 명백히 위법·부당한 점이 있었다고 보기 어렵고, 따라서 금융위원회가 금융감독원에 대하여 지도·감독권을 행사해야 할 사안으로 보이지 않습니다.

또한 설치법에 따라 금융감독원이 금융기관 업무를 검사하는 사항은 금융감독원장이 업무를 통할하도록 규정하고 있으므로 금융감독원 업무 처리의 위규사실에 대한 조사·조치는 일차적으로 금융감독원장에게 있다고 하겠습니다. 따라서 본 사안도 청구인이 금융감독원장에게 우선적으로 직무처리의 위법사항을 검사하고 조치를 취할 것을 요구하여야 할 사항이라고 판단됩니다.

어처구니없는 답변이다. 다시 한 번 금융위원회의 교묘한 위장술이 빛을 발하고 있는 듯하다. 금융감독원 직원의 허위사실 기재에 대해 답변이 곤란하니까 이 부분을 슬쩍 빼고 엉뚱한 전자금융거래법 위반 관련 내용만 잔뜩 부각시키고 있는 것이다.

더욱 웃기는 일은 금융위원회가 작성한 이 보충서면을 보면 중간에 '나. 금융감독원의 허위사실 기재에 대한 조사권 발동 관련 검토의견에서 이미 밝혔듯이'라는 문구가 나오는데, 실제로 '나' 항의 소제목은 '나. 금융감독원 업무 처리의 적법성에 대한 조사권 발동 관련'으로 되어 있다. 또 '나' 항의 내용은 전자금융거래법 위반에 관한 내용 일색이다. 당초 금융위원회는 금융감독원의 허위사실 기재에 대한 답변을 무엇인가 기재했던 것이다. 그런데 이 부분이 문제가 될 성 싶으니까 이를 모두 삭제하고 제목도 '나. 금융감독원 업무 처리의 적법성…'으로 슬쩍 바꾼 것임을 알 수 있다. 금융위원회는 금융감독원의 허위사실 기재에 관련한 내용을 보충서면 그 어디에도 기재하지 않았다.

금융위원회의 현란한 위장 기술은 여기에 그치는 것이 아니었다. 금융위원회는 보충서면에서 '금융감독원은 공공은행의 전자금융거래법 위반 여부에 대해 검사하였으나 위규사항이 발견되지 않아 지적하지 아니하였다는 검사 결과를 금융위원회에게 송부하였다.'고 기재하였다. 그리고 그 근거로서 금융감독원이 작성한 '전자금융거래법 위반혐의에 대한 검사 실시 결과 송부'라는 보고서를 첨부하였다. 그러나 이 보고서에는 '위규사항이 발견되지 않아 지적하지 않았다.'라는 문구가 없다. 금융감독원은 '검찰에서도 무혐의처분한 점 등을 고려할 때 추가적인 검사 필요성은 없음.'이라고만 적었다. 금융감독원이 검찰 핑계를 대고 검사도 안 하고 슬쩍 빠져나갔다는 내용이다. 그런데 금융위원회는 마치 금융감독원이 검사를 하였고 그 결과 공공은행이 잘못이 없다는 것을 확인한 것처럼 사실을 조작하고 있는 것이다.

금융위원회의 이러한 어처구니없는 반박-반박이라기보다 억지라고 해야 더 맞을 것이다-에 대해 나는 두 번째 보충서면에서 다음과 같이 주장하였다.

> 금융위원회는 '청구인의 민원에 대하여 금융위원회는 금융감독원으로 하여금 자체 처리하고 그 결과를 민원인에게 알려 주도록 했는데 금융감독원이 잘못했다고 하지 않았으므로 금융위원회가 금융감독원에 대해 지도·감독권을 행사할 사안으로 보이지 않는다' 라는 취지의 주장을 하고 있습니다.

누가 금융감독원이 잘못했다고 피청구인에게 조사를 요구해도, 금융감독원이 '우리가 잘못했다' 고 인정하지 않으면 잘못 안 한 것이고 피청구인은 이에 대해 조사나 감독을 할 필요가 없다는 주장입니다. 이런 주장을 감독기관인 금융위원회에 근무하는 공무원들이 해도 되는지 의문입니다.

청구인의 주장을 다시 반복한다면 금융감독원은 본인의 민원에 대해 허위사실을 토대로 잘못된 조정을 하였습니다. 만약 금융위원회가 조금이나마 감독기관으로서의 사명감이나 양심이 있다면 청구인이 주장한 내용에 대해 직접 금융감독원 관계자를 조사하고 나서 조사 결과를 토대로 무엇이든 주장해야 할 것입니다.

허위사실이 확실하고 일부는 공공은행 담당자와 금융감독원 담당자가 이미 인정했음에도 불구하고 아무런 조사도 안 한 채 금융감독원을 감싸려 드는 금융위원회의 태도는 수정되어야 마땅합니다.

한편 금융위원회 답변을 보면 '나. 금융감독원 업무 처리의 적법성에 대한 조사권 발동 관련', '다. 공공은행의 전금법 위반여부 조사관련' 의 두 가지 항 모두 전자금융거래법 위반에 대한 건만 언급하고 있습니다. 상식적으로 볼 때 '나' 항은 금융감독원 직원이 허위사실을 토대로 엉터리 조정 업무를 한 것에 대해서 다루어야 할 것입니다. 이를 다루지 않은 이유가 청구인의 주장이 맞아서인지, 아니면 허위사실 관련 건을 숨기고 싶어서인지 금융위원회는 밝혀야 할 것입니다.

또한 금융위원회는 '청구인이 금융감독원장에게 우선적으로 직무처리의 위법사항을 검사하고 조치를 취할 것을 요구하여야 할 사항이라고 판단된다' 고 주장하고 있으나 이는 잘못된 주장입니다. 청구인은 그간 수차례 금융감독원장에게 이에 대한 조치를 요구하였으나 금융감독원장은 이런저런 핑계를 대며 조치를 취하지 않아 청구인이 어쩔 수 없이 금융감독원의 지도·감독기관인 금융위원회에게 조치를 요구한 것입니다. 이러한 사항을 잘 알고 있는 금융위원회가 이제 와서 다시 '청구인이 금융감독원장에게 조치를 요구할 사안' 이라고 주장하는 것은 잘못된 주장이라 아니할 수 없습니다.

52

내가 금융위원회를 행정심판에 제소한 취지 중 두 번째는 '공공은행의 전자금융거래법 위반 여부를 조사하고, 위반에 대한 적절한 조치를 취하라'는 것이었다. 이에 대하여 금융위원회는 답변서를 통해 다음과 같이 주장하였다.

전자금융거래법 제39조에 의하면 (1) 금융감독원은 금융위원회의 지시를 받아 금융기관 및 전자금융업자에 대하여 이 법 또는 이 법에 의한 명령의 준수 여부를 감독하며, (2) 금융감독원장은 금융기관 및 전자금융업자의 전자금융업무와 그와 관련된 재무상태를 검사하고, 검사를 위하여 필요하다고 인정하는 때에는 금융기관 및 전자금융업자에 대하여 업무와 재무상태에 관한 자료의 제출 및 관계인의 출석을 요구할 수 있으며, (3) 금융감독원장은 위 규정에 따라 검사를 한 때에는 그 결과를 금융위원회가 정하는 바에 따라 금융위원회에 보고하여야 합니다.

따라서 전자금융거래법에 의하면 동법 위반 행위에 대한 일반적인 감독, 검사 권한은 금융감독원에 있다고 할 것이며, 금융위원회가 금융감독원으로 하여금 청구인의 민원과 관련된 공공은행의 전자금융거래법 위반 여부를 확인하여 그 결과를 회신토록 한 조치는 적법하다고 할 것입니다.
한편 금융위원회 담당자가 확인한 바에 의하면 금융감독원 특수은행서비스국은 공공은행의 전자금융거래법 위반 여부에 대하여 확인하였는데, 청구인이 공공은행 관련 직원에 대하여 전자금융거래법 위반, 사문서위조 및 동 행사죄로 화성동부경찰서에 고소한 사건에 대하여 수원지방검찰청이 증거불충분으로 '혐의 없음' 처분을 하였다는 사실이 확인되어 추가적인 지적 또는 검사의 필요성이 없다는 판단을 한 것으로 파악되었습니다.
한편 금융감독원은 금융위원회가 청구인의 민원을 이첩해 옴에 따라 '공공은행 직원의 전자금융거래법 위반 여부에 대하여는 수원지방검찰청으로부터 무혐의처분이 있었음을 알려드린다.' 는 취지의 답변을 청구인에게 회신하였습니다.
따라서 전자금융거래법 위반 여부와 관련하여 금융위원회의 금융감독원에 대한 이첩 처리 및 그 이첩에 따른 금융감독원의 업무 처리는 모두 적법하다 할 것입니다.

이 답변서를 읽으면서 내가 느낀 첫 감정은 금융위원회가 비겁하다는 것이었다. 금융위원회가 지적했다시피 전자금융거래법 위반에 대한 처분을 내리는 것은 금융위원회다. 전자금융거래법 위반 민원

(신고)이 들어 왔을 때 금융위원회는 위반인지 아닌지, 위반이라면 어떠한 처분을 내릴 것인지 결정을 할 수 있는 권한이 있다. 금융감독원은 이러한 과정에서 금융위원회의 지시를 받아 조사를 하고 그 결과를 금융위원회에 보고할 수 있을 뿐이다. 따라서 금융위원회가 공공은행이 전자금융거래법을 위반하였는지 아닌지 결정을 해야 한다. 그런데 금융위원회는 어떤 태도를 보이고 있는가? '우리는 모른다. 금융감독원이 다 알아서 한다'는 식이다.

금융위원회는 공공은행이 전자금융거래법을 위반한 것을 몰랐을까? 알고 있었을 것이다. 상세한 보고를 금융감독원으로부터 다 받았을 것이다. 이제 금융위원회는 공공은행이 전자금융거래법을 위반하였다는 최종 판단을 내려야 한다. 그런데 어떤 사정이 생겨 위반하였다고 할 수가 없는 처지가 되었다. 그러다 보니 금융감독원을 끌어들이고 검찰의 무혐의처분을 끌어들이지 않을 수 없었던 것이다.

새삼 경찰과 검찰에 대한 분노가 스멀스멀 피어오른다. 그들이 제대로 수사를 하여 공공은행 직원을 기소하였다면, 불기소결정서에 '전자금융거래법 위반'이라고 적지 않고 '전자금융거래법 제49조제1항 위반'이라고 정확하게 적었더라면 공공은행, 금융감독원, 금융위원회의 꼼수는 통할 수 없었을 것이다.

금융위원회의 보충서면을 읽고 놀란 것은 내가 금융감독원에 전자금융거래법 위반행위에 대한 진정을 제출한 것이 2009년 2월 10일인데 접수부서인 금융감독원 분쟁조정국에서 금융감독원 담당부서인 특수은행서비스국에 송부한 것은 접수로부터 6개월이나 경과한 2009년 8월 12일이고, 특수은행서비스국에서 조사를 한 것은 접수로부터 1년 6개월이 지난 2010년 8~9월이었다고 한다.

법률위반 신고가 들어왔는데 1년 6개월 후에 조사를 한다는 것이 있을 수 있는 일인가? 이런 조사를 한다면 1년 6개월 동안 동일한 위반 행위가 지속될 수밖에 없지 않은가? 작금 문제가 되는 금융기관의 모럴해저드는 결국 금융감독원과 금융위원회의 이러한 물러터진 감독 업무에 기인한다고 할 것이다.

금융위원회의 주장에 대해 나는 첫 번째 보충서면에서 다음과 같이 반박하였다.

> 금융위원회는 답변서에서 '전자금융거래법에 대한 감독, 검사 업무는 금융감독원에 있으므로 금융위원회가 청구인의 민원에 대하여 전자금융거래법 위반 여부를 확인하여 그 결과를 회신토록 한 조치는 적법하다' 고 주장하고 있으며 또한 '수원지방 검찰청으로부터 무혐의 처분을 받았으므로 위반했다고 할 수 없다' 라는 취지의 주장을 하고 있습니다.
>
> 전자금융거래법을 보면 전자금융거래법 위반행위에 대한 업무정지 및 과징금 부과 조치권자는 금융위원회이며(43조, 46조), 금융감독원은 금융위원회의 지시를 받아 동법 위반 여부를 감독하며(39조), 금융감독원은 검사 결과를 금융위원회에게 보고하게 되어 있습니다(39조). 이러한 업무처리 절차를 간단히 다음과 같이 정리할 수 있습니다.
>
> 1. 금융위원회가 금융감독원에 조사 지시
> 2. 금융감독원에서 조사
> 3. 금융감독원이 조사결과를 금융위원회에 보고

4. 금융위원회가 처분

그런데 금융위원회는 조사 지시를 하지도 않았으며 검사 결과를 보고 받지도 않았고 또 조사가 적정하게 되었는지 그 결과에 대해 확인도 하지 않았으며 아무런 처분도 하지 않았는바, 이는 금융위원회가 법에 규정된 업무를 수행하지 않았다고 볼 수 있습니다. 금융위원회는 공공은행의 위반행위에 대해 업무정지 내지는 과징금 처분을 하고, 만에 하나 위반행위가 아니라고 판단된다면 무혐의처분을 내려야 할 것입니다.
따라서 금융위원회는 동법 위반에 대한 업무 일체를 무단으로 금융감독원에 이첩한 것으로서 이는 법에 정한 업무를 정당한 이유 없이 거부 및 포기한 것으로 볼 수 있습니다.

한편 금융위원회는 금융감독원이 금융위원회의 지시를 받지도 않고 2010년 8~9월 사이에 본건에 대한 조사를 벌였는데 수원지검의 무혐의처분이 있었다 하여 추가 조사는 하지 않았다고 주장하고 있습니다.
금융감독원이 금융위원회 지시도 없는데 전자금융거래법 위반 관련 조사를 한 것은 일종의 월권행위이며 또한 그 결과를 금융위원회에 보고하지 않은 것은 업무 유기라 아니할 수 없습니다.

다음으로 전자금융거래법 위반 여부에 대해 알아보겠습니다. 금융감독원은 '수원지검의 무혐의처분이 있었으므로 위반이 아니다' 라는 식으로 주장하고 있으며 금융위원회도 이에 동조하고 있습니다.
주지하다시피 검찰은 벌금형이나 징역형 등의 처벌을 받는 사건에 대한 수사를 하고 공소를 제기하는 기관입니다. 본건 전자금융거래법을 보면 예컨대 '접근매체를 위조하거나 변조한 자는 7년 이하의 징역이나 5천만 원 이하의 벌금에 처한다(49조1항)' 고 되어 있습니다. 따라서 이는 검찰의 수사 대상이 됩니다.

그러나 본건 공공은행의 경우 동법 6조2항을 위반한 것으로, 동법 43조2항을 보면 '금융위원회는 금융기관 또는 전자금융업자가 이(6조2항)를 위반하였을 때에는 6월의 범위 안에서 기간을 정하여 관련 업무의 전부 또는 일부의 정지를 명할 수 있다' 로 되어 있습니다(또한 46조1항을 보면 금융위원회는 업무정지명령에 갈음하여 5천만 원 이하의 과징금을 부과할 수 있게 되어 있습니다).

즉 청구인이 제기한 전자금융거래법 6조2항 위반은 업무정지 내지는 과징금 부과 대상이고 그 조치를 할 수 있는 기관은 금융위원회입니다. 따라서 검찰의 수사 대상이 아닙니다. 수원지검의 무혐의 판정은 공공은행이 기소대상이 되는 여타 법률위반을 하지 않았다는 것이지 동법 6조2항을 위반하지 않았다는 것이 아닙니다(당시 청구인은 공공은행을 사문서위조 및 동 행사, 전자금융거래법 위반으로 고소하였는데 경찰과 검찰은 사문서위조에 대해서만 수사를 하였을 뿐 전자금융거래법에 대해서는 아무런 수사도 하지 않았습니다).

금융위원회나 금융감독원이 예컨대 사문서위조라는 범죄에 대해 수사를 할 권한도 없으며 필요도 없는 것처럼, 검찰이 동법 6조2항 위반에 대한 수사를 할 권한도 없으며 필요도 없는 것입니다. 6조2항 위반에 대하여는 금융위원회의 지시를 받아 금융감독원이 검사를 하게 되어 있는데 금융위원회와 금융감독원은 검찰의 엉뚱한 수사기록을 가지고

6조2항 위반이 아니라고 전혀 이유 없는 주장을 하고 있는 것입니다. 이는 금융위원회와 금융감독원이 이에 대한 검사를 하지 않은 과실을 은폐하려는 방편에 불과합니다.
만약 경찰이나 검찰이 동법 6조2항에 대한 수사를 하였다면 이는 경찰과 검찰이 전자금융거래법을 위반한 월권행위에 해당하는 것으로, 이에 대한 권한을 갖고 있는 금융위원회가 그에 대해 항의를 해야 마땅할 사안인데도 웬일인지 금융위원회는 이를 이용하여 은행에 면죄부를 주는 데 급급하고 있습니다.

한편 본건 6조2항 위반과 관련하여 공공은행은 '청구인의 신청은 없었으며 신청서는 은행원이 임의로 작성했고 청구인의 본인확인증표로는 통장 개설 시 받았던 주민등록증 복사본을 임의로 갖다 첨부했다' 고 6조2항 위반 사실을 인정한 바 있습니다. 또한 공공은행의 위반 사실은 누구라도 조금만 조사해보면 용이하게 확인될 수 있습니다. 그럼에도 불구하고 금융감독원과 금융위원회가 엉뚱한 검찰 수사 결과를 들이대며 위반이 아니라고 주장하는 것은 극히 부당하다고 할 것입니다.

한편 금융위원회의 주장에 의하면 신청인이 금융감독원에 본 법률위반행위에 대한 진정을 제출한 것이 2009년 2월 10일인데 접수부서인 분쟁조정국에서 금융감독원 특수은행서비스국에 송부한 것은 접수로부터 6개월이나 경과한 2009년 8월 12일이고, 특수은행서비스국에서 조사를 한 것은 접수로부터 1년 6개월이 지난 2010년 8~9월인데,

법률위반 혐의에 대해 1년 6개월이나 경과해서 조사를 한다는 것은 단속에 대한 의지가 전혀 없었다고밖에 볼 수 없습니다.
또한 조사 결과에 대해서도 아무 연락 없다가 2010. 12. 17. 청구인이 금융위원회에게 민원을 제기하자 2010. 12. 22.이 되어서야 '검찰의 무혐의처분이 있었다' 는 엉뚱한 핑계를 제시하는 등 금융감독원의 행태는 정도를 한참 벗어난 것이라 할 것입니다.

금융위원회는 이러한 나의 주장에 대해 보충서면을 통해 다음과 같이 반박하였다.

청구인은 공공은행의 전자금융거래법 위반 여부에 대해 금융위원회가 직접 위반 여부를 조사하고 위반자를 처벌할 것을 주장하고 있습니다.
금융위원회는 청구인이 제기한 민원과 관련 해당은행의 전자금융거래법 위반 여부를 확인하라고 금융감독원에 지시하였으며, 금융감독원은 종합 검사 결과 특별한 위규사항이 발견되지 않았다고 회신하였습니다.
요약컨대 동건의 경우 금융감독원의 업무 처리 및 검사 결과에서 명백·부당한 위법사항이 있었다고 보기 어려우므로 금융위원회가 직접 전자금융거래법 위반 여부를 추가로 조사해야 할 사항으로 보기 어렵습니다.

금융위원회는 다시 '금융감독원이 종합 검사 결과 특별한 위규사항이 발견되지 않았다고 회신하였다'는 거짓말을 하고 있다. 금융감독원은 이런 회신을 한 적이 없다. 검찰의 무혐의처분이 있었다고만 회신하였다. 금융위원회가 금융감독원의 술수를 지적하여 올바른 조사가 이루어지도록 해야 마땅한데 오히려 금융감독원보다 한술 더 떠 위규사항이 없었던 것처럼 위장해주고 있는 것이다. 정말 호형호제, 손발이 착착 맞고 있다고밖에 더 할 말이 없다.

이러한 금융위원회의 주장에 대해 나는 두 번째 보충서면에서 다음과 같이 주장하였다.

> 공공은행이 전자금융거래법 6조2항을 위반한 것은 자명합니다. 즉, 청구인이 신청을 한 적이 없는데도 공공은행 직원은 청구인 명의의 신청서를 허위로 작성하고, 청구인의 통장에 텔레뱅킹을 등록하고 비밀카드를 제3자에게 발급해 주었고, 청구인이 통장 개설 시 제출했던 주민등록증 복사본을 다시 복사해 본인확인증표를 만들어 마치 청구인이 직접 와서 신청한 것처럼 위장하였습니다.
>
> 이는 공공은행 담당자도 인정한 사실입니다. 공공은행 담당자가 이를 시인했으며(증1호), 그때 작성한 신청서(증2호)와 본인확인증표(증3호)도 모두 공공은행에서 금융감독원에 이미 제출한 바 있습니다.
>
> 그럼에도 불구하고 금융위원회와 금융감독원은 본 건과 관련 없는 검찰수사 결과를 빌미로 법률위반을 하지 않았다고 주장하고 있습니다. 다시 말하거니와 전자금융법 6조2항은 공소제기 대상이 아니므로 검찰이 조사할 필요도 없으며 조사해서도 안 되며 조사하지도 않았던 사

항입니다. 이에 대한 조사 및 처벌은 모두 금융위원회와 금융감독원이 하도록 전자금융거래법에 분명히 규정되어 있습니다.

만약 금융위원회가 검찰의 '전자금융법 위반, 사문서위조 및 동 행사죄에 대한 무혐의처분' 을 근거로 전자금융법 6조2항 위반이 아니라고 주장을 한다면, 전자금융법 6조2항이 검찰의 수사 대상인지(즉 금융위원회 및 금융감독원의 조사 대상이 아니라는 것)부터 밝혀야 할 것입니다.

또한 금융위원회는 6조2항에 대한 감독지시권 및 처벌권을 가진 기관으로서 공공은행의 행위가 왜 6조2항에 해당하지 않는지, 증 1~3호를 참조하여 그 이유를 분명히 밝혀야 할 것입니다. 검찰의 무혐의처분을 내세워, 금융위원회가 자신의 의견과 그 근거를 제시하지 않는 것은 떳떳한 행위라 할 수 없습니다.

53

금융위원회는 보충서면을 제출하면서 금융감독원이 작성하여 금융위원회에 제출한 '전자금융거래법 위반혐의에 대한 검사 실시 결과 송부'라는 보고서를 첨부하였다. 그 보고서의 주요 내용은 다음과 같았다.

민원인의 민원 제기 내용의 사실 여부 등을 점검하였으나 다음과 같은 점 등이 확인되어 전자금융거래법 위반 사항으로 지적하지 아니하였음.

- 2008.10.27. 학원 경영의 동업자인 김성출이 텔레뱅킹을 신청한 행위에 대하여 2008.11.25. 민원인이 텔레뱅킹 신청서류에 대하여 보완하는 등 김성출의 대리행위를 추인

- 민원인이 2009.11.2. 공공은행 직원에 대하여 전자금융거래법 위반, 사문서위조 및 동 행사죄로 화성동부경찰서에 고소하였으나, 2010.1.29. 수원지방검찰청이 증거불충분으로 '혐의 없음' 으로 처분

본건 민원과 관련하여 2010.8.23.~9.17. 기간 중 공공은행에 대한 종합검사 과정에서 본건 민원내용에 대해 점검하였으나 민원인이 김성출의 대리행위를 추인한 사실이 확인되었고, 검찰에서도 무혐의처분한 점 등을 고려할 때 추가적인 검사 필요성은 없음.

설사 내가 텔레뱅킹 등록을 추인했다 하더라도 이는 공공은행이 전자금융거래법을 위반했는지 아닌지와는 전혀 별개의 문제다. 처분을 할 때 정상참작을 할 수 있는지 아닌지에 관련한 문제다. 더욱이 내가 추인을 하지 않은 것도 조금만 조사를 해보면 금방 알 수 있다. 금융감독원과 금융위원회는 공공은행을 위해 갖다 붙일 수 있는 모든 핑계를 다 찾아내어 갖다 붙이면서 면죄부를 주고 있는 것이다.

이에 대하여 나는 두 번째 보충서면에서 다음과 같이 주장하였다.

금융위원회가 증거로 제시한 금융감독원의 답변서를 보면 본 건과 관련하여 청구인이 텔레뱅킹 신청행위(무권대리행위)를 추인해 주었다는 주장을 하고 있는데 이는 사실과 다릅니다.
무권대리행위가 추인되기 위해서는 그 행위가 미확정으로 남아 있어야 합니다. 즉 청구인이 거절권을 행사하지 않고 공공은행이 철회권을 행사하지 않은 상태로 있어야 합니다. 그러나 본 건의 경우 텔레뱅킹 무단등록행위(무권대리행위)를 확인한 날인 2008년 10월 31일 청구인은 즉시 공공은행을 방문하여 은행으로 하여금 책임을 지라고 항의함으로써 거절권을 행사하였으며, 은행 부지점장(황두현)은 은행 직원에게 본인의 텔레뱅킹을 해지하라고 지시함으로써 철회권을 행사하였습니다. 따라서 본 건의 경우 추인이 있었다고 볼 수 없습니다.
한편 공공은행이 사정사정하여 청구인이 공공은행과 합의를 하기로 하였으나 공공은행이 약속한 금액보다 적은 돈을 지급하여 청구인은 돈을 돌려주고 합의를 무효로 하자고 하였으며, 공공은행에서는 이를 인정하고 돈을 도로 받아 간 적이 있습니다. 금융감독원에서도 이를 인정하고 '착오에 의한 합의 무효에 해당할 수 있다' 고 한 바 있습니다.
또한 공공은행은 나중에 금융감독원 담당자를 통해, '부족한 돈을 채워 지급할 테니 다시 합의를 하자' 고 제의해온 바 있으나 청구인이 거절한 바 있습니다(증4호).
금융감독원이 추인을 빌미로 전자금융법 위반이 아니라는 주장은 이해할 수 없는 주장입니다. 추인이 아니라 단순 합의였으며 이 합의 역시 무효에 해당한다고 보아야 할 것입니다. 또한 범죄자가 피해자와 합의했다고 해도 범죄자는 처벌을 받게 되어 있으며 단지 합의에 따른 정상 참작이 있을 뿐입니다. 금융감독원은 추인도 아닌데 추인이라고 주장을 하고, 추인이 있었으므로 법률위반이 아니라는 주장을 계속하고 있습니다. 더욱이 합의가 이루어지지 않은 것도 알고 있는데 이런 주장을 계속하고 있습니다.

54

내가 금융위원회를 행정심판에 제소한 취지 중 세 번째는 '본 건에 대한 분쟁조정이 다시 제대로 이루어지도록 조치하라'는 것이었다. 이에 대하여 금융위원회는 답변서를 통해 다음과 같이 주장하였다.

금융감독원의 본 건 민원처리 과정을 살펴보면, 금융감독원 분쟁조정국의 민원처리 담당자는 민원 접수 후 해당은행으로부터 자료를 징구하고 고도의 법률적인 판단이 필요한 쟁점에 관해서는 외부전문가인 법무법인 두 곳에 법률자문을 구하고 의견을 수렴한 후 내부회의를 거쳐서 민원 회신 업무를 한 것으로 확인되는바, 이와 같은 민원 처리 절차에 하자가 있다고 보기는 어렵다고 할 것입니다.

이 문장을 읽으면 금융감독원이 꽤나 열심히 일한 것처럼 보인다. 그러나 법률자문을 구한 것은 나중에 감사원에 민원을 제기하니까 마지못해 한 것에 불과하다. 금융감독원이 얼마나 한심하게 내 민원을 처리했는지는 반복해서 이야기할 필요가 없을 것이다. 능력이 안 되어 일을 잘못 처리했다면 봐줄 수도 있다. 그러나 은행을 봐주기 위하여, 은행의 주장을 뒷받침해주는 방향으로 일을 하였다는 것이 문제다.

이에 대해 나는 첫 번째 보충서면에서 다음과 같이 주장하였다.

> 금융위원회는 답변서에서 '금융감독원이 해당은행으로부터 자료를 징구하고 법무법인의 자문을 구하는 등 적정한 절차를 거쳤으므로 하자가 없다' 고 주장하고 있습니다. 청구인이 주장하는 것은 금융감독원이 작성한 문서가 허위투성이라는 것인데 웬일인지 금융감독원과 금융위원회는 이(허위투성이)에 대해서 밝혀볼 생각은 전혀 하지 않고 단지 절차상에 문제가 없었다는 답변만 되풀이하고 있습니다. 만약 절차상에 문제가 없었는데도 허위투성이의 문서가 생성된다면 이야말로 큰 문제로, 그 감독기관인 금융위원회는 이에 대한 실태파악과 재발방지를 위한 방안을 시급히 강구해야 마땅할 것입니다.
>
> 금융위원회는 청구인이 동일한 민원을 몇 차례나 반복하여 제출하였다고 답변서에서 언급하고 있는데 청구인이 이유 없이 민원을 반복하여 제출한 것이 아닙니다. 허위투성이의 문서에 대해 그 진실을 밝혀달라고 민원을 제기하였는데 금융감독원이나 금융위원회가 이에 대해 밝히지는 않고 '절차에 문제가 없었다, 변호사 자문을 받았다' 라고 핵심을 벗어난 핑계만 대고 있기 때문입니다. 이러한 허위투성이 문서를 생성하고 또 허위를 은폐하고 방어하기 위해 비싼 인건비를 쓰고 외부 법

률자문을 받는 등 국세를 낭비하고 있는 금융감독원과 금융위원회는 깊이 반성하고 사죄해야 마땅할 것입니다.

한편 금융위원회는 청구인이 제출한 민원이 '동일한 내용으로 정당한 사유 없이 3회 이상 반복' 한 반복민원에 해당한다고 주장하고 있으나 허위사실을 밝혀 달라는 민원에 대해 답변을 회피하여 어쩔 수 없이 민원을 반복하여 제출한 것으로 이를 '정당한 사유가 없다' 고 할 수 없는 것입니다.

이러한 나의 주장에 대해 금융위원회는 보충서면에서 아무런 반박도 하지 않았다.

55

행정심판을 진행하면서 심히 불공정하게 느껴지는 일이 있었다. 행정심판법을 보면 행정심판을 청구하면 60일 이내에 재결을 하게 되어 있다. 내가 금융위원회의 답변서를 받고 첫 번째 보충서면을 제출한 날은 2011년 3월 30일이었다. 그런데 금융위원회의 보충서면을 내가 받은 날은 이로부터 78일이 지난 2011년 6월 16일이었다.

내가 행정심판을 청구하자 중앙행정심판위원회 담당자는 전화상으로 나에게 '보충서면은 2주일 이내에 내야 한다.'고 알려준 적이 있다. 그래서 나는 답변서를 받고 2주일 이내 첫 번째 보충서면을 제출했었고, 금융위원회 보충서면을 받고 2주일 이내에 두 번째 보충서면을 제출했던 것이다. 2주간이라는 기간이 길다면 긴 기간이지만 다른 일을 하며 보충서면을 작성하는 데 넉넉한 기간은 아니다. 더욱이 법률적인 지식이 빈약한 내가 자료를 찾고 공부를 해가며 작성하다 보니 순식간의 기간처럼 느껴졌다. 부족한 대로 보충서면을 작성하여 부랴부랴 제출할 수밖에 없었다. 그런데 중앙행정심판위원회는 금융위원회에게는 나에게 준 2주간이라는 기간보다 무려 5배나 긴 기간을 준 것이다.

이러한 불공정한 요소를 제거해야겠다는 생각이 들어 난 두 번째 보충서면에서 다음과 같이 주장하였다.

> 행정심판법 제45조(재결 기간)를 보면 '① 재결은 제23조에 따라 피청구인 또는 위원회가 심판청구서를 받은 날부터 60일 이내에 하여야 한다. 다만, 부득이한 사정이 있는 경우에는 위원장이 직권으로 30일을 연장할 수 있다.' 고 되어 있습니다.
>
> 동 조항을 만족시키기 위해서는 청구인이나 금융위원회의 보충서면 제출 기간은 아무리 길어도 60일을 넘겨서는 안 될 것입니다. 청구인이 보충서면을 제출한 것은 2011년 3월 30일(등기 우편)인데, 청구인이 그에 대한 금융위원회의 답변서(피청구인의 보충서면)를 받은 것은 2011년 6월 16일(등기우편)입니다. 청구인이 보충서면을 제출한 지 75일이나 경과하여 금융위원회는 보충서면을 제출한 셈입니다.
>
> 한편 청구인은 중앙행정심판위원회로부터 보충서면은 2주일 내에 제출하게 되어 있다는 안내를 받은 바 있습니다. 행정심판이 행정기관의 잘못에 대해 청구인의 권리를 구제해주는 제도임을 감안할 때 금융위

> 원회(행정기관)의 보충서면 제출기한이 청구인의 제출기간보다 더 길어서는 안 된다고 보아야 할 것입니다.
> 따라서 금융위원회가 75일이나 걸려 2011년 6월 15일에 제출한 보충서면은 법률(재결기간)에 비춰보아도 제출기한을 넘겼다고 보아야 하며 또 행정심판 제도의 취지 및 청구인과의 형평성을 고려할 때에 용인할 수 있는 수준을 훨씬 경과한 것으로 보아야 할 것입니다. 이에 청구인은 본 건의 심리에 있어서 금융위원회의 보충서면을 제외시켜 주실 것을 강력히 요청하는 바입니다.

물론 중앙행정심판위원회에서 이미 금융위원회 보충서면을 읽었다면 나의 이러한 항의는 아무 소용이 없을 것이다. 그러나 앞으로는 이런 불공정한 행위에 대해 보다 엄격한 관리가 이루어질 것이다. 끝으로 두 번째 보충서면은 다음과 같은 글로 결론을 맺었다.

> 최근의 부산저축은행 사태를 보아도 알 수 있듯이 금융감독원의 부정, 부패, 무능은 도를 넘었다고 하겠습니다. 금융위원회는 금융감독원을 감독하는 기관으로서 오늘날의 이 사태에 대한 일말의 책임을 통감하고 금융감독원의 잘못을 엄정하게 지도·감독해야 마땅할진대 어찌된 일인지 금융감독원의 잘못에 대해 비호만 하려들고 있습니다.
> 청구인의 주장을 확인하기 위해서는 단 몇 시간만 금융감독원과 공공은행의 담당자를 조사하면 됩니다. 그럼에도 불구하고 금융감독원과 금융위원회는 훨씬 더 많은 시간과 공을 들여가며 공공은행을 감싸고 금융감독원을 감싸려 하고 있습니다. 금융감독원을 감독하라고 법적

으로 권한을 부여받고 국민의 귀한 혈세로 운영되는 금융위원회가 금융감독원을 감독하려 하지는 않고 금융감독원을 감싸주려는 이런 행태는 반드시 수정되어야 합니다.

작금의 부산저축은행 사태와 같은 일로 많은 피해자가 고통 받고 사회에 혼란이 초래되는 불행한 일이 다시는 발생하지 않도록 하기 위해서라도, 금융감독원과 금융위원회의 잘못된 행위가 수정되도록 청구인의 재결 요청을 부디 받아 주시기를 간곡히 청원 드립니다.

56

2011년 7월초에 중앙행정심판위원회에서 재결서를 보내왔다. 재결 날짜는 7월 5일이었다.

재결서 첫 페이지에 사건번호, 청구인, 피청구인, 심판청구일이 기재되어 있고 바로 다음에 주문이 나와 있었다.

주문

청구인의 청구를 모두 각하한다.

각하란 것은 내가 청구한 내용들이 모두 행정심판 대상이 되지 않는다는 이야기였다.

재결서에는 주문에 이어서 청구취지, 이유가 기재되어 있고, 이유 항목에는 사건개요, 청구인 주장, 피청구인 주장, 관계법령, 인정사실, 이 사건 청구의 행정심판 적격 여부, 결론이 기재되어 있었다. 내 청구를 각하한 이유가 무엇인지 행정심판 적격 여부와 결론 부분을 보면 다음과 같았다.

이 사건 청구의 행정심판 적격 여부

가. 관계법령

1)행정심판법 제2조, 제3조제1항, 제5조에 따르면, 행정청의 위법 또는 부당한 거부처분이나 부작위에 대하여는 일정한 처분을 하도록 하는 의무이행심판을 제기할 수 있다고 되어 있는바, 여기서 거부처분 또는 부작위라 함은 행정청에 일정한 처분을 요구할 수 있는 법규상·조리상 신청권이 있는 자의 신청이 있고 그 신청에 대하여 행정청이 상당한 기간 내에 일정한 처분을 하여야 할 법률상 의무가 있음에도 불구하고 이를 하지 아니하거나 신청을 거부하는 행위라 할 것이다.

2)금융위원회의 설치 등에 관한 법률 제18조, 제24조, 제61조에 따르면, 금융위원회는 금융감독원의 업무에 대한 지도·감독권을 가지고, 동법 제38조, 제51조, 제53조에 따르면, 은행 등과 금융수요자 사이에 발생하는 금융과 관련된 분쟁이 있으면 금융감독원장에게 분쟁조정을 신청할 수 있다고 되어 있다.

나. 판단

청구인은 청구인이 제기한 민원과 관련하여 금융감독원이 작성한 소분은 03365호와 관련하여 청구인이 제기한 허위사실 여부 및 잘못된 논리 여부를 조사하고, 책임자에 적절한 조치를 취해줄 것 등을 구하는 내용으로 이 사건 행정심판을 청구하였으나, 앞서 살펴본 바와 같이 의무이행심판의 대상이 되는 거부처분이나 부작위가 성립하기 위해서는 먼저 신청에 따른 일정한 처분을 요구할 수 있는 법률상 권리를 가진 당사자가 행정청에 대하여 일정한 처분을 신청하고, 이러한 신청에 대하여 상당 기간 내에 일정한 처분을 하여야 할 법률상의 의무가 있는 행정청이 이를 거부하거나 아무 것도 하지 아니하는 상태가 존재하여야 하는데 금융위원회의 설치 등에 관한 법률은 금융위원회가 금융감독원의 업무를 지휘·감독한다고 되어 있고, 은행과 금융수요자간 금융분쟁이 있을 경우 이해관계인이 금융감독원장에게 분쟁조정을 신청할 수 있다고 되어 있을 뿐 청구인이 이 사건 심판의 청구취지로 구하는 사항을 피청구인에게 구할 수 있다는 근거 규정을 별도로 두고 있지 아니하여 청구인에게 이러한 청구취지와 같은 내용을 피청구인에게 요구할 수 있는 법규상 또는 조리상의 신청권이 인정된다고 볼 수 없고, 청구인이 구하는 사항 역시 그 내용을 살펴보면 단순한 민원에 불과하여 피청구인은 청구인이 구하는 민원을 이행하여야 할 법률상 의무가 없다고 할 것이어서 청구인이 제기한 민원대로 이행되지 않는다 하더라도 이를 두고 행정심판법 소정의 거부처분이나 부작위에 해당된다고 볼 수 없을 것이므로, 이 사건 심판 청구는 행정심판의 대상이 아닌 사항을 대상으로 하여 제기된 부적법한 청구이다.

결론

그렇다면 청구인의 청구는 심판제기요건을 결한 부적법한 청구라 할 것이므로 이를 모두 각하하기로 하여 주문과 같이 재결한다.

재결서의 이유에 따르면 금융감독원의 지휘·감독기관인 금융위원회는 금융감독원이 사실관계를 조사했다며 허위사실을 내세우고 이를 근거로 분쟁조정업무를 하였다고 신고를 해도 이에 대해 조치를 취할 의무가 없다는 것이다. 물론 법률에 이런 의무에 대한 규정은 없을 수도 있다. 법률에 이런 세세한 내용까지 규정하려면 법률이 너무나 방대해지기 때문이다.

그러나 조리상의 의무는 있다고 보아야 할 것이다. 허위사실을 근거로, 거의 허위문서나 다름없는 공문을 만들고 있는데 이에 대하여 신고해도 지휘·감독기관이 이에 대한 조치를 취하거나 말거나 국민은 그저 구경만 하고 있으라는 것은 뭐가 잘못되어도 대단히 잘못된 것이다. 이렇게 잘못되었다는 것은 조리상으로 맞지 않는다는 이야기다. 따라서 금융감독원의 허위사실과 관련한 신고에 대해 지휘·감독기관인 금융위원회는 조치를 취할 조리상의 의무가 있다고 해야 할 것이다.

우리나라 헌법 제1조는 다음과 같이 되어 있다.

제1조

① 대한민국은 민주공화국이다.

② 대한민국의 주권은 국민에게 있고, 모든 권력은 국민으로부터 나온다.

모든 권력은 국민에게서 나온다. 정부기관은 국민으로부터 위임받은 권한을 행사할 뿐이다. 국민은 정부기관을 감시하고, 잘못된 것에 대해 조치를 요구하고, 적절한 조치가 이루어지지 않을 때 저항할 권리를 갖는다. 허위사실과 관련된 잘못된 업무에 대해 조치를 요구할 권리, 즉 신청권은 당연히 국민에게 있다고 볼 것이다. 그런데도 이런 신청권이 없다는 재결을 나는 이해할 수가 없었다.

또한 이 재결서는 교묘한 술수를 써서 핵심 사항 한 가지를 두루뭉술하게 넘어가려 하고 있다. 내가 신청한 행정심판 핵심항목 두 가지 중 하나는 공공은행의 전자금융거래법 위반 행위에 대한 조치를 취해달라는 것이었다. 그러나 재결의 실질적인 이유라 할 수 있는 '나. 판단' 항목을 보면 전자금융거래법 위반에 대해서는 단 한마디의 언급도 없다. 모두 금융감독원의 분쟁조정업무에 관해서만 기재되어 있다.

법률위반에 대해 신고를 해도 처분권을 가진 기관이 이에 대해 조치를 취할 의무가 없다고 말할 수는 없을 것이다. 의무가 없다고 한다면 이는 국가 법질서의 근간을 흔들 수도 있는 위험한 발상이다. 중앙행정심판위원회는 이를 언급하지 않고 분쟁조정업무와 관련하여 신청권이 없다는 내용을 집중적으로 부각함으로써 전자금융거래법 위반행위와 관련한 신청권도 없다는 뉘앙스가 풍기도록 하고 있는 것이다. 그래서 법률위반 행위에 대해서 직접적인 언급 없이 성공리에 행정심판을 각하할 수 있으리라 생각했을 것이다.

물론 중앙행정심판위원회가 이런 술수를 어수룩하게 쓴 것은 아니다. 이런 술수에 대한 반박에 대비하여 사전 작업도 착실히 해놓은 것을 알 수 있다. 재결서의 '인정사실' 항목을 보면 '전자금융거래법 위반 여부에 대해서는, 수원지방 검찰청에서 무혐의처리 되었다고 금융감독원장이 2010.12.22. 청구인에게 회신하였다.'고 적고 있다. "전자금융거래법에 대해서는 검찰이 무혐의처분을 했다고 하니 우리는 법률 위반이 아닌 것으로 알고 있다."고 발뺌할 수 있는 여지를 남겨 놓고 있는 것이다.

중앙행정심판위원회는 전자금융거래법 제6조 2항 즉 텔레뱅킹 대리등록 금지 규정에 대한 조사 및 처분은 검찰이 아닌 금융위원회가 한다는 사실을 몰랐을까? 검찰 무혐의처분을 내세우는 것은 금융감독원과 금융위원회의 꼼수라는 것을 몰랐을까? 틀림없이 알았을 것이다. 내가 보충서면을 통해 충분히 설명했고 법률전문가 집단인 중앙행정심판위원회가 이를 몰랐다는 것은 있을 수 없다. 행정심판을 각하시키기 위해 모르는 척했을 뿐이다.

이 행정심판은 또한 매우 불공정하게 진행되었다. 보충서면 제출시한을 나에게는 2주일을 주고 금융위원회에게는 75일을 주었다. 이밖에도 이 행정심판은 중앙행정심판위원회가 제멋대로 진행하였다.

나는 2011년 1월 29일 행정심판청구서를 제출하였고, 이 행정심판청구서는 2월 1일 중앙행정심판위원회에 접수되었다. 4월 7일 중앙행정심판위원회는 심리가 4월 19일에 실시된다는 심리기일통지서를 보내왔다. 그러나 4월 19일에 실시될 예정이던 심리는 나에게 아무런 통지도 없이 실시되지 않았다.

위 심리기일로부터 38일이 경과한 5월 27일, 중앙행정심판위원회는 나에게 '금융위원회의 심리기일 연기요청이 있다'는 내용의 행정심판청구사건 진행내역 안내서를 보내왔다. 이어 6월 23일 중앙행정심판위원회는 심리가 7월 5일에 실시된다는 심리기일통지서를 보내왔으며, 이어 7월 15일 재결서를 보냈다.

행정심판법 제45조(재결 기간)를 보면, '① 재결은 제23조에 따라 피청구인 또는 위원회가 심판청구서를 받은 날부터 60일 이내에 하여야 한다. 다만, 부득이한 사정이 있는 경우에는 위원장이 직권으로 30일을 연장할 수 있다.'로 되어 있다. 그러나 중앙행정심판위원회는 심판청구서를 받은 지 155일 만에 심리를 하여 재결을 하였다. 이는 법정기한을 95일 초과한 기간이다. 부득이한 사정으로 인한 30일 연장을 인정할 경우에도 65일 초과한 기간이다.

또한 행정심판법 제38조(심리기일의 지정과 변경)를 보면 '③ 위원회는 심리기일이 변경되면 지체 없이 그 사실과 사유를 당사자에게 알려야 한다.'고 되어 있는데 중앙행정심판위원회는 당초 4월 19일 실시예정이던 심리기일을 변경하며 나에게 아무런 통지도 하지 않았다.

이처럼 중앙행정심판위원회의 행정심판은 형식적으로나 내용적으로나 도저히 받아들일 수 없는 '그들만을 위한, 그들만의 심판'이었다.

에필로그

- 공공기관의 문제점과 제언

공무원의 신조

1. 국가에는 헌신과 충성을
1. 국민에겐 정직과 봉사를
1. 직무에는 창의와 책임을
1. 직장에선 경애와 신의를
1. 생활에는 청렴과 질서를

에필로그 - 공공기관의 문제점과 제언

57

공공은행 창구사고로 비롯된 금융분쟁은 이렇게 3년 넘게 진행되다가 끝이 났다. 그간 내가 거친 공공기관은 공공은행, 금융감독원, 감사원, 감사원 행정심판위원회, 경찰서, 지방검찰청, 고등검찰청, 대통령실, 청와대 신문고, 금융위원회, 중앙행정심판위원회 등 11개에 이른다. 이 기관에서 해결이 안 되면 다른 기관으로 가서 하소연을 해야 했고, 그 기관에서도 안 되면 또 다른 기관을 찾아가야 했다. 그러다 보니 3년이란 세월이 흐르고 11개 기관을 전전하게 된 것이다.

이들 기관은 나에게 패배를 선포하였다. 하지만 그들이 나의 패배의 근거로 제시한 많은 주장들은 대부분이 허위주장이거나 논리적으로 맞지 않는 주장이었다. 어떤 기관은 왜 나의 패배인지 그 이유조차 제시해 주지 않았다. 나는 패배를 받아들일 수가 없었다. 그들이 주장하는 이유가 전혀 설득력이 없었기 때문이다.

이 일이 있기 전까지 나는 공공기관과 그곳에 근무하는 직원들에 대해 좋은 이미지를 갖고 있었다. 나는 우리나라 굴지의 소위 재벌기업에서 20년 넘게 근무한 경험이 있다. 그곳에서 난 별별 사람들을 다 만나보았다. 개중에는 훌륭한 사람도 많이 있었다. 반면 그곳에는 수준 이하의 인간도 많이 있었다. 이런 인간들로 인해 직장생활에 회의를 품어본 적이 한두 번이 아니다. 이런 나에게 공공기관은 신선한 느낌을 주곤 하였다. 공공기관 직원들, 특히 공무원들은 뭔가 다를 것이라는 생각을 늘 갖고 있었다.

그러나 이 일을 겪고 나서 내가 느낀 것은 그들이 일반 사기업체보다 더하면 더했지 덜하지 않다는 것이었다. 그들은 명예심도 없었다. 거짓말도 스스럼없이 해댔다. 책임감도 없었다. 일에 대한 지식도 부족했다. 예의도 없었다. 말귀를 제대로 알아듣지도 못했다. 이런 자들이 과연 대한민국 공무원인가 싶은 생각이 들 때도 많았다.

내가 접한 인원이 워낙 적어 이들과의 경험을 우리나라 공공기관 전체, 또는 공공기관 직원 전체로까지 확대하는 것은 무리인지도 모르겠다. 또한 그들이 민원을 담당하는 이른바 한직에 근무하는 직원들이라 일반 직원들보다 수준이 떨어진다고 말할지도 모르겠다. 또한 그들이 단지 일개 직원, 또는 일개 부서 입장에서 나의 민원을 처리한 것이지 그 조직 전체의 입장은 아니었다고 말할지도 모르겠다.

하지만 그들은 그들 조직의 장, 즉 기관장의 이름으로 나와 접촉했다. 공공은행은 공공은행장 이름으로 나와 접촉을 했고, 감사원은 감사원장 이름으로 나와 접촉한 것이다. 또한 강약의 차이는 있다 하더라도 그 기관 전체의 업무 스타일과 분위기는 각 개인에게 또 부서 전체에 광범위하게 퍼져 있다고 보아야 한다. 따라서 내가 경험한 일들을 통하여 그 기관 전체를 평가하는 것이 잘못된 일이라고 할 수는 없을 것이다.

공공기관은 사기업체와는 다르다. 그들은 독점적으로 업무를 한다. 범죄행위를 고소할 곳은 경찰서밖에 없다. 금융분쟁은 금융감독원만이 조정할 수 있게 법으로 못 박아 놓고 있다. 다른 대안이 없다. 싫으나 좋으나 우리는 일이 생기면 공공기관으로 가서 해결할 수밖에 없다. 피할래야 피할 수 없는 기관이 공공기관이다. 그래서 공공기관은 중요하다. 그만큼 우리 국민의 생활과 직결되며 그만큼 국민의 행복에도 지대한 영향을 미친다.

내가 겪은 이 모든 일이 사기업체의 일이라면 난 그 사기업체와의 관계를 끊으면 그만이다. 그러나 공공기관은 앞으로도 나와 내 식구와 내 친구와 내 이웃들이 계속 접촉할 수밖에 없다. 그리고 내가 겪었던 이 불쾌하고 몰상식한 일들이 언제 이들에게 재발될지 모른다. 이런 일을 방지하기 위해서 공공기관의 잘못을 지적하고 그에 대한 개선이 하루속히 이루어지도록 요구해야 한다. 물론 그들이 자신들의 잘못이 무엇인지 모르기 때문에 이를 고치지 않는 것이라고 생각하지는 않는다. 하지만 그들이 그런 핑계를 댈 여지는 있다.

이제 내가 겪은 일들을 통해 우리나라 공공기관이 어떤 문제점을 가지고 있는지 정리해 보고자 한다.

그들은 정직하지 않다

Honesty is the best policy. 내가 중학교 때 영어시간에 배운 격언이다. 그때는 '정직은 최선의 정책이다.'라고 번역하여 이 격언이 정치가들에게나 쓰이는 것인지 알았다. 내가 지금 이 격언을 번역한다면 '정직하게 행동하는 것이 결국 이익이다.'라고 번역하고 싶다.

거짓말을 하고 남을 속이는 것이 당장에는 이익이 되는 것처럼 보일 수 있다. 그러나 언젠가는 그 대가를 치르게 되고 결국 손해가 된다. 물질적으로 또는 신체적으로 대가를 치르지 않는다면 정신적으로라도 반드시 그 대가를 치른다. 그래서 정직하게 행동해야 한다. 그게 손해를 보지 않는 길이다. 이익이 되는 길이다.

공공기관들을 접촉하며 내가 느낀 가장 큰 문제 중의 하나는 그들이 정직하지 않다는 점이다. 그들은 현재의 어려움을 피해나가기 위해 거짓말을 한다. 일을 좀 더 편하게 하기 위해 거짓말을 한다. 그러나 그 거짓말이 오래 갈 수는 없다. 곧 밝혀진다. 이제 그들은 더 큰 어려움을 겪지 않으면 안 된다.

공공은행은 헤아릴 수 없이 많은 거짓말을 해댔다. 송은영은 내가 먼저 돈을 요구하였다고 했다. 내가 자기에게 돈뭉치를 던졌다고 했다. 황두현은 동업자에게는 본인 승낙 없이 텔레뱅킹을 해줘도 된다고 했다. 그는 또 텔레뱅킹 가입신청을 하는 데 본인 확인이 필요 없다고 하였다. 공공은행장 이름으로 금융감독원에 보낸 보고서는 그야말로 거짓말로 도배를 하였다. 심지어 내가 전화협박과 업무방해를 일삼았다고까지 하였다.

금융감독원은 이러한 거짓말들을 여과 없이 받아들였다. 사전에 내가 공공은행이 거짓말을 하고 있으니 3자 대면을 시켜달라고 요구까지 했으나 이를 무시하고 공공은행의 허위주장을 거의 모두 수용했다. 그리고 사실관계 조사 결과라고 거짓말을 하였다. 내가 '사실 확인을 한 것이 아니지 않느냐'고 지속적으로 항의를 하자 '사실 확인을 하지는 않았지만 통상적으로 이렇게 써 왔다'고 실토하였다.

금융감독원 전체가 민원인을 상대로 거짓말을 해 왔다는 이야기다.

이렇듯 금융기관은 금융감독원에 허위사실을 근거로 그들에게 유리한 주장을 하고, 금융감독원은 이런 허위주장을 조사도 안 하고 그냥 받아들여 이를 근거로 분쟁조정을 하고 법률위반행위를 조사하다 보니 일이 제대로 될 턱이 없다. 금융감독원이 금융기관을 감싸온 결과 저축은행 사태와 같은 큰일이 터지는 것이다.

경찰도 이에 못지않았다. 경찰 수사 과정에서 가려낼 수 있는 거짓말은 모두 가려내야 한다. 그래야 올바른 판단이 내려질 수 있다. 피의자가 자기는 죄가 없다고 거짓말을 하였다고 하여 그냥 풀어준다면 우리 사회의 치안이 확보될 수 없다. 특히 주요한 부분에 대하여 고소인과 피의자 간에 진술이 다르다면 최선을 다하여 누구 말이 진실인지 규명해야 한다. 김성출은 텔레뱅킹 가입 시 내 허락을 받았다고 말했다. 나는 허락해 준 적이 없다고 말했다. 송은영은 김이슬더러 텔레뱅킹을 해주라고 한 적이 없다고 말했다. 김성출은 송은영이 김이슬더러 해주라고 했다고 말했다. 이런 서로 다른 진술들은 조금만 조사해 보면 금방 그 진위가 밝혀질 수 있다. 그런데 사법경찰관은 이를 모르는 체했다. 거짓말에 대해 경찰이 이렇듯 관대한지는 미처 몰랐다. 이런 경찰이 어떤 사고, 어떤 스캔들인들 일으키지 못하겠는가?

내가 11개 공공기관을 전전하게 된 근본적인 원인은 바로 이런 거짓말 때문이었다. 그들은 거짓말을 하고 펀치에서 빠져 나온 후 '이제 걱정을 안 해도 되겠네.'하고 안도했을지 모른다. 그러나 그들은 그 거짓말의 대가를 언젠가 호되게 치르게 될 것이다.

그들은 잘못을 인정하지 않는다

나는 노래 부르기를 좋아한다. 하지만 노래에 그다지 재능이 없어 독창은 힘들고 여럿이 함께 하는 합창에나 참여하는 정도다. 합창을 할 때 가장 중요한 것은 연습 때 자신이 틀린 부분을 빨리 인정하는 것이다. 그리고 지휘자나 반주자에게 부탁해서 틀린 부분을 다시 연습하는 것이다. 수치스러울 수도 있다. 욕을 먹을 수도 있다. 그러나 제대로 될 때까지 연습해야 한다. 그래야 개선이 되고 발전이 되는 것이다. 틀린 부분을 안 틀린 척 넘어가면 그 부분을 반드시 실수하게 되고 결국 합창을 망치게 된다.

이는 비단 개인에게만 국한된 이야기가 아니다. 조직도 마찬가지다. 나는 테너 파트를 맡고 있는데 테너 파트를 맡고 있는 인원 중 다른 누가 틀렸다면 빨리 그 잘못을 지적해 주고 고칠 수 있도록 해야 한다. 내 잘못이 아니라고 다른 대원의 잘못을 그냥 놔두면 그로 인해 테너 파트 전체가 흔들리고 나아가 합창 전체가 망가지게 되는 것이다.

업무도 마찬가지라고 생각한다. 일을 하다 보면 잘못하는 경우가 있다. 실수로 그럴 수도 있고 심지어는 알면서도 그럴 수가 있다. 남에게 잘못을 지적당했거나 아니면 스스로 잘못을 발견하였다면 당사자는 우선 틀린 부분, 잘못된 부분을 인정해야 한다. 그리고 그 잘못을 신속히 수정해야 한다. 이것이 업무를 개선하고 또 발전시키는 출발점이 된다. 다른 조직원이나 자기 부하, 또는 업무 상대방이 잘못한 것을 발견했을 경우에도 마찬가지이다. 빨리 잘못을 지적해 주고 그 잘못을 바로잡도록 하는 것이 개인도 살리고 조직도 살리는 길이다. 원망 듣는 것이 싫어서 또는 신경 쓰기 싫다고 잘못을 알면서도 지적해주지 않으면 똑같은 잘못이 재발되고 결국은 개인과 조직을 망치게 된다.

내가 공공은행의 텔레뱅킹 무단등록에 대해 항의하자 지점장은 '여직원이 업무를 매끄럽게 처리하지 못한 것'이라며 잘못을 인정하지 않았다. 황두현과 송은영도 은행 잘못은 없으니 은행에게 더 이상 책임을 묻지 말라고 말했다. 공공은행이 정말 잘못이 없다면 왜 김이슬은 경위서를 썼고, 왜 김이슬에 대해 조치를 취하겠다고 했고, 왜 송은영은 나와 합의를 했고, 왜 황두현은 김성출에게 원상복구를 요구했고, 왜 지점장은 금융감독원 회의석상에서 죄송하다는 말을 했는가?

금융감독원은 허위투성이의 보고서를 쓰고 이를 내가 지적하자 사실 확인을 마친 내용이라고 잡아떼었다. 나중에 3자 대면을 하면서 공공은행은 몇 가지 허위사실을 인정했다. 하지만 금융감독원은 그 후로도 잘못을 시인하지 않았다. 금융감독원은 또 공공은행이 전자금융거래법을 위반하였다는 것을 알았을 테지만 엉뚱한 검찰의 무혐의처분 결정서를 내세우며 법을 위반한 게 아니라고 잡아떼었다.

감사원은 금융감독원 담당자가 허위사실을 근거로 분쟁조정업무를 하였으니 허위 여부를 확인해 달라는 내 민원을 금융감독원에 보내서 민원의 대상이 되는 당사자가 답변하도록 하였다. 내가 항의를 하며 2차, 3차 민원을 냈지만 감사원은 계속 내 민원을 금융감독원에 보내 금융감독원이 전혀 엉뚱한 답변만 하도록 하였다.

경찰은 편파적으로 수사를 한 후 이해할 수 없는 수사보고서를 작성하고, 지방검찰청은 상식 이하의 이유를 들어 내가 고소한 3사람에게 무혐의결정을 내렸다. 내가 그들의 잘못을 조목조목 설명하며 고등검찰에 항고하니 고등검찰은 항고 사유에 대해 아무런 답변 없이 항고를 기각해 버렸다.

금융위원회는 금융감독원 직원이 허위사실을 기재하였다는 것을 알았을 것이고, 공공은행이 전자금융거래법을 위반한 것도 알았을 테지만 이들을 덮어주기에만 급급했을 뿐이다.

그들은 서로를 덮어주면서 착한 일을 했다는 생각에 마음이 뿌듯했을지 모른다. 그들이 잘못을 했을 때 또 누군가가 자신들을 덮어줄 것이라고 기대를 했을지도 모른다. 아직은 그럴지도 모른다. 그러나 언젠가는 그들의 잘못이 낱낱이 드러날 때가 올 것이다. 그리고 그 대가를 호되게 치르게 될 것이다. 우리 국민들이 그렇게 호락호락 넘어가지 않을 것이다.

그들은 무식하다

내가 회사에 다니면서 가장 많이 들었던 말 중의 하나가 공부하라는 말이었다. 실제로 직장생활을 하면서 교육도 많이 받았다. 교육의 형태도 출퇴근교육, 합숙교육, 국내교육, 해외교육, 집합교육, 통신교육 등 여러 가지였고, 교육 과목은 리더십, 품질관리, 마케팅, 어학, 회계 등등 이루 말할 수 없이 많았다. 공식적인 교육 이외에도 개인적으로 책을 보거나 테이프를 듣고 또 전문가를 찾아 강의를 듣기도 하였다. 이런 교육을 거쳐 자기가 맡은 분야에서 전문가가 되고 또 앞으로 다른 분야로 업무 영역을 넓혀 나갈 수도 있는 것이다.

나는 공공기관 직원들도 이런 전문가다운 자질을 가지고 있을 거라고 생각해 왔다. 하지만 내가 만난 대부분의 직원들은 불행하게도 이런 지식을 갖고 있지 못한 것 같았고 그중 일부는 무식하다고 표현해도 좋을 정도였다.

김성출이 텔레뱅킹 가입 신청을 한 것이 표현대리에 해당한다고 공공은행이 주장하자 금융감독원은 이에 동조했다. 그러나 표현대리에 대해 조금이라도 알고 있는 사람이라면 표현대리가 성립할 수 없음을 곧 알 수 있다. 금융감독원은 변호사를 포함한 내부회의에서 그렇게 결론을 내렸다고 했다. 나중에 그들은 표현대리가 아니라며 그들의 주장을 번복하였다.

금융감독원은 또한 표현대리라고 주장하는 한편 내가 대리권을 주었는지 모른다는 주장을 하였다. 표현대리는 대리권을 받지 못한 경우에 성립하는 것인데 갑자기 대리권을 수여받았다는 뚱딴지 같은 주장을 하고 나선 것이다. 표현대리나 대리권에 대해 처음 들어본 내가 인터넷 몇 번 뒤져보고 알 수 있었던 것들을 그들은 몰랐다는 것이다.

사법경찰관이 쓴 수사보고서는 그 내용이 무슨 뜻인지 알아들을 수가 없을 정도로 작문 실력이 형편없었다. 사법경찰관을 선발할 때는 다른 능력은 다 젖혀놓고 들은 이야기를 제대로 기록하고 자신의 의견을 제대로 표현할 수 있는 사람을 뽑아야 한다. 다른 능력이 아무리 뛰어나다 하더라도 알아들을 수 없는 수사기록을 남긴다면 그런 사법경찰관이 무슨 소용이 있겠는가?

사법경찰관은 김성출이 텔레뱅킹 가입 신청을 한 것을 두고 '고객이 신청한 것이므로 고의성이 없다'고 주장하였다. 법적으로 대리 신청을 할 수 없게 되어 있는데 어떻게 대리 신청한 것을 '고객이 신청한 것'이라고 주장할 수 있는지, 그리고 김성출이 가입 신청을 하자 내 명의의 가입신청서를 작성하고 내 주민등록증 복사본을 무단으로 첨부한 김이슬에게 어떻게 '고의성이 없다'고 주장할 수 있는지 이해할 수가 없다. 사법경찰관은 업무에 필요한 법 지식과 판단력을 소유하고 있는지 의심스럽다.

똑똑하다는 검사가 자신의 의견에 대한 근거로서 엉뚱한 판례를 인용하는 것은 지극히 실망스런 일이었다. 검사의 주장은 결국 '서명을 안 하고 성명만 적었어도 사문서위조에 해당된다는 판결이 있었으니, 서명을 안 하고 성명란 두 곳 중 한 곳만 적었으면 사문서위조에 해당이 안 된다'는 논리로 이는 기초적인 오류에 해당하는 주장에 불과하다.

공공은행, 금융감독원, 금융위원회는 검찰의 불기소처분을 이용하여 은행이 전자금융법 6조2항을 위반한 것이 아니라고 주장하였다. 공공은행은 그렇다고 쳐도 금융감독원과 금융위원회가 이런 주장을 한다는 것이 나는 믿기지가 않는다. 검찰이 일이 없어서 금융감독원이나 금융위원회가 조사하고 행정처분을 내릴 사안에 대해 수사를 하고 무혐의처분을 내리겠는가? 검찰의 수사 대상과 금융감독원이나 금융위원회의 조사 대상도 구분 못하는 이런 기관들이 금융기관을 감독할 자격이 있는지 의심스럽다.

그들은 법과 제도를 악용한다

법이 등장한 것은 우리 사회에 어떤 도움이 되기 때문이다. 즉 법은 우리 사회를 도와주기 위해 존재하는 것이다. 우리 사회를 정의롭게, 행복하게, 공정하게, 아름답게, 풍요롭게, 효율적으로 만들어 주기 위해 법이 존재한다. 법은 이러한 취지에 맞게 운용되어야 한다. 법이 잘못을 은폐하고 잘못을 방어하고 잘못을 촉진시키는 수단으로 이용되어서는 안 된다. 제도도 마찬가지이다. 그 제도가 만들어진 원래의 좋은 취지에 맞게 제도를 운용해야 한다.

내가 금융감독원에 민원을 내고 그 민원이 해결되지 않아 다시 감사원에 민원을 내자 감사원은 내 민원을 금융감독원에 넘겼고, 금융감독원은 '동일 민원을 3회 반복하여 냈으므로 종결하겠다'고 회신했다. 감사원에 민원을 세 번 내자 감사원도 똑같은 이유를 대며 내 민원을 종결했다.

똑같은 민원이 여러 번 반복될 경우 업무의 효율을 높이기 위하여 그 민원을 답변 없이 종결 처리하는 것은 타당하다. 그러나 민원이 해결되지도 않았는데 단지 세 번 민원을 냈다는 이유로 민원을 종결하면 이는 제도를 악용하는 셈이다. 내 민원은 간단하다. 허위사실을 밝혀 달라는 것과 전자금융거래법 위반여부를 조사해 달라는 것이었다. 나는 이에 대해 여섯 번이나 민원을 냈다. 그러나 실질적으로 아직 아무런 답변도 받지 못했다.

허위사실에 대해 그들은 아무런 조사도 하지 않았다. 감사원은 내 민원을 금융감독원에 전달만 했고, 금융감독원은 엉뚱한 답변만 해댔다. 금융위원회도 내 민원을 금융감독원에 전달만 했고 금융감독원은 '이미 세 번 답변했으니 더 이상 회신 안 하겠다'고 금융위원회에 답변했다. 감사원 행정심판위원회도 동일 민원이 3회 이상 제기되어 감사원이 더 이상 답변할 필요가 없다는 의견을 냈다. 그들 중 누구도 내가 조사해 달라고 한 허위사실에 대해 '이건 진실이고, 저건 허위다'라고 답변해준 적이 없다. 그런데 무슨 민원이 처리되었다고 주장하는 것인가?

전자금융거래법 6조2항 위반에 대해서는 더 한심하다. 그들은 공공은행이 이 조항을 위반하였다는 것을 안다. 그런데 그들은 은행을 덮어주기 위해 교묘한 술책을 쓴다. 검찰이 전자금융거래법 49조에 나오는 접근매체 위조에 대해 수사를 하고 이에 대해 무혐의처분을 하자 이를 이용하여 '공공은행이 전자금융거래법 무혐의처분을 받았다'고 주장하며 마치 6조2항 위반이 아닌 것처럼 은폐를 하고 있는 것이다. 이렇게 금융감독기관이 금융기관을 감독하기는커녕 덮어주고 있으니 금융사고가 하루가 멀다 하고 터지는 것 아니겠는가.

감사원과 금융위원회가 내 민원을 들어주지 않자 행정심판을 청구하였다. 행정심판에서는 '민원을 들어주지 않는 것은 행정심판 대상이 아니다'며 내가 청구한 심판을 각하하였다. 감사원과 금융위원회는 민원은 행정심판 대상이 안 된다는 것을 알고 있었을 것이다. 그래서 그들은 내 민원을 자신 있게 묵살하였을 것이다. "행정심판 아니라 행정소송까지도 다 해봐라. 이런 민원 건은 행정심판이나 행정소송 대상이 절대 안 되거든. 우리가 묵살하면 그만이야. 우리가 다 알고 이러는 거라고, 이 불쌍한 친구야." 아마도 그들은 이렇게 나를 멀시 내지는 동정했을 것이다.

중앙행정심판위원회는 재결서에서 금융감독원 직원의 허위사실 기재 여부를 조사해달라는 민원은 행정심판 대상이 안 된다는 것을 집중적으로 기재하였다. 그러나 공공은행의 전자금융거래법 6조2항 위반에 대해 조사해 달라는 민원에 대해서는 언급을 하지 않았다. 법률을 위반하였다고 민원을 냈는데 그에 대한 조사권과 행정처분 권한을 가지고 있는 기관이 이에 응하지 않는 것은 문제가 있다고 그들도 생각했을 것이다. 그래서 이 부분을 언급하지 않고 허위사실 여부만 집중적으로 거론하고 나의 청구를 각하하였다. 법 위반에 대한 민원도 마찬가지 이유로 각하되는 것처럼 보이도록 했던 것이다. 그들은 법을 가지고 노는 데 능숙하다고 할 수 있다.

그들은 법 위반에 관대하다

나는 소심하다. 고속도로에서도 규정 속도 이상으로 달려 본 적이 거의 없다. 어쩌다 딴 생각을 하는 경우, 아니면 갑자기 제한 속도가 시속 80km에서 60km로 바뀌었다든지 하는 특별한 경우가 아니면 속도위반을 하는 경우가 없다. 신호위반, 주정차위반도 마찬가지다. 그래서 내 차를 타는 사람들은 매우 답답해한다. 규칙을 다 지키려다 보니 나도 고생을 많이 하게 된다. 그러나 나는 개의치 않는다. 법을 지키는 것이 국민 된 도리다. 법을 지키는 것이 불편할 수는 있어도 수치스러운 것은 아니다. 마찬가지로 법을 위반하는 것이 조금 편리할 순 있겠지만 자랑스러운 일은 아니다.

공공은행이 전자금융거래법 6조2항을 위반했다고 내가 금융감독원에 민원을 제출한 것이 2009년 2월 10일인데 접수부서에서 조사부서로 내 민원을 송부한 것은 2009년 8월 12일이고, 조사를 한 것은 2010년 8~9월이었다. 불법행위를 하였다고 신고를 했는데 1년 6개월이나 지나서 조사를 한 것이다. 만약 우리 집에 도둑이 들었다고 경찰에 신고했는데 경찰이 1년 6개월 후에 찾아와서 조사를 한다면 이건 정상적이라 할 수 없다.

중앙행정심판위원회가 법률을 무시하는 것은 도가 지나칠 정도다. 행정심판법에 의하면 행정심판은 60일 이내에 끝내도록 되어 있다. 불가피한 경우에 한해 30일 연장이 가능하다. 행정심판은 행정소송으로 가기 전에 예비적으로 사안을 검토해 보는 성격이 강하다. 행정심판의 장점은 비용 없이, 간단히, 신속하게 진행되는 데 있다. 그런데 중앙행정심판위원회는 내 심판을 장장 155일이나 끌었다.

이렇게 길게 걸린 이유 또한 이해할 수 없다. 금융위원회가 자료를 늦게 냈는데 중앙행정심판위원회는 그 자료를 기다리느라 75일을 허비했다. 나에게는 14일 이내에 자료를 내야 한다고 하여 나는 정신없이 바쁘게 서류를 작성하여 기한 내 제출하곤 하였는데 금융위원회에게는 그 5배인 75일간의 기간을 기다려 주었다는 것이다. 이쯤 되면 중앙행정심판위원회가 금융위원회를 심판하는 것인지 금융위원회가 중앙행정심판위원회를 심판하는 것인지조차 알 수 없다.

심리기일 변경도 이해할 수가 없다. 중앙행정심판위원회는 나에게 아무런 통보도 안 하고 심리기일을 변경하였다. 심리기일을 변경한 이유 역시 금융위원회가 자료를 내지 않아서 그 자료를 낼 때까지 기다리기 위해서였다. 행정심판법에 의하면 심리기일을 변경할 때는 그 사실과 사유를 서류가 되었건 전화가 되었건 당사자들에게 알려야 한다. 나중에 이것이 문제가 되어 내가 중앙행정심판위원회에 항의를 하자 그들은 나에게 전화로 통보하였다고 주장하였다. 그렇다면 나에게 전화로 통보한 기록이 남아 있을 테니 그 기록을 좀 보자고 하였더니 그런 기록은 없다는 것이었다. 법적으로 하도록 되어 있는 사항에 대해 아무런 기록도 남기지 않는다니 공공기관이 법을 무시해도 너무 무시한다는 생각이 들지 않을 수 없다.

그들은 재량권을 남용한다

몇몇 친한 친구끼리 동호회를 만들었다. 아주 작은 모임이라 회칙도 없었다. 한동안 내가 총무를 맡았다. 총무의 주된 일은 회비를 걷고 회비를 관리하며 모임 날짜를 정하고 연락하는 일이다. 동호회 총무 정도면 힘든 일이 뭐 있겠느냐고 만만하게 생각해선 안 된다. 자칫하다 욕먹기 십상이다. 총무 일을 하면서 힘든 일 중의 하나는 어떤 비용까지 회비로 계산을 하느냐 하는 문제이다. 물론 회비 지출에 대해 총무는 어느 정도의 재량권이 있다. 그러나 그 재량권은 신중히 행사되어야 한다. 행사가 끝나고 회식을 할 때 간단히 1차로 끝나면 좋겠지만 2차까지 가서 한잔하는 경우도 있다. 이런 때도 회비로 계산을 해야 할까? 회원 전부가 참석하면 그렇게 해도 무방하겠지만 몇몇 회원은 이미 돌아간 상태이다. 이들이 나중에 회비로 2차 비용까지 계산하면 안 된다고 항의할 수도 있다. 그렇다고 2차 비용은 회비로 계산할 수 없다며 버틴다면 모처럼 만나 즐거운 시간을 보내고 있는 친구들에게 이만저만 미안한 일이 아니다. 이럴

때는 어떻게 해야 하는가? 총무가 잘 판단하여 결정해야 한다. 가장 좋은 방법은 행사 전에 미리 "이번 모임은 이러저러한 일이 있어 2차까지 모실 테니 모두 참석해 달라."며 아예 2차 행사까지 공식행사에 포함시키는 것이다. 이렇게 하면 아무 문제가 없다. 단 이렇게 하기 위해서는 친구들 소식에 항상 귀를 기울이고 있어야 한다. 총무를 맡으면서 작은 모임에서 재량권을 행사하는 것도 이처럼 많은 노력과 책임이 수반된다는 것을 깨달았다.

우리는 지금 법치주의 체제에서 살고 있다. 하지만 법치주의라고 해서 모든 것을 다 법이 규정해 놓을 수는 없다. 우리 사회에 일어나는 모든 일, 나아가서 일어날 수 있는 모든 일을 일일이 법으로 다 규정해 놓을 수도 없거니와 설사 그렇게 해놓을 수 있다고 해도 법의 양이 너무 방대하여 이를 제대로 활용할 수 없을 것이다. 법이 충분히 규정할 수 없어 생긴 빈자리를 대신하는 것이 공공기관의 재량권이다. 다시 말하면 법이 미처 규정해 놓지 못한 일에 대해 공공기관이 판단하고 조치할 수 있는 권한을 준 것이 재량권이라 하겠다. 그러나 권한에는 반드시 책임이 따라야 한다.

이번 일을 겪으면서 나는 공공기관 직원들, 특히 공무원들이 아무런 책임의식 없이 재량권을 남용하고 있다는 생각을 하였다. 국민의 의사를 존중하지 않고 지배자가 주권을 마음대로 행사하는 체제를 우리는 전제주의라 부른다. 전제주의란 결국 재량권을 지나치게 많이 행사하는 체제를 가리킨다. 우리나라 공공기관들이 아예 전제군주 역할까지 하려 드는 것이 아닌지 걱정스럽다.

금융감독원이 허위사실을 근거로 분쟁조정업무를 하였고 공공은행의 불법행위에 대해 조사하지도 않는다며 감사원에 민원을 내었지만 감사원은 내 민원에 대해 실질적으로 아무 조치도 취하지 않았다. 나중에 행정심판을 청구하니 감사원 행정심판위원회는 '내 민원을 처리하고 안 하고는 감사원의 재량권에 속한 문제'라고 답변하였다. 공무원의제에 해당하는 금융감독원 직원이 허위사실로 분쟁조정을 한다고 신고해도 감사원은 그냥 눈감고 있어도 된다는 말이다. 불법행위를 신고해도 그냥 손 놓고 있는 기관을 감사원에 신고해도 감사원은 그냥 모르는 척해도 된다는 말이다.

나는 공공은행 직원들을 사문서위조 등의 혐의로 경찰에 고소하였다. 사법경찰관은 사문서위조에 해당한다고 나에게 자신 있게 이야기하였다. 그러나 공공은행 부지점장을 만난 이후 이 사법경찰관의 태도는 180도 돌변하여 피의자인 김성출에게 '젊은 여직원 살려줘야 하지 않겠느냐'며 신호를 주었다. 그리자 김성출은 허위진술을 해대기 시작했고, 사법경찰관은 편파적인 수사를 얼렁뚱땅 마친 후 무혐의 의견을 달아 검찰로 송부했다. 사법경찰관의 재량권이 빛난 사건이다.

검찰은 사법경찰관의 수사보고서가 엉터리임을 충분히 알 수 있었음에도 이를 100% 인정하였다. 그리고 엉뚱한 판례를 들어 논리적으로 오류가 있는 주장을 하며 이들 3인에 대해 불기소 결정을 내렸다. 여러 결점에도 불구하고 검찰의 재량권은 승리할 수 있음을 보여준 것이다.

대통령실에 탄원서를 내자 대통령실은 청와대 신문고 담당자에게 처리하라고 탄원서를 내려 보냈다. 대통령실의 재량권이다. 금융위원회는 내가 민원을 제기하자 내 민원을 금융감독원에 그대로 전달만 하였다. 금융위원회의 재량권이다. 중앙행정심판위원회는 공공은행의 불법행위에 대해서는 언급하지 않고 금융감독원의 허위사실만 집중적으로 언급한 후 행정심판을 각하해 버렸다. 중앙행정심판위원회의 재량권이다.

그리고 어떤 일이 일어났는가? 금융기관의 사고가 연달아 터지기 시작하였다. 많은 피해자가 속출하였다. 결국 국민의 세금으로 사태를 수습해야만 했다. 누가 책임을 져야 하는가? 재량권을 발휘한 공무원들, 공공기관 직원들이 져야 한다. 그러나 실질적으로 누가 책임을 졌는가? 거의 아무도 책임을 지지 않았다.

그들은 지금도 여전히 재량권을 행사하고 있다. 우리는 권한만 있지 책임은 없다면서. 앞으로도 이들 책임 없는 재량권의 행사로 인해 새로운 사건이 터질 것이다. 그리고 국민의 돈으로 사건이 수습되고 공무원들은 또 태평세월을 구가할 것이다.

그들은 원가 개념이 없다

몇 년 전에 어느 대기업 총수가 '우리나라 기업은 2류고 행정은 3류고 정치는 4류다.'라는 말을 하였다가 수난을 당한 적이 있다. 지금 다시 말한다면 '기업은 1.5류, 행정은 3류' 정도가 되지 않을까 싶다. 지금 우리나라 제조업체 중에는 명실상부한 세계 1류 기업이 여럿 있다. 어떻게 이들 기업은 세계 일류가 될 수 있었을까? 여러 가지 이유가 있었겠지만 그중 가장 큰 성공 요소 중 하나로 원가경쟁력을 꼽을 수 있겠다.

이삼십 년 전 우리나라 제조업체는 일본 제조업체를 스승으로 삼아 그들의 기술을 전수받는 데 여념이 없었다. 그때만 해도 반도체, 휴대전화, 자동차 등의 분야에서 우리가 일본을 따라 잡는 것은 불가능하다고 여겨졌었다. 그러나 우리 기업이 일본 기업보다 확실히 앞서는 한 가지가 있었다. 바로 원가경쟁력이었다. 당시 내가 근무하던 회사에서 가장 많이 부르짖던 구호 중 하나가 '마른 수건도 짜면 물이 나온다'는 말이었다. 여기서 물은 원가절감액, 즉 줄일 수 있는 돈을 말하는 것이다. 비용을 줄이고 줄여 마른 수건이 되었는데도 더 줄일 수 있다는 말이었다. 이런 구호 아래 구매부문, 설계부문, 생산부분 등에서 엄청난 원가절감을 이루어냈다. 그렇다면 사무직은 어떻게 원가절감을 이루어냈는가? 두 사람, 세 사람이 하던 일을 한 사람이 할 수 있는 체제를 만들어나갔다. 이러한 각고의 노력 끝에 이들 제조업체는 세계 최고의 원가경쟁력을 갖는 기업이 되었다.

그러다가 일본에 불황이 오고 엔고가 지속되면서 상황이 바뀌기 시작했다. 일본 기업의 수익성이 나빠지자 그들이 강점으로 여겼던 연구개발, 품질, 디자인 등도 약해지기 시작했다. 반면 원가절감이 체질화된 우리 기업들은 수익성이 좋아졌고, 그동안 약했던 이들 분야에 더 많은 투자를 하고 더 좋은 제품을 만들어낼 수 있었다. 그리고 이제 세계 제일의 기업으로 우뚝 서게 된 것이다.

내가 민원 처리 과정을 겪으면서 우리 공공기관들이 한심하다는 생각을 하는 이유 중 하나는 그들이 원가개념이 전혀 없기 때문이다. 내가 공공은행에 클레임을 제기하면 은행은 내 클레임을 처리한다. 그런데 공공은행이 이를 제대로 처리하지 못하면 나는 금융감독원으로 갈 수밖에 없다. 이제 금융감독원이 내 민원을 처리한다. 마찬가지로 금융감독원이 제대로 처리하지 못하면 나는 감사원으로 간다. 그리고 이러한 고리는 경찰로, 검찰로, 대통령실로, 금융위원회로, 중앙행정심판위원회로 연결되어진다.

이들 공공기관 직원들이 무료로 일을 하는가? 그렇지 않다. 연봉이 적게는 수천만 원에서 많게는 1억 원이 넘는 고액 연봉자들이다. 그렇다면 내 민원이 해결되었는가? 그렇지 않다. 이들은 이런 고액 연봉을 받으면서 일을 한다고 서류를 만들고 회의를 하고 서로 문서를 주고받으며 심판을 개최하고 난리를 쳤지만 결국 해결된 것은 아무것도 없다. 내 민원을 해결하기 위해 직간접적으로 참여한 인원은 수십 명이 될 것이고, 이들이 만들어낸 서류는 수백 페이지가 될 것이고, 이들이 사용한 시간을 모두 합치면 수천 시간이 될 것이다. 정확한 수치는 모르겠지만 내 민원 처리에 소요된 이러한 자원들을 돈(원가)으로 환산하면 아마 수천만 원은 족히 될 것이다. 이런 돈이 아무 의미 없이 낭비된 셈이다.

사무직의 원가절감을 위해 가장 우선적으로 없애야 할 일이 동일한 일을 반복해서 하는 일이다. 금융감독원이 제대로 일을 하면 끝날 일을 엉터리로 하여 감사원으로 하여금 동일한 일을 하도록 만드는 것이다. 똑같은 일을 두 사람이 하면 원가가 2배로 늘어난다. 내 민원을 처리한 기관이 10개 기관임을 감안할 때 결국 내 민원을 처리하는 데 든 비용은 10배나 더 들었다고 할 수 있다. 같은 기관이 서너 번씩 처리한 것 까지 감안하면 20배도 더 들었을 것이다. 정확히 말하면 이제까지가 그렇다는 이야기다. 앞으로 또 얼마나 더 비용이 들어갈지는 아무도 모른다. 아직 내 민원은 해결되지 않았으므로.

그들은 매너가 없다

매너를 한마디로 설명한다면 남에 대한 배려라고 할 수 있을 것이다. 남의 입장에서 생각하고 남에게 피해를 주지 않고, 나아가 호의를 베푸는 것이 매너라 할 수 있다. 매너가 중요한 것은 재화의 투입 없이 사람을 행복하게 만들 수도 있고 또 불쾌하게 만들 수도 있기 때문이다. 매너야말로 사회에서 가장 큰 자산 중 하나라고 말하고 싶다.

영화를 예로 들어보자. 우리가 영화를 보러 가는 이유는 대부분 즐거운 시간을 보내기 위해서다. 가족이 되었건 친구가 되었건 아니면 혼자가 되었건 목적은 동일하다. 그런데 뒤에 앉아 있는 사람이 코를 골고 잔다고 치자. 또는 의자를 자꾸 발로 찬다고 치자. 즐거워야 할 시간이 갑자기 불쾌한 시간이 되어 버리는 것이다. 입장료 내고 불쾌함을 구입한 셈이 되는 것이다.

가족 모두 식당엘 갔는데 옆의 손님이 아이 머리를 쓰다듬어 주며 '애기가 아주 예쁘게 생겼네요. 나중에 크게 될 거예요. 잘 키우셔서 훌륭한 인물이 되도록 해 주세요.'라고 말해주었다고 하자. 식사 비용이 얼마가 되었건 이날의 즐거움, 뿌듯함은 아마 백만금 이상의 가치가 있을 것이다. 매너는 이처럼 아무 돈도 들이지 않고 돈 주고 살 수 없는 행복을 주기도 하는 반면 돈보다 더 귀한 우리 감정을 상하게도 한다.

공공기관은 국민을 위해 존재한다. 궁극적으로 국민을 행복하게 하는 것이 그들의 일이다. 그런데 그들이 나쁜 매너로 국민을 불쾌하게 만든다면 그들은 존재할 이유가 없다.

나보다 열 살은 어린 공공은행 부지점장은 나에게 다짜고짜 주민등록증을 보자고 했다. 나보고 불순한 의도를 가지고 있다고 말했다. 나중에는 나에게 '당신'이라는 호칭을 써가며 반말을 해댔다. 공공은행은 금융감독원에 보내는 보고서에 나를 매도하는 많은 허위사실을 기재했다. 내가 송은영을 꾀어 돈을 요구한 것처럼 썼다. 내가 업무방해와 전화협박을 일삼았다고 썼다. 오죽하면 내가 이들을 명예훼손으로 고소하러 경찰서에 갔겠는가.

금융감독원 담당자는 내가 사실관계 조사에 대해 상세히 묻고 들어가자 "그래요. 사실관계 조사 안 했어요. 나 참 더러워서."라고 이야기했다. 나중에는 내 계좌에 들어온 돈을 모두 추적해 보겠다고 위협도 했다.

감사원은 내 민원을 금융감독원 당사자, 즉 피민원인이 처리하도록 했다. 민원인의 프라이버시를 생각한다면 있을 수 없는 일이다. 감사원은 내 민원을 세 차례에 걸쳐 접수하고 내 민원을 모두 금융감독원에 이관하기만 했다. 내가 민원이 해결되지 않았다고 항의하자 감사를 할 것인지 말 것인지는 감사원 재량이라고 했다. 내가 첫 번째 민원을 제기했을 때 감사원이 접수를 거부하며 이런 말을 했다면 수긍할 수도 있겠다. 그러나 세 차례에 걸쳐 접수를 하고 처리도 한 후에 내가 항의하자 조치를 거부하며 재량권을 들먹이는 것은 국민을 농락하는 행위다.

감사원 행정심판위원회는 내가 공공은행 직원과 통화를 하여 텔레뱅킹 가입 신청을 하였다는 허위내용을 재결서에 기재하였다. 나를 엉뚱한 빌미로 돈을 뜯어내려는 악당으로 취급하는 것이다. 나에 대한 최소한의 예의만 있었어도 이런 허위사실을 함부로 기재하지 않았을 것이다.

검찰은 나를 부르더니 내가 차명계좌를 만들었으니 300만 원 벌금에 처할 수도 있다는 말로 나를 어이없게 만들었다. 검찰이라는 우월적 지위를 백 번 감안해도 이런 말을 고소인에게 함부로 하는 것은 인간적인 측면에서 용납할 수 없는 일이다.

이 사건을 겪으면서 내가 가장 분했던 일 중 하나는 공공은행이 내가 추인을 해줬다고 주장한 일이다. 송은영은 지점장의 허락도 없이 김이슬에게 합의금의 50%를 부담시킨 후 개인적으로 나와 합의를 하였다. 합의금도 부족하게 줬다. 내가 합의를 취소하고 합의금을 돌려주자 송은영은 죄송하다며 지점장에게 보고하고 연락드리겠다고 했다. 그리고 합의금을 가슴에 꼭 안고 돌아갔다. 부지점장인 황두현은 은행 잘못이 없는데 송은영이 자기 마음대로 합의를 한 것이라고 했다. 송은영이 개인행동을 했으니 징계를 받을 것이라고 했다. 그리고 내가 합의금을 돌려주고 합의 무효화한 것은 잘한 일이라고 했다. 공공은행은 금융감독원에 보낸 보고서에서 은행이 해결 노력을 하고 있는데 내가 송은영과 개인적으로 합의를 했다며 합의한 것을 비난했다. 공공은행은 이후 합의금을 내게 되돌려주지도 않았고 되돌려주겠다는 의사표시도 나에게 한 적이 없다. 그러고는 자기네들이 불리해진다 싶으니까 내가 써준 합의서를 가지고

"우리는 합의서가 있으니 책임 없다."고 주장하고 나섰다. 그들의 이러한 추한 매너는 반드시 그 대가를 치러야 할 것이다.

그들은 의사소통이 안 된다

의사소통은 두 가지 면에서 이루어진다고 생각한다. 하나는 논리적인 면에서의 의사소통이다. 어떤 일이 어떻게 일어난 것인지 그 자초지종을 확인하고 해결책을 찾는 과정이다. 다른 하나는 감정적인 면에서의 의사소통이다. 왜 이 사람이 화를 내며 이런 말을 하는지, 왜 이 사람이 별 가치도 없는 이런 민원을 내는 것인지 하는, 언어나 문자로 표현되지 않는 그 사람의 기분을 이해하고 이를 해결해 주는 것이다.

내가 민원이 처리되는 과정에서 느낀 것은 공공기관이 논리적으로나 감정적으로 소통 능력이 전혀 없다는 것이었다. 소통의 첫 번째 단계는 상대방의 이야기를 잘 듣는 것이다. 아무리 자기가 잘났고 아는 것이 많아도 이야기를 듣지 않으면 그 사건에 대해 제대로 알 수가 없는 것이다. 그런데 그들은 마치 모든 것을 다 알고 있는 양 민원인의 이야기를 들으려 하지 않는다.

금융감독원 담당자는 내가 공공은행이 허위사실을 주장할지도 모르니 3자 대면을 시켜달라고 하였지만 내 말을 들어주지 않았다. 나중에 내가 감사원에 민원을 제기하자 금융감독원은 할 수 없이 3자 회의를 개최했고, 공공은행이 여러 허위 주장을 하였음을 확인하였다.

감사원은 내가 민원을 내자 금융감독원에 패스를 하였다. 이에 내가 금융감독원은 이 문제를 해결한 의지도 없고 능력도 없으니 감사원이 직접 감사를 해달라고 요청했다. 하지만 감사원은 내 이야기를 듣지 않고 이후의 민원도 모두 금융감독원에 넘겼다. 금융감독원은 엉뚱한 핑계만 대고 내 민원은 해결되지 않았다.

감사원 담당자는 나와 통화를 하면서 내 민원을 세 번이나 처리해주었으니 이제 종료를 하겠다고 하였다. 내가 민원이 해결되지도 않았는데 세 번 횟수만 채웠다고 종결하는 법이 어디 있느냐고 항의를 하니 다 해결된 것 아니냐는 어처구니없는 답변을 하였다. 허위사실 여부를 확인해봤냐고 하니 그때서야 금융감독원 담당자에게 전화 한번 해보고는 금융감독원에서 다 확인한 것이라는 황당한 대답을 했다.

청와대 신문고 담당자도 마찬가지였고 금융위원회 담당자도 마찬가지였다. 감사원과 다른 점이 있다면 횟수만 세 번에서 여섯 번으로 바뀌었을 뿐이다.

그들은 세 번, 여섯 번 횟수만을 앵무새처럼 되풀이할 뿐 내 민원이 어떤 내용이고 어떻게 진행되었고 내가 어떤 감정을 가지고 있는지에 대해 논리적으로나 감정적으로나 전혀 이해를 하지 못하고 있었다. 세 번, 여섯 번 처리 과정을 거치면서도 내 민원은 아무것도 해결된 것이 없었다. 오히려 횟수를 더할 때마다 그들은 터무니없는 주장과 해결책으로 나의 감정을 상하게 만들었을 뿐이다.

그들이 '세 번 처리했으니 된 것 아니냐', 혹은 '여섯 번이나 봐줬으니 된 것 아니냐'고 이야기하는 것을 내 입장에서 들으면 '당신을 세 번 감정 상하게 했으니 된 것 아니냐', 혹은 '당신을 여섯 번 실망시켰으니 된 것 아니냐'고 하는 것이나 다름없었다.

의사소통을 제대로 하기 위해서는 기초적인 정보나 지식을 공유하고 있어야 한다. 민원인과 의사소통을 하기 위해서는 최소한 민원서류를 읽어보고 민원내용이 무엇인지 그 민원이 어떻게 처리되어 왔는지 정도는 알고 있어야 한다. 감사원 담당자, 청와대 신문고 담당자, 금융위원회 담당자 모두 내 민원 내용이 뭔지도 모르면서 그저 '이제까지 여러 번 처리되었으니 다 해결된 것 아니냐?'는 식으로 이야기하였다. 그리고 그들의 짧은 지식을 가지고 나를 설득하려고만 드니 의사소통이 제대로 될 리가 있겠는가? 오히려 나의 화를 돋울 뿐이었다.

경찰 수사보고서가 엉망이라는 것을 지방검찰청에 탄원서를 통해 밝혔지만 그들은 내 이야기를 전혀 듣지 않았다. 경찰 수사보고서가 무조건 다 옳다고 그들은 불기소결정서에 적었다. 고등검찰청에 항고할 때 지방검찰청이 제시한 판례에 따르면 이 사건이 사문서위조에 해당한다고 항고이유서에 자세히 적었지만 그들은 내 이야기를 전혀 듣지 않았다. 그저 증거가 없다고만 했다. 내가 제시한 항고사유들이 타당성이 없는 것이라면 그 이유를 나에게 알려주고 항고를 기각하는 것이 상식이다. 그런데 그들은 이에 대해 아무런 언급도 하지 않았다. 항고가 기각된 것보다도 내 주장이 묵살되고 내가 무시당했다는 사실이 더 가슴 아팠다.

공공기관은 과연 누구 이야기를 들어주고 누구를 위하여 일하는 기관인지 궁금해진다. 내가 경험한 바로는 그들은 공공기관들 이야기를 들어주고 공공기관들을 위해 일하고 있을 뿐이다. 자기네들끼리만 의사소통을 하는 것이다.

그들은 일을 덮으려고만 한다

과거 일제강점기나 군사독재 시대에는 권력기관들이 국민에게 부당한 일을 많이 자행하였다. 국민들은 억울한 일을 당해도 입 한번 벙긋 못하고 그저 잠잠히 있어야 했다. 국민들이 무식하기도 하였고 권력기관의 보복이 두렵기도 했기 때문이다. 많은 부당한 일들이 그대로 덮어지곤 했다.

이제 시대가 바뀌어 우리나라는 명실상부한 민주국가가 되었다. 그리고 우리 국민은 높은 교육열로 인해 세계에서 가장 똑똑한 국민이 되었다. 이제 국가가 국민에게 부당한 일을 할 수도 없고 부당한 일을 덮어두기도 어려운 세상이 된 것이다. 그러나 세상이 이렇게 바뀐 것도 모르고 국민들에게 부당한 일을 행하고 이를 덮어둘 수 있다고 생각하는 공직자가 있다면 이는 시대착오적인 발상이라 아니 할 수 없다.

일을 덮는다는 것은 그 일을 제대로 처리하지 않고 일이 끝난 것처럼 위장하는 것이다. 내가 이 사건과 관련하여 공공기관을 접촉하면서 느낀 것은 그들이 일에서 빨리 손을 떼려고만 하지 일을 제대로 처리하려 하지 않는다는 것이었다. 축대에 금이 갔으면 금이 간 축대를 빨리 보수해야 한다. 축대가 금이 갔는데도 흙으로 축대를 살짝 덮어 안 보이게만 하다가는 나중에 큰 사고를 당하게 된다. 그런데 공공기관들이 이렇게 흙으로 덮어 두는 것으로 일을 끝내려 하고 있다.

공공은행 창구사고에 대해 내가 항의하니 공공은행은 온갖 거짓말로 사고를 덮으려고 했다. 동업자에게는 텔레뱅킹을 등록해줘도 된다, 통장 만들 때 본인 확인을 하면 그 이후에는 본인 확인 할 필요가 없다는 식으로 그들은 거짓말을 했다. 또한 그들은 나와 송은영의 합의가 잘못된 것이라는 것을 인정하고 합의 무효화에 동의했음에도 불구하고 나중에 합의가 되었으니 은행 책임이 없다는 식으로 사고를 덮으려고 했다.

금융감독원은 공공은행이 보낸 허위투성이의 보고서를 근거로 공공은행 잘못이 없다며 내 민원을 덮으려고 했다. 그들은 또 내가 텔레뱅킹 가입을 승낙했는지 모른다, 추인이 이루어졌다, 내게 손해가 없다는 등, 이해할 수 없는 주장을 내세워 민원을 덮으려고 했다.

감사원은 내 민원을 금융감독원에 세 번 패스하는 것으로 손을 떼려 했다. 내가 항의를 하고 질의서를 보내자 감사원은 동일민원 3회 반복에 해당한다며 내 민원을 덮으려 했다. 감사원 행정심판위원회는 내 민원이 행정심판 대상에 해당하지 않으며 감사원의 재량권에 해당한다는 논리를 내세워 내 민원을 덮으려 하였다.

경찰은 날림 수사 끝에 내가 텔레뱅킹 허락을 했는지 안 했는지 모른다, 김성출이 요청해서 텔레뱅킹을 등록해 준 것이니 은행원이 고의로 위조했다고 볼 수 없다는 괴이한 주장을 내세워 이들에게 사문서위조 등의 혐의가 없다며 사건을 덮으려고 했다. 검찰은 경찰의 이러한 잘못된 수사보고서를 핑계로, 그리고 검찰의 결정에 부합되지 않고 오히려 검찰의 결정을 뒤엎을 수 있는 판례를 내세워 은행원에게 혐의가 없다며 사건을 덮으려고 했다. 내가 항고를 하자 고등검찰은 아무런 이유도 밝히지 않고 지방검찰의 불기소 결정에 잘못이 없다며 사건을 덮으려 했다.

대통령실은 내 탄원서를 청와대 신문고로 넘기고 또 대통령실에는 공공기관의 잘못을 조사하고 조치하는 기능이 없다며 내 민원을 덮으려 했다. 청와대 신문고와 금융위원회는 그동안 금융감독원과 감사원에서 여러 번 내 민원을 처리해 주었으니 그만하면 된 것 아니냐며 내 민원을 덮으려 하였다. 금융위원회는 또한 내 민원을 금융감독원에 그대로 전달만 하고 자기네들이 할 일이 아니라며 내 민원을 덮으려 했다. 중앙행정심판위원회는 금융위원회의 금융감독원 감독 업무는 행정심판 대상이 아니라며 내 청구를 덮으려 했다.

내가 처음에 공공은행에 요구한 것은 무단 인출된 예금의 원상복구였다. 그러나 금융감독원이 상식 이하의 근거로 은행의 책임이 없다고 판단한 이후 나의 민원은 '금융감독원이 허위사실을 근거로 분쟁조정을 하였는지 밝혀 달라'는 것과 '공공은행이 위법행위를 하였는지 조사하고 조치를 취해 달라'는 것으로 바뀌었다.

이후 나는 여러 개의 기관을 거쳤지만 이에 대한 확실한 답변은 아직 받아보지를 못했다. 금융감독원이 허위사실을 기재했는지 아닌지 아무도 말해 주지 않았다. 공공은행이 위법행위를 했는지 아닌지도 아무도 말해 주지 않았다. 그들이 이에 대해 겨우 한다는 말이 '공공은행과 나의 주장이 서로 다른 것일 뿐 허위사실이라 할 수 없다, 검찰이 이미 무혐의 결정을 내렸으므로 위법행위라 할 수 없다'라는 어처구니없는 핑계였다.

그들이 이러한 임시방편으로 내 민원이, 내 사건이 덮어질 것이라고 생각했다면 이는 잘못된 생각이다. 언젠가는 반드시 모든 것이 낱낱이 밝혀질 날이 올 것이기 때문이다.

58

내가 이 사건으로 인해 공공기관을 접하면서 느낀 것을 한마디로 표현한다면 이들에게 있을 것으로 기대한 '그 무엇'인가가 없다는 것이었다. '그 무엇'은 명예심이라 할 수도 있고, 전통이라고 할 수도 있고, 사명감이라고 할 수도 있을 것이다. 또한 애국심이라 할 수도 있고, 충성심이라 할 수도 있고, 모럴이라고 할 수도 있겠다. 이런 것들을 한마디로 표현하기는 매우 어렵지만 '얼'이라는 단어가 그나마 어울리지 않을까 한다.

왜 공직자들은 얼빠진 것처럼, 또는 얼이 나간 것처럼 행동할까? 또 어떻게 하면 공직자들에게 얼을 불어 넣어줄 수 있을까?

안타깝게도 난 공학을 전공한 평범한 시민에 불과한 만큼 이에 대한 해답을 제시할 능력이 없다. 하지만 이미 많은 인사전문가나 조직전문가가 이에 대해 진단도 하고 대책을 제시해 왔을 것이고 앞으로도 그럴 것이다. 그래서 내가 이 문제에 대해 고민할 필요는 없을 것이다. 그러나 내가 이 사건을 겪으면서 떠올렸던 몇몇 단편적인 생각들이 앞으로 공직 사회를 바꾸는 데 조금이나마 도움이 되지 않을까 하는 마음에서 몇 마디 적어 보겠다.

최근 들어 공무원을 지망하는 젊은이들이 급증하고 있다. 왜 공무원이 되려고 하느냐고 물어보면 그들의 대답은 십중팔구 안정성을 꼽는다. 그렇다. 공공기관은 안정적이다. 공공기관은 국민이 낸 세금으로 운영된다. 또 독점기관이다. 공공기관이라는 직장은 망할 가능성이 전혀 없다. 월급도 꼬박꼬박 받는다. 큰 비리가 없으면 정년까지 보장된다. 그러나 이게 반드시 좋은 것만은 아니다. 안정적이라는 것은 결국 변화가 적다는 뜻이다. 변화가 적다는 것은 또 정체되어 있다는 뜻이다. 발전이 없다는 뜻이다.

이렇게 안정을 추구하는 공무원들이 안정적인 근무 환경에서 어떻게 일할지는 자명하다. 잘못될 가능성이 적은 방향으로 일하게 된다. 잘못될 가능성이 적어지도록 하려면 어떻게 일하면 될 것인가? 일단 일을 적게 해야 한다. 일을 많이 할수록 그만큼 잘못된 일이 발생할 가능성도 커지기 때문이다. 일을 줄여야 한다. 일이 생겼을 때 그 일을 직접 하지 않고 다른 기관이나 다른 부서나 다른 직원에게 넘기는 것이 바람직하다. 내 손에서 일을 완전히 끝내려고 하다가 괜히 잘못되면 내가 다칠 수 있으므로. 생색을 낼 수 있는 일이라면 몰라도 그렇지 않은 일들은 다 마찬가지다.

내 민원이 제대로 해결되지 않은 채 이 기관 저 기관으로 떠돌아다닐 수밖에 없었던 이유가 여기에 있다고 난 생각한다. 그들은 내 민원을 철저히 파헤치고 완전히 해결할 필요가 전혀 없었던 것이다. 아니 그렇게 하는 것은 최악의 선택이고 지극히 어리석은 일이다. 문제는 이러한 일이 공간적으로, 시간적으로 반복되면서 나쁜 풍토가 형성된다는 점이다.

어느 기관이나 부서가 어떤 일을 다른 기관이나 부서로 넘기면 그 일을 넘겨받은 기관이나 부서도 똑같은 짓을 반복하려 들 것이다. 이유는 동일하다. 일을 넘기는 것이 안전하기 때문이다. 결국 모든 기관 모든 부서가 이런 풍토에 물들게 된다.

유능한 젊은이가 공무원이 되어 어느 부서에 발령을 받아 갔다고 하자. 부서 풍토가 이런 식이라면 이 젊은이는 결국 그 풍토에 익숙해지고 몇 년 지나면 기존 직원과 똑같아질 것이다. 처음 출근했을 때 "그 일 골치 아프게 직접 마무리 지으려 하지 말고 적당히 하는 척 시늉만 내고 다른 데로 넘길 수 없는지 검토해봐."라는 이야기를 들으며 '뭐, 이런 상사가 다 있어?' 하던 젊은이가 몇 년 지나면 후배 공직자를 불러 똑같은 이야기를 들려줄 것이다. 나쁜 풍토가 대대로 이어지게 되는 것이다. 이런 이유로 공직 사회 풍토가 하루 속히 바뀌어져야 하는 것이다.

'갑을관계'란 표현이 있다. 계약서를 쓸 때 예컨대 집주인이나 채권자처럼 우쭐댈 수 있는 위치에 있는 쪽을 '갑'이라 칭하고 세입자나 채무자와 같이 뭔가 신세를 지는 쪽을 '을'이라 칭하는 관례에서 비롯된 재미있는 표현이다. 이러한 표현이 계약관계에서뿐만이 아니라 일반적인 관계에서도 점차 사용되기 시작하더니 지금은 아주 일상적인 용어가 되어 버렸다.

갑을관계란 강자가 힘을 이용하여 약자를 힘들게 하는 모든 관계를 지칭한다고 할 수 있다. 대기업이 납품업체나 소매점에게 불공정한 행위를 강요하는 것만이 갑을관계가 아니라, 학교에서 발생하는 집단 따돌림, 가정에서 발생하는 폭력, 직장에서 일어나는 상사들의 전횡, 군대에서 일어나는 소위 고참들의 횡포, 이 모든 것들이 결국은 다 갑을관계인 셈이다.

이러한 갑을관계가 왜 우리 사회에 성행하고 있는가? 법이 제대로 갖추어져 있지 않아서인가? 아니다. 내가 알기론 현재 있는 법으로도 충분하다. 예를 들면 기업의 불공정행위를 방지하기 위한 법은 이미 30년 전부터 도입되었다. 그렇다면 무엇이 문제인가? 내가 3년간 이 사건을 겪으면서 내린 결론은 법이 제대로 집행되지 않기 때문이다.

어느 체인 가맹점이 본사로부터 인테리어를 다시 해야 하니 돈을 내라고 강요당했다고 치자. 이 가맹점은 어쩔 수 없이 인테리어를 다시 할 수밖에 없다. 이 과정에서 본사가 인테리어로 돈을 남겨 먹는 것은 다 알려진 상식이다. 그런데 만약 이 가맹점이 인테리어에 반대하면 어떻게 될까? 본사로부터 여러 가지 불공정한 행위가 가해지고 가맹점은 피해를 본다. 이때 가맹점이 이러한 억울함을 호소할 수 있는 곳은 공공기관밖에 없다.

공공기관에 민원을 낸다. 공공기관이 가맹점의 이야기를 잘 듣고 사건을 잘 조사해서 잘잘못을 분명히 가리고 그에 합당한 조치를 취해주면 얼마나 좋겠는가. 그러나 공공기관은 그렇게 하지 않는다. 우선 일을 하기가 귀찮다. 일이 잘못되어 인사상의 불이익을 받을 수도 있다. 가맹점 본사와 친한 상사로부터 압력을 받을 수도 있다. 또 가맹점 본사는 여러 가지 이유를 들어 자신들의 잘못이 없다고 변명도 한다.

공공기관은 그럴 듯한 핑계를 대고 가맹점 본사의 잘못이 없다고 결론을 내린다. 혹은 사건이 고도의 복잡한 사건이라 자기들로서는 잘잘못을 가릴 수 없다고 결론을 내린다. 혹은 본사와 가맹점의 주장이 일치되지 않아서 또는 충분한 증거가 없어서 잘잘못을 가릴 수 없다고 결론을 내린다.

가맹점이 이에 불복하고 다시 다른 공공기관에 하소연을 한다. 그러나 그 공공기관에서도 마찬가지로 잘잘못을 제대로 가려주지 않는다. 이쯤 되면 이제 가맹점은 두 가지 길 중 하나를 택해야 한다. 사업을 포기하고 죽자 사자 투쟁을 하거나 아니면 투쟁을 포기하고 사업에 열중하거나. 그런데 사업 망하는 길을 선택할 용감한 가맹점이 얼마나 되겠는가? 더군다나 확실한 승리가 보장된 것도 아닌데 말이다. 결국 가맹점은 투쟁을 포기하고 본사는 아무 일도 없었다는 듯이 똑같은 불공정행위를 반복하는 것이다.

갑을관계는 결과적으로 공공기관이 갑의 편을 들어주기 때문에 없어지지 않는 것이다. 갑의 편을 들어주는 공공기관은 을의 입장에서 보면 또 하나의 갑, 그것도 원래의 갑보다 더욱 거대한 힘을 지닌 갑이다. 나는 이를 '슈퍼 갑(Super 甲)'이라 부르고 싶다. 그런데 더 큰 문제는 이러한 슈퍼 갑이 연합하여 공동전선을 형성하고 있다는 점이다. 어느 공공기관에서 한 번 거절한 민원은 다른 공공기관에서도 마찬가지로 거절한다. 거절 이유만 조금씩 다를 뿐이다. 결국 을은 도중에 좌절할 수밖에 없는 구조이다.

갑을관계를 해결하기 위해서는 공공기관이 그 역할을 제대로 하면 된다. 갑의 불공정행위를 한두 번만 제대로 조사하고 엄중히 처벌하면 다시는 동일한 행위가 반복되지 않는다.

이번 사건을 경험하며 나는 많은 마음의 상처를 입었다. 슈퍼 갑 역할을 하며 국민들에게 실망과 불쾌감을 주는 공직자들은 우선적으로 솎아내야 한다. 그들은 국민이 낸 세금으로 월급을 받으면서 국민을, 약자를, 을(乙)을 괴롭히고 힘들게 하고 있는 셈이다. 국민들 입장에서는 자기를 괴롭히는 공직자에게 월급을 주고 있는 셈이다. 이런 공직자가 잘 먹고 잘 살고 있다는 것 자체가 국민을 분노하게 만들고 우울하게 만든다. 그야말로 어처구니없는 일이다. 더욱이 경제적으로 많이들 어려운 이 시기에 국민에게 고통을 가중시키는 이런 공직자는 절대로 그냥 놔둬서는 안 된다.

공직자들의 책임도 확대해 나가야 한다. 지금은 주로 비리를 저지른 공직자들을 징계하고 있는 것 같다. 그러나 판단을 제대로 하지 않거나 판단을 잘못한 공직자에게도 그 책임을 엄격히 물어야 한다. 허위사실도 제대로 구분 못했다든지 판단의 근거로 내세운 이유가 타당하지 않을 경우에도 그 책임을 물어야 한다. 일을 충분히 다 처리할 수 있는데도 제대로 마무리를 짓지 않아 다른 기관이나 다른 부서에서 동일한 일을 반복하여 처리하도록 만드는 공직자에게도 책임을 물어야 한다.

특히 다른 기관이나 다른 공직자를 감독하는 기관에 대해서는 보다 엄격한 책임을 물어야 한다. 이들 감독기관이 결국 공직 사회의 풍토를 만들기 때문이다. 감독기관이 제대로 된 감독기능을 수행하지 않고 건성으로, 편파적으로 일을 한다면 다른 기관들의 풍토는 절대로 바뀌지 않는다. 이들 기관의 권한이 큰 만큼 그 이상의 책임을 물어야 한다.

이번 사건을 통해 여러 공공기관을 전전하며 많은 공직자들과 만났다. 불행히도 그 가운데 제대로 된 공직자는 찾아보기 힘들었다.

나는 큰 실망을 할 수밖에 없었다. 그러나 모든 공직자들이 이들처럼 잘못을 슬쩍 덮고 지나가려 하고, 그저 일에서 빨리 손이나 떼려고 하지는 않을 것이다. 내가 운이 좀 많이 나빠서 그런 공직자들을 많이 만나게 된 것뿐일 것이다. 그러나 이러한 일부 그릇된 공직자들로 인해 공직 사회 전체가 욕을 먹게 되는 것이다. 맡은 자리에서 내외 압력에도 굴하지 않고 묵묵히 옳은 길을 가는 많은 공직자들이 일부 그릇된 공직자들로 인해 도매금으로 비난을 받는다면 이 또한 억울하고 부당한 일이다. 선량한 공직자들을 위해서라도 그릇된 공직자들은 반드시 그리고 신속히 솎아내야 한다.

공직 사회 풍토를 바꾸는 방법은 우리가 익히 잘 알고 있다. 공무원이 일을 잘하면 상을 받고 일을 잘못하면 벌을 받는 풍토를 만드는 것이다. 단지 일을 잘하고 못하는 것을 판단하는 기준을 국가의 발전과 국민의 행복이라는 관점에서 재정립하는 것이 필요할 뿐이다. 하루 속히 공직 사회 풍토가 바뀌어 공직자들이 하는 업무마다 그들의 '얼'이 담기게 되기를 소망한다.

/ 마치면서 /

책이 귀했던 시절에 자라나서 그런지 나는 책을 좋아 한다. 그렇다고 모든 책이 다 좋다는 뜻은 아니다. 내용이 너무나 좋아서 표지를 싸서 두고두고 읽는 책이 있는 반면, 어떤 책은 내용이 지극히 실망스러워 다 읽지도 않은 채 폐지로 버리기도 한다.

책을 내면서 많은 걱정을 하였다. 내 책이 바로 폐지 취급을 당하면 어떡하나? 가뜩이나 힘들고 어려운 시기에 내 책이 독자들에게 기쁨과 위안이 되지 못하고 오히려 세상을 우울하게 만들면 어떡하나?

그러나 내가 하지 않으면 누가 하랴, 라는 생각에 용기를 내기로 하였다. 나보다 더 억울한 일을 당하고도 무지하여, 또는 건강이 허락하지 않아, 또는 경제적으로 여유가 없어 책을 내고 싶어도 못 내는 사람도 있을 것이다. 지식, 건강, 경제적 여유 모두 갖추고 있는 내가 하지 않으면 이는 시대에, 사회에 대한 예의가 아니며, 나는 비겁자라 불려 마땅하다.

공대 출신인 만큼 글 쓰는 훈련을 충분히 받았다고는 할 수 없을 것이다. 더욱이 처음 내는 책이다 보니 표현이 거칠고 문맥도 다듬어지지 않아 거슬리는 곳이 많을 것이다.

그러나 나는 나름대로 최선을 다하였고, 또 이 책은 문학 서적이 아니라 사회의 잘못을 바로잡자는 책인 만큼 그런 걱정도 지워버리기로 했다.

인간적인 측면에서 나의 부족한 부분이 그대로 노출되는 것도 걱정스러웠다. 하지만 지금 내가 꼭 해야 할 일인데 뭘 망설이랴.

이 책에 등장하는 많은 공공기관들이 어떻게 나올까도 걱정이었다. 행여 해코지를 당하지나 않을까 하는 두려움도 있었다. 그러나 대다수의 공직자들은 의로우며 오히려 일부 그릇된 공직자들로 인해 피해를 당하고 있을 거라는 생각에 이런 두려움도 극복할 수 있었다.

책을 쓰면서 한 가지 스스로 약속한 것이 있었다. 진실만을 이야기하자는 것이었다. 어느 작가나 숨기고 싶고, 바꾸고 싶고, 또 미화하고 싶은 내용이 있을 것이다. 그러나 이 책은 진실로만 이루어졌다. 이 책에 나오는 모든 내용들, 주고받은 서류는 말할 것도 없고 대화내용이나 통화내용까지 모두 진실임을 믿어주기 바란다.

몇 번의 교정을 거쳤지만 아직도 불만스러운 점이 많이 있다. 하지만 무한정 교정만 하고 있을 수 없기에 부끄러움을 무릅쓰고 원고를 넘겼다. 여러 가지로 부족한 원고를 이처럼 훌륭한 책으로 만들어 주신 북랩 직원 여러분과 사장님께 깊은 감사를 드린다.

끝으로 이 책을 쓸 수 있게 나에게 힘을 주고 용기를 북돋아준 사랑하는 아내와 두 딸에게 사랑한다는 말을 전한다.